新世纪应用型高等教育
新世纪 会计类课程规划教材

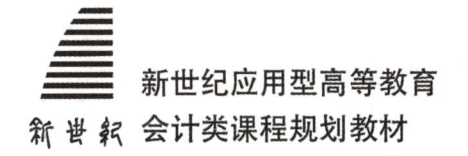

Cost
Accounting

成本会计

（第四版）

主　编　许　丹　孙爱丽
副主编　李福荣　杜祥彩

大连理工大学出版社

图书在版编目(CIP)数据

成本会计/许丹,孙爱丽主编. -- 4版. -- 大连：大连理工大学出版社,2022.1
新世纪应用型高等教育会计类课程规划教材
ISBN 978-7-5685-3552-6

Ⅰ.①成… Ⅱ.①许… ②孙… Ⅲ.①成本会计－高等学校－教材 Ⅳ.①F234.2

中国版本图书馆 CIP 数据核字(2022)第 013168 号

CHENGBEN KUAIJI

大连理工大学出版社出版
地址：大连市软件园路80号 邮政编码：116023
发行：0411-84708842 邮购：0411-84708943 传真：0411-84701466
E-mail:dutp@dutp.cn URL:http://dutp.dlut.edu.cn
辽宁新华印务有限公司印刷 大连理工大学出版社发行

幅面尺寸:185mm×260mm	印张:16.75	字数:383千字
2009年10月第1版		2022年1月第4版
2022年1月第1次印刷		

责任编辑：齐　欣　　　　　　　　　　　　　责任校对：孙兴乐
　　　　　　　　　　封面设计：对岸书影

ISBN 978-7-5685-3552-6　　　　　　　　　　　定　价：50.80元

本书如有印装质量问题,请与我社发行部联系更换。

前 言

《成本会计》(第四版)是新世纪应用型高等教育教材编审委员会组编的会计类课程规划教材之一。

"成本会计"作为财经类专业的核心课程,教材版本多样,各具特色,但是符合应用型高等教育特定教学目标和培养方向的并不多见,而真正反映现代企业成本会计实务并与国际接轨的则更少。因此,编写一本与国际接轨,同时又符合我国企业实务的成本会计教材越来越重要。特别是对于应用型高等院校会计专业的学生来说,他们毕业后大多从事会计实务工作,更需要在学习阶段使用一套能解决当前企业会计实务中成本问题的应用型教材。为了适应这一形势,使教材的内容更贴近成本会计工作的实际情况,更符合应用型高等教育的培养目标,编者特编写了本教材。

本教材的编写致力于满足上述需求,在保持我国传统成本会计教材特色的基础上,参考了诸多国内外前沿研究成果和一流的成本会计教材。编者力求使用简单的语言、有趣的案例、核心的概念将各种成本核算方法串联起来,并特别阐述了每种方法应该如何应用于企业实务。比如,在编写第一章和第二章时,编者加入了成本会计简史和中美成本会计准则体系,并且将要素费用的构成与国际惯例进行了统一。在编写第三章要素费用的归集和分配时,编者补充了企业非货币职工薪酬的账务处理,更切合企业的实际。又如,在编写第八章作业成本法与作业成本管理时,编者明确告知读者,作业成本法是专门用于解决间接成本分配这一难题的,并适用于间接成本占比例较高的企业。

为了从整体上阐述成本会计学科在会计学中的定位、发展简史和基本概念,本教材设置了"总论"部分,作为第一篇。为了突出我国特色的成本会计实务,本教材设置了"成本会计核算和账务处理"部分,作为第二篇。为了体现"应用型"特色,本教材专门设置了"成本会计在经营管理中的应用"部分,作为第三篇。

为响应教育部全面推进高等学校课程思政建设工作的要求,本教材在每章前后融入思政元素,逐步培养学生正确

的思政意识，树立肩负建设国家的重任，从而实现全员、全过程、全方位育人，指引学生树立爱国主义情感，积极学习，立志成为社会主义事业建设者和接班人。

本教材随文提供视频微课供学生即时扫描二维码进行观看，实现了教材的数字化、信息化、立体化，增强了学生学习的自主性与自由性，将课堂教学与课下学习紧密结合，力图为广大读者提供更为全面并且多样化的教材配套服务。

本教材由上海杉达学院许丹、孙爱丽任主编，由黑龙江职业学院李福荣、青岛理工大学杜祥彩任副主编，上海杉达学院韩越参与了编写。全书由许丹负责拟定大纲并总撰定稿。具体编写分工如下：许丹编写第一章、第二章、第八章、第十章；孙爱丽编写第三章、第四章、第十一章；李福荣编写第五章的大部分内容和第六章、第七章；许丹、韩越编写第九章和第十二章；杜祥彩编写第五章第二节中的六和七，其前述的"请注意"部分由许丹编写。

本教材可作为高等院校财经类专业成本会计课程教学的配套教材，也可作为企业相关人员学习成本会计的参考用书。

为方便教学，本教材配有习题集、电子课件和答案，如有需要，欢迎访问高教数字化服务平台下载。

在编写本教材的过程中，编者参考、引用和改编了国内外出版物中的相关资料以及网络资源，在此表示深深的谢意！相关著作权人看到本教材后，请与出版社联系，出版社将按照相关法律的规定支付稿酬。

限于水平，书中仍有疏漏和不妥之处，敬请专家和读者批评指正，以使教材日臻完善。

编 者

2022 年 1 月

所有意见和建议请发往：dutpbk@163.com
欢迎访问高教数字化服务平台：http://hep.dutpbook.com
联系电话：0411-84708445 84708462

目 录

第一篇 总 论

第一章 成本会计在企业组织中的角色 ………… 3
　导入案例 ………………………… 3
　第一节 什么是成本会计 …………… 5
　第二节 成本会计简史 ……………… 10
　第三节 成本会计准则 ……………… 12
　本章小结 ………………………… 14
　延伸阅读 ………………………… 14

第二章 成本的确认和计量 …………… 17
　导入案例 ………………………… 17
　第一节 组织类型、产品和存货 …… 18
　第二节 成本的基础概念 …………… 20
　第三节 制造型企业成本核算的一般流程 ………………………… 27
　本章小结 ………………………… 33
　案例应用 ………………………… 34

第二篇 成本会计核算和账务处理

第三章 要素费用的归集和分配 ……… 37
　导入案例 ………………………… 37
　第一节 要素费用概述 ……………… 37
　第二节 材料费用的核算 …………… 40
　第三节 外购动力费用的核算 ……… 49
　第四节 职工薪酬的核算 …………… 52
　第五节 折旧费和其他要素费用的核算 ………………………… 64
　第六节 废品损失和停工损失的核算 … 70
　本章小结 ………………………… 75
　案例应用 ………………………… 75

第四章 部门费用的归集和分配 ……… 77
　导入案例 ………………………… 77
　第一节 制造费用的归集和分配 …… 77
　第二节 辅助生产成本的归集和分配 … 84
　本章小结 ………………………… 97
　案例应用 ………………………… 97

第五章 生产成本在完工产品与在产品之间的归集和分配 ………… 99
　导入案例 ………………………… 99
　第一节 在产品数量的核算 ………… 100
　第二节 完工产品和在产品之间分配成本的方法 …………………… 102
　第三节 完工产品成本的结转 ……… 109
　本章小结 ………………………… 109
　案例应用 ………………………… 110

第六章 产品成本计算的基本方法 … 111
　导入案例 ………………………… 111
　第一节 产品成本计算方法概述 … 111
　第二节 品种法 …………………… 116
　第三节 分批法 …………………… 128
　第四节 分步法 …………………… 136
　本章小结 ………………………… 154

第七章　产品成本计算的辅助方法 … 156
导入案例 …………………………… 156
第一节　分类法概述 ………………… 157
第二节　分类法的实际应用 ………… 159
第三节　联产品、副产品和等级品
　　　　成本计算 ………………… 162
第四节　成本计算方法的综合运用 … 167
本章小结 …………………………… 168

第八章　作业成本法与作业成本管理 … 170
导入案例 …………………………… 170
第一节　解决间接成本分配的难题 … 171
第二节　作业成本法的定义和原理 … 171
第三节　简单法和作业成本法的比较 … 173
第四节　作业成本管理 ……………… 179
本章小结 …………………………… 180
案例应用 …………………………… 180

第三篇　成本会计在经营管理中的应用

第九章　本量利分析 ………………… 185
导入案例 …………………………… 185
第一节　本量利分析概述 …………… 186
第二节　盈亏平衡分析 ……………… 188
第三节　盈利条件下的本量利分析 … 191
第四节　本量利关系图 ……………… 192
第五节　多品种生产企业的盈亏平衡
　　　　分析 ……………………… 194
本章小结 …………………………… 196
案例应用 …………………………… 196

第十章　预　算 ……………………… 199
导入案例 …………………………… 199
第一节　预算的概念 ………………… 200
第二节　运营预算的编制方法 ……… 202
第三节　预算的优势和挑战 ………… 209
本章小结 …………………………… 211
案例应用 …………………………… 211

第十一章　标准成本法 ……………… 213
导入案例 …………………………… 213
第一节　标准成本法的基本知识 …… 214
第二节　标准成本差异的计算和
　　　　分析 ……………………… 220
第三节　标准成本法的账务处理 …… 227
本章小结 …………………………… 232
案例应用 …………………………… 232

第十二章　成本报表与成本分析 …… 234
导入案例 …………………………… 234
第一节　成本报表 …………………… 235
第二节　成本分析 …………………… 244
第三节　成本报表与成本分析的
　　　　作用 ……………………… 253
本章小结 …………………………… 253
案例应用 …………………………… 254

附　录 ………………………………… 255

第一篇 总论

第一章 成本会计在企业组织中的角色

学习目标

1. 理解会计信息在企业中的作用，正确区分财务会计、管理会计和成本会计。
2. 理解并掌握价值链、供应链的概念和含义以及企业成功经营要素。
3. 理解成本会计的形成与发展过程。
4. 掌握我国成本会计准则的制定情况，了解美国的成本会计准则。

导入案例

丰田汽车的全球召回事件[①]

2010年2月9日，由于刹车系统的质量问题，连续三年位居全球汽车产量榜首的丰田汽车集团（以下简称"丰田"）在美国召回了共计15.5万辆普锐斯、雷克萨斯和凯美瑞轿车。在此后的两个月里，丰田陆续召回了其下属约10种车型的问题汽车，召回范围蔓延至欧洲、非洲和亚洲市场，逐渐演变为涉及全球市场的大规模召回事件。丰田的质量问题包括油门踏板、驾驶座脚垫、刹车等部件的缺陷，先后宣布在全球范围内召回总计超过800万辆汽车。

此次"召回门"事件虽源于质量问题，但其根本原因在于过于迅速地全球扩张。2005年，丰田在美国本土的市场份额赶超美国本土三大汽车巨头通用（General Motors）、福特（Ford）和克莱斯勒（Chrysler）。2007年，丰田乘用车销量跃居全球车企之首。即使在金融危机横行的2008年，美国通用汽车公司向联邦政府申请了破产保护，而丰田汽车却依然稳居全球销量榜首。如此迅速而大规模的全球市场扩张，使丰田逐渐丧失了维持质量体系的能力。丰田虽然在20世纪后半叶创建了"全面质量管理（TQM）"体系，并以其"零缺陷（Zero Defect）"享誉业界，但如今，在大规模的生产扩张之下，其质量管理体系显得力不从心。

综合各方观点，可以认为此次事件的首要原因在于，在当今乘用车设计日益复杂的大趋势下，丰田过于快速的市场扩张导致设计缺陷增多。雷克萨斯等车型的刹车隐患即源于此。

其次，随着丰田的市场扩张，分布各国的整车组装工厂的数量越来越多，新款产品急

[①] 案例来源：许丹，《我国企业应对反倾销诉讼的标准成本管理研究》，《上海标准化》，上海市标准化研究院出版，2010年7月。

剧增加,质量管理人才日益匮乏。此次油门踏板隐患就是由于对油门踏板零部件的质检不到位所致。

再次,随着丰田汽车品牌在北美市场的知名度越来越高,丰田汽车对待消费者的态度越发傲慢,这成为最终压倒丰田的"最后一根稻草"。随着销量的攀升,丰田管理层对于产品质量过度自信,甚至认为"质量没问题,问题在驾驶技术"——面对投诉质量问题的消费者,丰田却如此傲慢地把他们打发了。

然而,虽然大规模的市场扩张引发了丰田的"召回门"事件,但此次事件却并不能抹杀丰田汽车曾经在成本计算和管理领域取得的辉煌业绩。

20世纪60年代,丰田所创立的管理模式就已被称为"丰田生产方式(Toyota Production System)",成为管理学领域中的一个固定专用语。而其中所包括的"精益管理(Lean Production System)""准时管理(JIT)""全面质量管理(TQM)"等模式更是在当今世界的几乎所有汽车制造企业中广泛普及,并渗透到电子、机械等其他制造业。毫无疑问,"丰田生产方式"确实为制造业的成本管理模式带来过深刻的影响,取得过辉煌的成功。"丰田生产方式"的成功,是与其20世纪30年代开始推行的标准成本管理体系密不可分的。

丰田从1937年开始推行生产作业标准化。"标准作业表"逐渐成为一线生产工人必备的资料。为了确保标准不脱离实际,丰田鼓励一线生产工人自己制作自己岗位的"标准作业表"。标准作业中最为重要的是,如何使人和机械以最有效的方式配合操作,从而保证高效率的生产,即"人机作业组合"。无论在哪一道工序,考虑人、机作业组合的"标准作业表"至少包含以下三个要素:

第一,明确说明一辆汽车的加工作业需要几分几秒来完成,即"单位操作时间"。

第二,研究人、机配合的最佳方式,每个岗位的操作工人都为自己安排好最为高效的"作业顺序",以配合机械流水线的运转。

第三,为保证连续作业不间断,最低限度的零部件、原材料等"标准配件"必须由专人实时搬运到操作工人的作业流水线旁边,随时准备到位。

这样,第一要素"单位操作时间"其实决定了每位工人每天可操作多少辆车,也就是人工工时的标准数量;第二要素"作业顺序"其实决定了机械设备运转的标准工时数量;第三要素"标准配件"则决定了所需要的原材料、零部件的标准数量。

上述"标准作业表"被贯彻到每一道工序。各工序累加起来就是生产每一个产品,即每一辆汽车的生产作业标准。这样得出的"生产作业标准"乘以"市场价格",就可以得出生产每辆汽车的"标准成本"了。

丰田的标准成本主要用于以下两个方面。第一,利用"标准成本"进行"标准成本管理"。即比较实际作业数量和标准作业数量,找出差异。然后,管理层和一线操作工人共同研究如何减少不利差异,确保每个产品拥有相同的质量水准。第二,会计部门的成本管理科记录"标准成本"和"生产作业标准",并随时更新,以备查阅。

20世纪中期以来,丰田通过使用上述成本会计核算和管理体系,不仅有效地控制了成本,还为企业内部的经营决策以及业绩评价体系提供了大量的成本会计数据,对之后几十年丰田的做大做强起到了关键性的作用。

可见,成本会计对于企业的经营管理有着无可替代的重要作用。本章详细探讨成本会计的一些基本概念。

习近平总书记在十九大报告中做出了有关中国经济高质量发展的重要论述:"我国经济已由高速增长阶段转向高质量发展阶段,正处在转变发展方式、优化经济结构、转换增长动力的攻关期,建设现代化经济体系是跨越关口的迫切要求和我国发展的战略目标。"

因而,要把成本会计的课程思政视角和成本会计学科进行有机的融合。我们在学习成本会计时首先要关注的,就是企业中成本会计的质量。成本会计的质量对于整个企业的经营管理质量具有举足轻重的作用。在企业中,从事成本会计岗位的工作,不仅需要具备强烈的荣誉感,还要具备对自身的工作尽心尽责的高度责任感。

第一节　什么是成本会计

一、企业和会计

市场经济体系之中的企业,以追求利润为主要目的。企业通过生产经营活动,在追求利润最大化的同时,也满足了人们日常生活中对商品和服务的需求。因此,没有企业的存在,就不可能有现代经济社会的存续。由于企业是营利性组织,需要实时计量所发生的经济交易的成本和利润,因此对于现代企业而言,会计信息系统(Accounting Information System)是必不可少的。会计信息系统是指,能记录和计算企业日常的经济交易和业务往来,并且能实时地将所记录和计算的财务数据和资料向企业的经营管理者报告,以及按照一定的会计期间编制财务报表向企业外部的相关者报告的信息系统。

可见,企业会计的本质是一种信息系统。企业会计与其他信息系统的本质区别在于用货币计量企业所投入的资本的整个循环过程。换言之,企业会计是用货币计量企业从资本投入直至产出的这一完整过程。举个更形象些的比喻,如图1-1所示,企业会计仿佛是一把能射出"货币之光"的手电筒。用这把手电筒对企业的经营活动进行全面照射,就能轻而易举地看到企业的"资本影像",这个"资本影像"无非就是企业投入资本的循环过程。因此可以认为,企业会计的本质是能够掌握企业资本运作的经济信息系统。

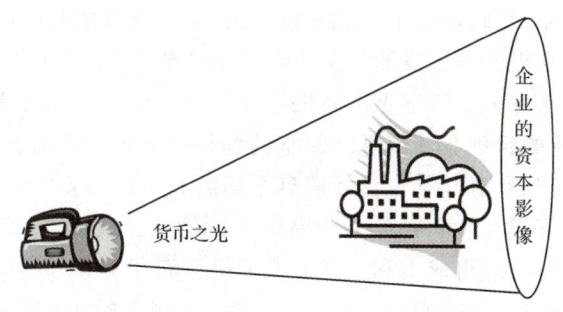

图1-1　企业会计的"货币之光"

毫无疑问,由复式簿记和财务报表构成的企业账务处理体系是会计信息系统中不可或缺的重要内容。然而,如果企业的会计信息系统里仅有复式簿记和财务报表,而缺少成本会计的话,那么企业的经营者就无法了解生产经营的成本以及生产的产品或提供的服务的成本,无法针对企业的经营活动进行计划和控制,企业的经营者也无法进行诸如产品定价等日常的经营决策,进而无法合理有序地经营好规模庞大而复杂的现代企业。因此,没有成本会计的企业会计信息系统是不完整的,仅仅使用复式簿记是无法合理地记录、计算企业生产经营活动的相关数据的,也无法编制出完整而准确的财务报表。

二、财务会计、管理会计和成本会计

企业会计领域包含两大分支,财务会计和管理会计。它们主要按照会计信息的使用者进行分类,即会计信息为谁而编制、向谁报告。

一般来说,需要使用企业会计信息的使用者无外乎有三类人群。第一类,是企业之外的外部人士,如政府的工商、税务部门,银行,股东,投资者等。他们需要获得企业的会计信息以便对与该企业相关的行政审批、税收、经营、投资等事项进行决策。第二类,是使用会计信息来进行日常短期计划和控制的企业内部经营管理者。他们使用企业的会计信息进行诸如采购供应、生产计划和控制、顾客服务等日常计划和控制。第三类,是使用会计信息进行长期的非日常的经营决策的企业内部经营管理者。他们使用企业的会计信息进行诸如生产设备投资、产品和服务的定价、产品组合及重点产品推介、客户开发和反馈等较长期的经营决策。可见,企业内部人士和外部人士都离不开企业的会计信息。

财务会计是向股东、银行、客户、供应商、政府监管部门等企业外部的利益相关者报告的会计体系。财务会计的主要任务是记录并报告企业的经济交易,并以财务报表的形式,依据2006年2月15日我国财政部发布的《企业会计准则》进行报告。通常,在现代股份制企业中,企业财务报表反映的经营业绩直接与企业经营者的奖惩挂钩。因此,现代企业的经营者不但需要重视财务会计,他们还必须重视能为企业的经营管理带来高效率的管理会计。

管理会计的使用者是企业内部的经营管理者。管理会计拥有和财务会计不同的目标。管理会计是通过计量、分析并报告财务和非财务方面的信息,帮助企业经营者进行长短期经营决策,从而使企业达到既定的经营目标的会计信息系统。企业经营者使用管理会计信息制定战略,并在企业组织中交流沟通并实施这一战略。企业经营者同时也使用管理会计信息协调产品设计,进行生产和营销决策,并对企业的各部门和员工进行业绩评价。管理会计的信息和报告并不需要服从会计准则的要求,但对于管理会计来说,更重要的是这些管理会计信息在多大程度上能帮助企业的内部经营管理者更好地决策。还有至关重要的一点是,企业的管理会计信息所带来的利得是否能够超过获得管理会计信息的成本。换言之,企业应开展对其管理会计信息系统的成本利得分析。

成本会计同时为管理会计和财务会计提供会计信息。成本会计是计量、分析和报告有关在企业组织内资源的取得成本和消耗成本的财务和非财务方面的会计信息系统。更倾向于制造企业在生产过程(或服务企业在服务提供过程)之中的成本核算和账务处理。

企业的经营管理者在日常经营中离不开生产成本、管理成本等一系列的成本会计信息,从而辅助进行经营决策。另外,企业在编制财务报表的过程中也不可缺少销货成本(或营业成本、主营业务成本,下同)、存货等与成本会计相关的会计信息。因此,这些需求促成了成本会计发展成为一个独立的会计学分支,并不断壮大起来。辅助经营决策的成本信息包括企业各个生产部门、辅助生产部门和一般管理部门中分别发生的成本金额,以及将这些成本分配给产品时,每种产品所包含的成本金额。有了这些成本信息,企业的经营管理者就可以在日常的经营中决定产品的售价、部门的划分或设置、工序是否需要改良、是否需要研发新产品及研发费用的投入、零配件是自制还是外发等。所有这些经营决策都离不开准确而及时的成本会计信息。再者,编制财务报表的过程中,企业不仅需要对存货进行准确的计量,还需要进行成本核算。通过逐一对每个品种的产品进行成本核算,财务报表中的销货成本项目才能准确无误。因此,成本会计越来越成为企业经营管理中不可缺少的分支。

综上所述,成本会计的功能包括:第一,向企业内部的经营管理者提供成本数据信息,辅助经营决策和绩效评价;第二,向企业财务报表的编制者和财务报表的外部使用者提供准确可靠的存货、销货成本等相关数据信息。举例来说,计算产品的成本是成本会计的任务,但也满足了财务会计中存货成本计量的要求,同时还满足了管理会计中有关产品混合方面经营决策的要求。

现代企业会计认为,成本会计信息是经营决策的重要依据。正因为如此,管理会计和成本会计这两个领域之间的区分并不明显,成本会计着重于成本科目的核算、记账等账务处理,而管理会计则更着重于经营者如何使用成本会计信息对企业进行管理控制,并对企业日常的经营决策做出正确的判断。在一些西方书籍中时而有互换使用的情况。

三、价值链、供应链和成功经营要素

在竞争市场上,消费者对商品的要求绝不仅仅只是价格便宜。他们也期待着所购买的商品和服务质量良好、售后服务及时而又到位。尤其是在互联网购物异军突起、日益发达的我国消费市场,消费者对配送服务的要求日益增高,及时而高质量的配送往往成为决定一个企业成功与否的关键。上述消费者所能体验到的购买某产品或服务的一系列的经验,构成了该产品或服务的价值链。

(一)价值链(Value Chain)

价值链是附加于产品或服务之上的顾客价值,它反映了一系列的企业功能。图1-2显示了企业价值链的构成。那么,我们就以美国苹果公司为例,分析企业价值链上的各个环节。

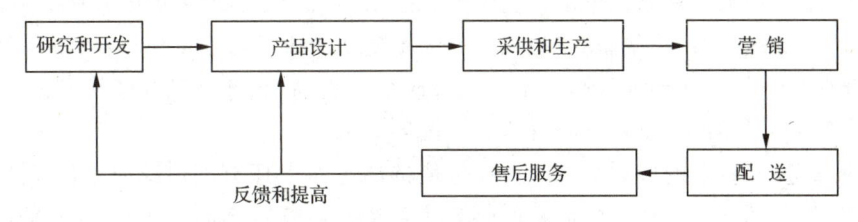

图1-2 价值链的构成

1. 研究和开发环节

通过实验、试验等研究和开发活动进行新产品、新功能的研发。这一环节还包括对企业的整个产品、服务或流程进行改良和提升。例如,美国苹果公司在2012年度接连推出

iphone4s,iphone5等新产品,通过持续而快速的研究和开发活动,不断赋予苹果产品新的附加价值,以保持消费者对苹果产品的喜爱和追捧,从而保持苹果产品在市场上的竞争力。

2. 产品设计环节

此环节是对研发环节中的研发成果的细化,它包括对产品、服务或流程的详细计划和工艺设定。例如,苹果iphone5手机的设计细化包含了该产品的零配件设计等具体的生产工艺,以及在若干个工艺方案中进行比较,挑选能达到最高质量和最低成本的工艺方案。

3. 采供和生产环节

此环节包含在生产产品或提供服务的过程中,对生产资源的采购供应、协调和组合。苹果手机产品的采供和生产环节包括在零配件供应企业进行采购和供应、产品组装、为运输而进行产品外包装等活动中。

4. 营销环节

营销环节指使用多种营销方法促进产品或服务面向顾客或潜在顾客的销售。例如苹果公司在推介苹果产品的时候,采用新产品发布会、电视、杂志、报纸等媒体广告,平面广告等营销方法进行推广。

5. 配送环节

配送环节指将产品或服务递送给顾客。苹果产品的配送网络覆盖全世界多个国家。苹果产品一般主要以苹果直营店、专卖店的渠道进行销售,也包括互联网销售等方式,因此配送也按照这样的分销渠道展开。

6. 售后服务环节

售后服务环节主要是为顾客提供售后的产品支持和服务。苹果产品的售后服务主要依靠其直营店、专卖店网络,也包括在互联网上提供技术支持和服务。

图1-2所示的企业功能,无一例外都是美国苹果公司满足顾客需求和维持顾客忠诚度的基本要素。这些基本要素之间的顺序和联系反映了现实的企业经营中各项功能活动发生的先后顺序和相互关系。从最初的研究和开发环节开始,每一项企业功能都为企业增加了价值,直至最后的售后服务环节。这样,企业通过实施并完成各项功能,不断增加企业价值,从而形成了一条完整的价值递增的链条。而在最后的售后服务环节中,企业通过搜集和汇总顾客对产品或服务的意见,反馈至最初的研究和开发环节,从而有助于对现有的产品和服务加以改善和提高。于是通过改善和提高,企业又站在了更高的起点——更高的研究和开发环节,重新开始价值链的循环。

在价值链中,企业的成本会计人员在价值链的每一个环节上追踪成本的发生。他们的目标在于,在降低每个环节的成本的同时达到企业经营效率的最大化。成本会计信息也帮助经营管理者随时进行"成本—利得"的权衡和取舍分析。例如,产品上的某一配件是应该外发给其他企业生产,还是应该自己生产?企业是否应该在减少营销成本和售后服务成本的同时,在研发、设计和生产上投入更多的资金和资源呢?这些有关企业价值链的经营决策都离不开成本会计信息的辅助。

(二)供应链(Supply Chain)

把价值链中的与"生产"和"配送产品或服务"有关的环节单独拿出来,即把"生产"环节和"配送"环节拿出来,就形成了供应链。供应链描述了产品或服务的流动过程,也就是从最初的原材料投入一直到将产品或服务配送给顾客的过程,而不管该过程涉及的是一个企业组织,还是若干个企业组织。例如,光明乳业生产的牛奶产品经过装瓶后配送给各大超市,直至销售给最终消费者。在这一条供应链上,有不止一家企业参与其中,与光明乳业一起将牛奶送到消费者手中。图1-3显示了光明乳业牛奶产品的供应链。

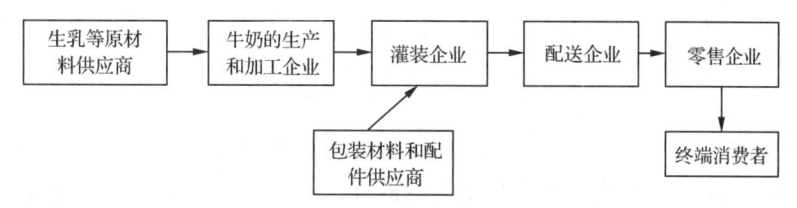

```
生乳等原材 → 牛奶的生产 → 灌装企业 → 配送企业 → 零售企业
料供应商      和加工企业      ↑                        ↓
                         包装材料和配              终端消费者
                         件供应商
```

图1-3 光明乳业牛奶产品的供应链

在供应链上,成本会计强调各个参与到供应活动之中的多家企业之间的整合和协作,以提高效率降低成本。在世界知名制造企业的供应链管理的实践中,无论是可口可乐公司还是百事可乐公司,他们都要求原材料、配件或包装材料供应企业(例如,糖、塑料和铝制品企业)小批量而频繁地直接配送至生产现场,以减少原材料和配件等物资的处理成本。其实,早在20世纪60年代,丰田汽车公司就开始实施即时生产(JIT,Just In Time)模式。即让供应企业直接将原材料和零配件等,在要求的时间,把要求的数量(通常是少量)配送至指定的生产线旁边,从而极大地减少了存货的数量,极大地降低了仓库和存货的管理成本。现在,JIT模式早已不仅运用于全世界的汽车制造企业,而且还普及到了零售行业。世界知名零售巨头沃尔玛(Walmart)也在积极地运用这种模式降低存货,以减少仓储成本。

(三)企业成功经营要素

企业的价值链和供应链管理最终是为了成功经营,而企业的成功经营则取决于顾客对企业的产品和服务的满意程度。现代企业必须不断满足顾客日益提高的需求,企业的成功经营主要取决于下列要素:

1.成本和效率

现代企业面临激烈的市场竞争,为在竞争中取胜,企业持续面临降低成本的压力。为更准确地测定产品或服务的成本,企业经营管理者必须充分理解除基本生产活动以外的,其他可能导致成本上升的生产和经营活动,例如,机器设备的准备和维护、产品和服务的配送等。同时,企业经营管理者还必须实时掌握市场动向,了解顾客愿意支付的合理价格。此时,成本会计信息成为帮助管理者预测营业利润的有力武器。为达到预算的营业利润,企业管理者可以设定每单位产品的"目标价格",从而倒推出"目标成本"。为达到目标成本,管理者必须对其价值链中的各项生产经营活动进行管理,去除价值链中的低效、甚至无效活动。

例如,很多跨国公司通过把生产制造环节转移到人工成本较低的国家,来达到降低生产成本目的。美国运动服品牌耐克(Nike)将其主要生产基地转移至我国,主要因为我国的人工成本大大低于美国本土及其周边国家。索尼（Sony）、夏普（Sharp）等电子机器制造商二十年前就将其生产基地转移至我国，而近年来随着我国人工成本的不断增加，许多日资企业进一步计划将生产基地转移至越南等人工成本更低的国家。

2. 质量

顾客希望企业提供高质量的产品或服务。全面质量管理（TQM）体系能改善供应链中的各项活动，为顾客提供更优质的产品或服务。通过全面质量管理，企业从研发和设计环节开始考虑满足顾客的需求。20世纪中后期，西方各大汽车企业推行全面质量管理，从而达到汽车零配件生产和整车组装的"零缺陷（Zero Defect）"以及"零浪费（Zero Waste）""库存最小化（Minimal Inventories）"。

3. 时间

这里的时间主要是指新产品研发的时间和顾客应对时间。新产品研发的时间是指新产品从最初的研发开始直至投入市场销售的时间。企业技术革新的频率越高就意味着其产品的生命周期越短，企业越能快速地将新产品不断投入市场。

顾客应对时间是指企业应对顾客需求的时间。为增加顾客满意度，企业应该降低配送时间，更守信地按照约定时间将产品或服务配送给顾客。同时还需企业在面临新的市场需求时，能以最快速度迅速地研发、改善和生产顾客所需求的产品。

4. 创新

持续快速地研发新产品，更新提升现有产品或服务是现代企业重要的成功要素。美国苹果公司和韩国三星公司都以技术创新、产品创新为企业的核心竞争力。由于这两家行业龙头企业的激烈竞争，致使他们都必须持续不断且快速地进行技术创新，不断推陈出新，从而保持自身的市场地位和份额。这种创新也会不断带给消费者更高附加价值的产品。

第二节　成本会计简史

成本会计的起源被认为是在19世纪的美国。美国钢铁业最早的实业家安德鲁·卡内基（Andrew Carnegie）在其钢铁工厂内首先导入了以收付款凭证制度为基础的成本核算体系，并在实践中不断地进行了改进。每天，工厂里的各个部门依据收付款凭证对当天投入生产的成本进行核算，核算出来的成本用于产品定价和对各个部门进行业绩评价。在卡内基的钢铁工厂里，直到成本和费用被严密地计算出来以后，经营高管才会做出经营决策。在每周和每月的经营会议上，工厂里各个部门的负责人需提交成本报告进行讨论，而这些报告也会送给卡内基本人审阅。根据当时的企业干部的描述，每次提交成本报告，都需要详细地罗列出每天以及每周投入使用的原材料的费目，通过这些详细的会计账簿，每个人都感觉到似乎公司的眼睛一直都在盯着自己[1]，必须竭尽所能。

然而，这种在19世纪的美国领先企业中所使用的成本核算方法，现在看来是有其局

---

[1] 资料来源：Chandler, A. D. (1977). The Visible Hand：The Managerial Revolution in American Business. Cambridge，MA：Belknap Press of Harvard University Press.

限性的。不难发现,卡内基当时采用的成本核算主要集中在直接费用项目上,而对于真正难以计算的间接费用(指那些费用的金额不与产量成正比例变化的费用,一般包含制造费用和期间费用),几乎没有引起任何特别的关注。此外,向特定的产品分配原材料费用和人工费用的过程,以及企业应该在原材料账户中保留一定的余额等,现代成本核算和管理的常用做法都没能在19世纪的卡内基企业中观察到。

但在另一方面,卡内基企业当时所尝试的成本核算方法中,也有令今天的管理者敬佩的创新。例如,卡内基钢铁工厂的这些以收付款凭证为主的成本记录,都能转记入总分类明细账册之中,这不仅使原材料账户和原材料明细分类账户相对应,而且使各种直接费用账户和各种直接费用明细分类账户相对应,同时原材料账户以及其他直接费用账户与支出账相对应。仅凭这些就可认为,卡内基钢铁工厂为现代簿记体系所做出的贡献非同小可①。

19世纪的卡内基钢铁工厂的成本核算中,有关没有对间接费用加以重视的问题,其实有着其必然性。在成本会计的基础尚未夯实的那个时代,既没有像现在这样激烈的市场竞争环境,也不像现在的企业这样进行庞大而密集的资本投资。而且,有关制造费用,在当时也没有要求企业将其分解至明细,也并未要求将其以最合理的方法分配给产品。在那个时代,企业的管理者尚难以认识到制造费用同样也是因为生产活动而消耗的资源的对价,因此当时就将它视为直接成本,与直接人工成本和直接材料成本一样,通过账户的转记,逐步转移到产成品中去。

根据Johnson(1987)的研究,19世纪中后期的成本会计,特别是产品成本核算的发展大致经历了如下的过程②。在1880年以前的国家经济体系中,纺织业和钢铁业是重要的代表行业,因此在这一时期,企业管理者对成本会计要求简单,只关心产品的单位成本。也就是,假如企业花费100万元的成本生产制造100单位的产品,那么每单位产品的成本就是1万元。但如果这100单位的产品中有40单位的产品只完工了50%,那么就通过使用约当产量③法进行计算,得出每单位产品的成本就是12 500元。然而到了1880年以后,相比纺织业和钢铁业来说生产过程更为复杂的金属加工业异军突起,从而开启了产品多样化、多品种生产的时代。面对着复杂而多样、甚至是为顾客度身定制的特殊产品,企业该如何合理定价,一时间竟成了决定企业成败的关键。再加之,若企业的产品种类繁多,那么不同种类产品的生产数量一旦发生变化,就会直接导致企业利润的变化。于是企业管理者就不得不面对产品混合④的问题了。这样,企业管理者对于准确的成本会计信息的需求日益增加。总而言之,直至20世纪初,成本会计是随着企业管理者对成本会计信息的需求不断增加而产生和发展起来的。也正因为如此,不仅是在产品的生产成本上,

---

① 资料来源:Littleton A. C. Accounting Evolution to 1900, University of Alabama Press, 1981
② 资料来源:Johnson H. T. The Decline of Cost Management:A Reinterpretation of 20th-Century Cost Accounting History, Journal of Cost Management, 1987
③ 约当产量,即在产品折合成产成品的数量。此概念将在第五章详述。
④ 产品混合:是指企业在有限的人力、物力、财力下生产多种产品时,应该重点投入盈利能力最高的产品。

在销售费用、一般管理费用等期间费用①的归集上，企业也倾注了不计其数的努力。

从 20 世纪初开始，企业对于产品成本计算的需求开始表现在财务报表的编制上。在这一时期，由于企业对于资金的需求越来越高，在融资的压力下，财务报表的编制和公开提上了议事日程。由于公开披露的财务报表需要经过职业审计人员的审计，因此存货的计量成了一个问题。当时编制财务报表的企业，通常将其存货按照市场价格进行计量。可是用市价法所计量的金额与依据复式簿记编制的账册金额相去甚远。但同时，审计师却认为财务报表上的所有数据都应该能追迹至总分类明细账。为了企业所编制的财务报表的各项金额在审计时能客观地反映在账册之中，审计师设计了以复式簿记为核心的成本核算账册体系。于是，将各项产品的制造成本归集之后，分配给每个产品，同时企业的事务性成本也使用统一的分配率来分配，这样就产生了间接成本的分配理论。早在 20 世纪初，直接人工成本就已经被用作分配基础，用来分配间接费用了。

经过这些原委，成本计算和核算在美国迅速地发展起来。1919 年，美国设立了国家成本会计师协会 NACA(National Association of Cost Accountants)，它是现今的管理会计和成本会计学界的最权威组织美国管理会计师协会 IMA(Institute of Management Accountants)的前身。再加上美国会计师协会 AIA(American Institute of Accountants)，这些美国职业会计组织的出现，极大地推动了成本会计的普及和发展。正如被誉为"成本会计之父"的 NACA 首任会长尼克尔森所说，"成本计算是制造企业最基本的技能，任何有常识的制造业者都不会在不懂成本计算的情况下生产和销售产品。"

第三节　成本会计准则

一、我国的成本会计准则体系

我国财政部早在 1986 年 12 月 23 日，就曾经依据《中华人民共和国会计法》和《国营企业成本管理条例》，印发了《国营工业企业成本核算办法》。在这之后，我国对于不同的行业，制定和颁布了适用于不同行业的成本核算办法。例如，1987 年 8 月 12 日，财政部印发了《国营施工企业成本核算办法》；1995 年公布《交通运输企业成本费用管理核算办法》；2003 年公布了《施工企业会计核算办法》《农业企业会计核算办法》《电影企业会计核算办法》《铁路运输企业会计核算办法》；2004 年公布了《水运企业会计核算办法》、《新闻出版业会计核算办法》；2010 年 5 月颁布《烟草行业工业企业成本费用核算办法》等。

经历过了这些成本会计准则方面的制度性尝试，并在反复听取理论界和实务界的意见之后，我国财政部于 2013 年颁布了《企业产品成本核算制度(试行)》(以下简称"成本核算制度")，并于 2014 年 1 月 1 日起正式实施。我国的这部成本核算制度相当于目前最新的一部成本会计准则，它明确了我国企业进行成本会计核算和账务处理的基本原则和要

---

① 期间费用的概念将在第二章详细探讨。

求。例如,它明确了生产制造企业一般应设置直接材料、燃料和动力、直接人工和制造费用等成本项目(第三章第二十二条)等。我国 2014 年 1 月 1 日起正式实施的《企业产品成本核算制度(试行)》全文请见附录。

二、美国的成本会计准则体系

美国的成本会计准则体系主要由学术团体制定。

1. 美国会计学会(American Accounting Association,简称 AAA)的成本会计准则

20 世纪初的美国,大型垄断企业频频压低售价,极大地压迫了中小企业的生存。这些大型垄断企业使用差别定价的方法,用不同价格、极低价格向各个细分市场供应商品,这样就直接挤压了中小企业的市场份额。面对当时美国大型垄断企业盛气凌人的低价竞争,美国联邦政府希望扭转这一局面,改变不公平竞争的市场状况,于 1936 年通过《罗宾逊—帕特曼法》的立法。根据这部法律,基于生产制造成本差异性定价被禁止,但是却未能禁止基于市场流通和配送成本的差异性定价。于是,有关生产制造成本包含哪些内容,而市场流通和配送成本又包含哪些内容的争论,忽然之间成为焦点。这样一来,如若不能明确地定义这两种成本,并清楚地区分这两种成本之间的不同,那么以防止垄断为目的的《罗宾逊—帕特曼法》就无法发挥作用。因此在当时的美国,这些亟待解决成本问题被放大成了社会问题,《成本会计准则》制定的必要性也因此凸现,且越来越紧迫。

1947 年,美国会计学会(AAA)设立了"成本概念和准则委员会(Committee on Cost Concepts and Standards)",该委员会分别于 1947 年、1951 年、1955 年发布了一系列的成本研究报告。在这些报告之中,没有任何一篇建议对企业的成本计算进行强制性的规定,而相反,它们仅对企业成本会计核算框架做了概观性的构建,为改善企业会计实务提供了指导性的意见,并从成本会计原理上进行了说明。1956 年,AAA 的该委员会停止了研究活动,取而代之的是新成立的"管理会计委员会"。于是,紧接着在 1958 年、1959 年和 1961 年,AAA 管理会计委员会又一次发表了一系列的研究报告书,为一般企业的成本会计实务提出了指导性意见。最终,该委员会于 1966 年发表了《有关基础会计理论的说明(A Statement of Basic Accounting Theory)》,算是对成本会计准则研究做了一个阶段性的了结。

2. 美国成本会计准则审查委员会(Cost Accounting Standard Board,简称 CASB)的成本会计准则

到了 1970 年,美国总统尼克松签署文件批准成立了美国成本会计准则审查委员会。其实,该审查委员会的成立是有其特殊背景的。该背景主要是当时美国国防部采购的大多数军需物品不存在竞争市场,难以找到市场价格。由于 80%～90% 的军需物品都不可能进行竞争性招投标的,所以,如何弄清这些不存在竞争市场的军需物品的合理成本,成了当务之急。1972 年,美国国会设置了"相关机构的联络委员会",使非国防军需物品的政府采购领域也能适用 CASB 构建的成本会计准则。于是,由 CASB 负责制定的成本会计准则,较广泛地应用于政府采购领域,是具备了强制性法规这一特征的成本会计准则。

可见,具有强制执行特征的 CASB 的成本会计准则,与为一般企业提供成本会计核

算的指导性意见的AAA成本会计准则截然不同。

总而言之,美国的成本会计准则体系由两类准则构成,它们分别适用于不同的企业。其一是为一般民间企业提供了成本会计核算的概观性框架的准则。该准则不具备法律强制性,企业在成本会计核算的具体步骤和手续上仍具有相当大的自主性。其二是针对政府采购领域制定的具有法律强制执行特征的准则,目的在于明确政府采购的合理成本和定价。第一种"概观性框架"的准则是1947年直至1957年美国会计学会发布的,是为了改善成本会计实务,构建了成本会计的整体框架的准则。第二种是有"法律强制性"的准则,是1970年由美国国会设置的"美国成本会计审查委员会(CASB)"发布的。这一准则并非覆盖美国所有行业和企业的成本会计核算,而是仅仅针对政府采购领域。该准则对国防采购以及无法进行竞争性招投标的其他政府采购的成本核算进行了强制性的规制,不仅规制了成本会计的框架,还对具体执行成本核算的步骤和手续都做了详细的规制。它具有法律强制性,凡是参加政府采购的企业都必须按照该准则进行报价和成本核算。因此,美国CASB的成本会计准则仅限于解决政府采购中的合理成本和适当定价的问题,它为计算合理的政府采购合同价款制定了详细的成本核算规则,而并不适用于一般民间企业的日常成本核算。

本章小结

本章是成本会计课程的入门章节。本章在梳理了会计和会计信息在企业生产经营活动中的地位和作用之后,分析了财务会计、管理会计和成本会计之间的区别与联系。本章详细讲述了价值链、供应链和企业成功经营要素,为学习成本会计奠定基础。本章还详细归纳了成本会计的形成和发展的过程。最后讲述了我国成本会计准则的制定情况,以及美国成本会计准则的一般概况。

延伸阅读

日本的成本会计准则体系

1. 第二次世界大战前和战中的日本成本会计准则

1937年由日本商工财务管理委员会公布的《制造成本会计准则》,被认为是日本第一部成本会计准则。该准则发布于第二次世界大战期间,具有日本借此次侵略战争对其国内生产力进行的大幅度扩张、对物资供需加强控制的背景。日本于1938年发布了《国家动员令》后,物资、劳动力和工资都由政府掌控。1941年,日本政府企划院里成立了一个"协议会",全称"财务诸准则统一协议会",专门负责把已发布的各种成本会计准则统一起来。他们最具代表性的工作就是把1939年的《陆军军需品工场事业场成本计算要纲(亦称:陆军要纲)》和1940年的《海军军需品工场事业场成本计算准则(亦称:海军准则)》统一起来,于1942年发布了统一的《成本会计规则》。这之后,该协议会又针对制造业制定了更为详细的《制造工业成本会计要纲(亦称:企划院要纲)》,以及针对其他行业的详细《成本会计要纲》,都隶属于1942年《成本会计规则》。

这一时期日本的成本会计准则体系，其制定的根本原因是，第二次世界大战中对亚洲各国进行侵略的日本政府要求对军需用品的成本进行准确的成本核算。第二次世界大战结束之后，这些一系列的成本会计准则被废除。

2. 日本现行的《1962年成本会计准则》

第二次世界大战后，作为战败国的日本，其政治经济形势发生了巨大变化，使战前和战中制定的成本会计准则彻底作废。1950年11月，日本开始研究制定新的《成本会计准则》。当时的日本大藏省和经济团体联合会发起建立了由庆应大学教授中西寅雄、横滨国立大学教授山边六郎等组成的委员会，专门研究制定新《成本会计准则》。在这之后的12年间，对于如何构建顺应日本企业发展的《成本会计准则》的问题，该委员会历经了无数次的反复研讨。1962年，经过改头换面的日本新《成本会计准则》由大藏省会计审议会公开发布。

日本的新《成本会计准则》其实在很大程度上参考了美国和英国的两个文献。其中之一是，1948年美国会计学会（AAA）"成本会计概念和准则调查委员会"的四位委员瑞德、斯坦福、肯德里克和狄克松公开发表的四篇论文。另一个是，隶属于英国注册会计师协会"税务和财务相关委员会"的"成本会计小委员会"于1947年发表的研究论文《成本会计的发展》。

当时，日本学者们一边参考美英两国文献，一边对日本到底应该编制怎样的成本会计准则，展开了一场史无前例的激烈论争。1956年，日本各所名门大学的教授们召开了一场名为"成本会计准则应如何编制"的座谈会。会上学者们主要就日本是应该编制一部与美英两国的成本会计准则类似的准则，还是应该编制一部更应适合日本国情的准则而展开讨论。当时，讨论的焦点在于成本会计准则是否应该与财务会计准则或审计准则的地位相当。因为为企业管理者提供内部会计信息的成本会计并无披露的义务，所以成本会计准则的必要性首先受到了质疑。

当时，学者们认为，如果财务会计中核算的销货成本、生产成本等项目和成本会计中的核算方法不一致，就会引发很多相关者的利益争夺。所以，学者们主张有必要制定统一的成本会计准则。他们认为至少有两大原因支持制定成本会计准则，一是准则能调整社会上不同利益集团之间的利害关系，二是准则能规范和促进企业经营的合理化。于是，如果再进一步深入分析的话，调整社会上不同的利益团体之间的利害关系的这一原因，其实就是存货和资产会计这一领域，是涉及企业会计核算原则的问题，其实也是财务会计问题。

经过这次座谈会后日本学者们一致认为，有关日本成本会计准则的作用和地位问题，他们基本支持美国会计学（AAA）的观点。即成本会计不应该从会计学的领域中被分离出来，它理应具有为财务报表提供正确的销货成本、生产成本和存货等必要成本信息的功能。所以，成本会计准则的地位，应该是广义的企业会计准则中的一环，是财务会计准则的延伸和扩展。

1962年，日本新《成本会计准则》发布以后，日本会计学界的权威期刊《会计》中刊登了《特辑：成本会计准则》，对这一新准则进行了权威性的说明和评价。该期刊强调了此次颁布的《成本会计准则》是与财务会计一致的，是以完全成本计算；或称吸收式成本计算为中心的准则,认为这一新版《成本会计准则》是企业财务会计准则中的一环,具有与国家法规等同的地位。

另一方面,在日本的1962年《成本会计准则》的正文中,也明确了对自身的定位和评价。其表述如下,"本准则并非统一规定了每个企业的成本核算手续,而是为了使每个企业实施有效的成本核算,规定了核算的基本框架……我们应根据不同行业、不同经营规模及各不同企业的条件,按照实际情况灵活使用本准则。"也就是说,该准则是不带有强制性执行要求的指导性准则,是一部以促进企业自主经营的提升和改善为目的的准则。

日本编制的这部《成本会计准则》,在经历了半个世纪的日本工商业环境的激烈变化之后,直至今天仍然适用,而且从未被修订过。究其原因主要有两点:第一,该部准则编制前经过了历时12年之久的充分研讨。因此,日本国内无论是学界还是实务界,在涉及准则定位和功能这两大核心问题上均达成了一致意见。即,该准则的定位是作为财务会计准则的一环;该准则的功能是调整不同利益集团间的利害关系,并促进企业经营的合理化。这样就避免了日后针对这些核心问题的质疑。第二,众多专家学者都一致同意《成本会计准则》应适用于一般民间企业,其主要任务是促进企业经营的合理化,所以它理所当然应该是一部不带有强制性的框架性准则。就是说,该准则为一般民间企业提供成本核算的框架,而并不详细规定成本核算的步骤或手续,这样也就避免了准则的频繁修订。

第二章 成本的确认和计量

学习目标

1. 理解并掌握企业组织的类型、产品和存货的类型。
2. 能正确定义成本,熟练掌握制造型企业的成本项目。
3. 理解并掌握成本动因的概念、成本的分类和成本会计科目的设置。
4. 理解成本项目和会计报表之间的关系,理解并掌握制造企业成本核算和账务处理的一般流程。

导入案例

曾经傲居美国三大汽车公司之首的美国通用汽车公司[①]于2009年向美国联邦政府申请了破产保护。在通用汽车公司申请破产保护之前,该公司不仅是美国最大的汽车制造企业,而且位居全球最大汽车制造企业的宝座长达80年之久。

进入21世纪以来,全球石油价格的全面上涨,给汽车产业带来巨大影响。由于汽油价格不断创出历史新高,消费者开始转而青睐更为经济节油的小排量汽车,从而使日韩汽车品牌在美国的市场份额不断增加,压缩了美国本土汽车企业的市场份额。这直接给生产大排量汽车居多的通用汽车公司带来极大影响,通用汽车公司的销量逐年递减。紧接着,源于美国华尔街,后又席卷全球的2008年全球金融危机犹如压倒骆驼的最后一根稻草,带给通用汽车公司毁灭性的打击。由于销量剧减,直至2009年,通用汽车公司的年收益额已无法覆盖其巨额成本。于是拥有4万多名员工的通用汽车公司不得不向美国联邦政府申请了破产保护。

据分析,通用汽车公司的主要问题在于其巨额的固定成本——一种不会因为其制造和销售的汽车数量减少而减少的成本。而在变动成本方面,诸如直接材料成本等与其制造的汽车数量成正比的成本方面,通用汽车公司经过十多年的努力,已经与其竞争对手旗鼓相当。然而,对于通用汽车公司而言,其固定成本中的一大部分是与工会缔结的合同中明确约定的养老金以及退休员工的福利费用。这使得通用汽车公司无法随便关闭旗下的任何工厂。为了支付巨额的固定成本,通用汽车公司必须持续维持其汽车产品的高销量。

2001年,通用汽车公司开始对销售部门实行回扣激励,这一办法仅在最初的一两年

[①] 案例来源:New York Times. 2009. Times Topics: Automotive industry crisis. Dec. 6.

有效,却无法持久。2005年通用汽车公司增长减速,净亏损达104亿美元。无奈之下,通用汽车公司实施了一项重组计划,其中包括关闭十多个工厂、取消上万个工作岗位、削减4万多在职员工的养老金和退休福利。

虽然进行了如此多的削减,通用汽车公司的削减速度还是敌不过其销量下滑的速度。随着美国汽油价格突破每加仑4美元,通用汽车公司生产的家用卡车、SUV越野车和其他汽车都由于油耗太高而受到市场的冷落。直至2008年年底全球金融危机加剧时,通用汽车公司不得不再次宣布通过变卖资产削减成本。正如当时在任的通用汽车公司总裁亨德森所言,"我们已在削骨,但鉴于目前的形势,我们认为这是必要的。"

然而,此番努力并没有太多地改变通用汽车公司的财务状况。截至2008年11月,通用汽车公司的亏损额超过180亿美元,美国联邦政府无奈贷款给通用汽车公司200亿美元以确保其能继续经营。然而这也没能挽救通用汽车公司,其申请破产保护的文件表明,通用汽车公司总资产约823亿美元,而其负债高达1 728亿美元。

通用汽车公司的案例说明了企业成本会计和成本管理的重要性。本章将探讨有关成本确认和计量的基本概念和方法。

我国的经济发展与每个企业组织的发展息息相关。本章在课程思政方面,从成本的确认和计量这一成本会计的基本概念出发,结合思想政治的视角,为读者确立科学的世界观、人生观和价值观打下必需的思想和理论根基,增强道路自信、理论自信、制度自信、文化自信。在本章中我们通过学习企业组织的类型、产品和存货、成本的基础概念、制造企业成本核算的一般流程,在一定程度上熟悉中国特色社会主义政治经济运行的基本规律,强化对中国特色社会主义经济运行秩序的了解。

第一节 组织类型、产品和存货

一、企业的组织类型

企业的组织类型一般可分为制造型企业、商业企业和服务型企业三种。这三种企业类型的定义和举例如下:

1.制造型企业,是指通过生产制造活动将企业购买的原材料或零部件转化为产成品的企业。制造型企业既可以是工业企业,也可以是农业企业。例如,汽车生产企业就是典型的工业制造企业,而食品加工企业、农产品深加工企业则是典型的农业制造企业。我国生产著名的红旗轿车的一汽集团、以生产卡车著称的东风汽车、以生产大型工程用车著称的三一重工等大型国有企业均属制造型企业。除此之外,民营企业中也有大量的制造型企业。例如我国东南沿海地区,特别是长三角地区分布着众多的制造型民营企业,主要生产家具、服装、鞋类等日用品,甚至生产纽扣等小商品。浙江省温州市是我国民营经济最为发达的地区之一,分布有2 500多家服装制造企业、2 000多家鞋类制造企业和上万家小商品制造企业。在过去的十多年里,这些企业生产的产品大量出口美国、欧盟等国家,为我国创造了大量的外汇收入,成为我国经济发展的"三驾马车"之一。这些出口型制造企业的生产形式多为贴牌加工(Original Equipment Manufacturing,OEM)。大量研究表明,我国的贴牌加工企业负担了生产制造的主要资源成本,例如土地和能源,而获得的利润却在全球价值链中最低,绝大部分的利润由西方品牌企业和分销企业赚取。因此,我国的制造型企业正面临着从OEM向ODM(Original Design Manufacturing)转型升级并进一步向OBM(Original Brand Manufacturing)转型升级的挑战。

> **你知道吗**
>
> 拉动我国经济发展的"三驾马车"被认为是投资、出口和消费。但是从20世纪末到21世纪初,投资和出口成为拉动我国经济增长的主要力量,消费需求不足成为亟待解决的经济问题。因此,21世纪以来中央经济政策大多关注扩大内需,以促进消费。

2. 商业企业,是指购买并销售有形的产成品,而不改变产成品的基本形式的企业。商业企业包含零售商,如综合超市、家具店、百货店等。除此之外,商业企业还包括分销商(如从全世界各个国家购买商品后向国内销售的贸易公司)以及批发商(如电子产品、家具、食品的批发企业)。

3. 服务型企业,是指那些并不供应有形产品,而提供服务这种无形产品的企业。服务型企业包括会计师事务所,例如世界知名的四大会计师事务所。除此之外,还包括银行、保险公司、信托公司、投资公司等提供专业的金融服务的企业,律师事务所等提供专业的法律服务的企业。

> **你知道吗**
>
> 世界知名的国际四大会计师事务所是指普华永道(PWC)、德勤(DTT)、毕马威(KPMG)、安永(EY)。2000年,原本是"国际五大会计师事务所"中的安达信由于涉及美国能源企业安然公司财务报告作假事件而倒闭,从而使原来的"五大"变成了"四大"。

二、产品和存货

由于制造型企业采购原材料和零部件后进行生产制造,把原材料和零部件转化为产成品。因此,制造型企业的产品是有形的产成品,可以直接供应给商业企业销售给消费者。而制造型企业的存货包括以下三种:

1. 直接材料存货(Direct Materials Inventory)。企业采购原材料和零部件后放置于仓库中准备生产制造时使用,这就形成了直接材料存货。例如,制造汽车需使用的钢材、轮胎、引擎等。

2. 在产品存货(Work-in-process Inventory)。在产品存货是指仍处于生产制造中的半成品,尚未完工,暂且放入仓库之中等待进一步生产加工。例如,处于各种各样不同的工序之中的尚未完工的半成品汽车等。

3. 产成品存货(Finished Goods Inventory)。产成品存货是指已经完成生产制造的各项工序，等待销售的产品。例如，已完工但尚未销售的汽车。

第二节　成本的基础概念

一、成本的定义

成本是企业为特定的生产经营目的而耗费的资源的货币总和。成本以货币计量，一项成本即为采购物品或服务所支付的货币金额。成本在财务会计账务处理中也使用"费用"这一术语。按照我国 2006 年颁布的最新《企业会计准则——基本准则》中的定义，费用是指企业日常活动中发生的、会导致所有者权益减少的、与向所有者分配利润无关的经济利益的总流出。可以看出，成本与费用的概念本质上是一致的。成本在财务会计账册和报表中被列报和披露时，也称为"费用"，如"期间费用"。

当我们要研究成本的时候，我们首先需要明确研究什么对象的成本，就是说首先需要确定成本计算对象(Cost Object)，简称成本对象。成本对象是需要进行成本计量的任何事项，它包括一种产品、一项服务、一个项目、一位客户、一种商业活动或生产活动，甚至企业里的一个部门。这些都可以成为成本计算的成本对象。

那么，如何计算成本对象的成本？在成本计算的过程中有两个基本步骤：首先归集成本，然后分配成本。成本的归集是指把同一企业中发生在同一会计期间的相同性质的成本汇总起来。例如，上汽集团生产汽车，把 2012 年 1 月生产荣威 550 型汽车所发生的直接原材料费用汇总起来，进行当月所耗费的直接原材料的成本归集。成本的分配是指把归集到一起的成本总和金额分配到每一个产品上，从而计算出单个产品应分配的成本。例如，上汽集团把归集到一起的 2012 年 1 月发生的生产荣威 550 型汽车的直接原材料成本的总额除以当月生产的辆数即得到了每一辆荣威 550 型汽车的直接原材料费用。

可见，成本的归集较为简单，只要将相同种类的成本加到一起即可，而成本的分配却较为复杂。以上我们举的例子是直接原材料成本这种直接成本的例子，如果是在工厂车间发生的间接成本(例如工厂车间的租金、车间主任的工资、车间的全部机械设备维护用的机油等成本)，通常都是整个车间发生的共同成本，而不是由于生产特定的产品(如荣威 550 型汽车)而发生的成本，因此并不能与特定的产品直接相关，那么这种间接成本的分配就需要更为科学而系统的方法了。下面我们先梳理清楚制造型企业里到底会发生哪些成本。

二、制造型企业的成本构成

(一)制造企业的价值链与成本项目

我们已经在第一章中探讨了企业的价值链，制造型企业的基本生产经营活动就是价值链上的一系列活动,它包括产品研究和开发、产品设计、采供和生产、营销、配送、售后服务,并将售后服务中获得的信息反馈至最初的产品研究和开发环节。在各个环节的生产经营活动中,企业都必须耗费资源,即投入成本。企业所投入的各项成本也就是我们会计报表中出现的各项费用。下面我们按照价值链的各个环节逐一分析制造型企业的成本和费用。

在研发和设计环节中,企业需要投入资源以确保新技术和新产品的研发和设计。企业在该阶段投入的成本用研发费用进行计量。制药企业,医疗器械生产企业,IT 企业等高科技企业在研发上的投入往往非常大。例如我们熟知的美国苹果公司,其主打产品 Mac Computer,iPod,iPhone,iPad,iTune 都经历了每年推出新款的快速更新换代的过程。然而,在苹果公司迅速地推陈出新的背后,是数十亿美元巨额研发费用的投入。苹果公司每年投入的研发费用占其销售收入的比例,如表 2-1 所示。从表 2-1 可以看出,2011年和 2012 年苹果公司所投入的年度研发费用的增速分别为 36% 和 39%。研发费用通常以发生在一个会计期间内的研发费用的总和来计量。一个会计期间可以是一个月、一个季度、半年或一年。研发费用的总额在期末直接计入企业的利润表中。

表 2-1　　　　　　　　　美国苹果公司研发费用概况[①]　　　　　　　单位:百万美元

年　份	2020 年	2019 年	2018 年
研发费用总金额	18 752	16 217	14 236
研发费用占年度销售收入的百分比	7%	6%	5%

供应和生产环节的成本发生在企业的工厂(或生产车间)内。企业在该环节一般应该设置以下几个成本项目:

1. 直接材料

企业投入原料、材料及辅助材料成本进行生产制造,最终把这些原材料通过生产活动转变为半成品和产成品。

2. 直接人工

工厂或车间投入劳动工人实施生产加工活动,向工人支付薪酬,并按国家规定支付各项福利。因此,直接人工费用中包含工资薪酬和福利两项。

3. 燃料和动力

燃料和动力是指直接用于产品生产的燃料和动力的支出。它包含驱动机器设备开展生产或生产车间所使用的煤、电、天然气、汽油、润滑油等能源类成本支出。如果从外单位购进燃料和动力的,则该成本应包含购买的实价、运费、保险费等将燃料和动力就位并投入生产的一切相关成本。

4. 制造费用

制造费用是指发生在企业的生产工厂或车间的各项间接费用。这些间接费用与某一种产品的生产没有直接的因果关系,因而无法将其直接追迹到某一种产品的成本中去,但却与该工厂或车间生产的所有产品相关。例如,机器设备的折旧费用、固定资产的折旧费、厂房车间或机器设备的租赁费(不包括融资租赁费)、管理人员(如车间主任)的薪酬费用、机

[①]资料来源:Apple Inc. 2012 年度财务报告:http://investor.apple.com/

械物料(如润滑油)消耗费、低值易耗品摊销、水电费、燃气费、生产工厂或车间的办公费、运输费、保险费、设计制图费、实验检验费、劳动保护费、季节性或其他停工损失等间接费用。制造费用还包含工厂车间在生产过程中耗费的燃料和动力费用,例如汽油、柴油费用等。

　　企业可根据自身的生产特点和管理要求对上述成本项目进行适当的调整。对于管理上需要单独控制或考核的费用,或在企业的产品成本中占比重较大的项目,应该设置专门的成本项目。例如,如果废品损失在产品的成本中占比重较大,企业管理上需要进行重点控制和考核,那么就应该设置"废品损失"项目。又如,工厂在生产某一单独产品时耗费的燃料和动力费用应该记入"直接材料"成本项目,而当该费用占比重较大需要单独控制时,企业可单独设置"直接燃料和动力费用"项目进行核算。对于工厂共同使用的燃料和动力费用则应记入"制造费用"成本项目进行核算,而当该费用占比重较大需要单独控制时,也可以单独设置"燃料和动力费用"项目进行核算。

　　营销、配送和售后服务环节发生的成本均计入销售费用。销售费用除了包括产品营销、配送和售后服务的费用以外,还包括企业为销售产品而专设的销售机构的各项经费。具体包括运输费、装卸费、包装费、保险费、展览广告费,以及专设的销售机构(包括销售网点和售后服务网点等)的职工薪酬福利费用、业务费等。销售费用一般以发生在一个会计期间内的销售费用的总和来计量。销售费用的总额在期末直接计入企业的利润表中。

　　以上是按照企业价值链而设置的成本项目。除此之外,企业还设置销售费用、管理费用和财务费用项目。

　　销售费用是发生在企业销售部门的用于销售产品的费用。它包括销售人员的薪酬、广告促销费用、为销售产品而专设的专卖店的费用等。

> **请注意**
>
> 　　销售费用不同于"销货成本"。销货成本在会计报表中又称"营业成本"或"主营业务成本",它不是为销售活动或促销而发生的成本,而是指销售出去的产品中所包含的产品生产成本。销货成本与企业的销售行为无关。然而,销售费用是企业花在销售活动上的成本支出,属于三大期间费用之一。

　　管理费用是发生在企业的基本生产部门(如生产工厂或车间)和辅助生产部门(如供电、供水或运输等)之外的行政管理部门中的成本,是企业为组织和管理生产经营活动而发生的各项费用。具体包括行政管理部门的职工薪酬费用、修理费、低值易耗品摊销、办公费、差旅费等,还包括工会经费、社会保险费、劳动保险费、董事会费(包括董事会成员津贴、会议费、差旅费等)、聘请中介机构费、咨询顾问费、诉讼费、业务招待费、房产税、车船税、土地使用税、印花税、技术转让费、无形资产摊销、职工教育经费、排污费、存货盘亏或盘盈(不包括应计入营业外支出的存货损失)等。有关研发费用,企业可根据自身生产特点适当调整,当研发费用金额不大时可以计入管理费用,研发费用庞大的企业应单独设置研发费用项目进行核算。

　　财务费用是指企业为筹集生产经营所需要的资金而发生的各项费用,包括利息费用(减利息收入)、汇兑损失(减汇兑收益)以及相关的手续费等。

(二)生产成本和期间费用

上述基于价值链分析的成本项目可以分成生产成本和期间费用两类。

1. 生产成本:生产成本或称生产费用是发生在企业的生产部门(包括基本生产部门和辅助生产部门),最终转移到资产负债表的"存货"项目之中的成本。它包括直接材料、直接人工和制造费用。

2. 期间费用:期间费用是指利润表中除了销货成本之外的其他成本项目。它包括销售费用、管理费用、财务费用、研发费用。这些费用都是在一个会计期间内发生的,其金额是该会计期间内发生的费用合计。这些费用有望在该会计期间内有助于企业获得销售收入。尽管研发费用的投入可能使企业在未来获得收益,但企业投入该费用之后是否一定能获得研发的成果具有不确定性,因此也被视为期间费用。对于制造型企业来说,期间费用都是非生产成本。对于商业企业来说,期间费用是销货成本之外的其他费用。

由此,可以把制造型企业的成本构成归纳成图 2-1 的形式。

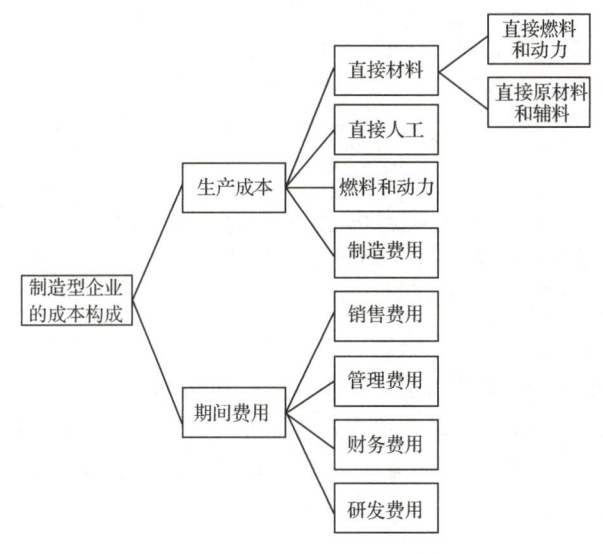

图 2-1 制造型企业的成本构成

三、制造型企业的成本分类

(一)直接成本(Direct Costs)和间接成本(Indirect Costs)

我们可以根据成本的性质,把某一成本对象的成本区分成直接成本和间接成本。

1. 直接成本

直接成本与某一特定的成本对象之间具有因果相关的关系,并能被追迹到该成本对象的成本中去。直接成本包括直接材料和直接人工成本。例如,用于制造荣威 550 型轿车的钢板和轮胎是该款轿车的直接成本。在荣威 550 型轿车生产线上工作的劳动工人填写原材料调用单后送交仓库,仓库出具原材料出库单,标明供给荣威 550 型轿车的原材料的成本。因此,这些原材料成本可以很容易地被直接追迹到荣威 550 型轿车的成本中去。另外,在荣威 550 型轿车生产线上工作的劳动工人的薪酬则通过考勤表计算工资薪酬后,直接追迹到荣威 550 型轿车中去,是该产品的另一种直接成本——直接人工成本。

2. 间接成本

间接成本虽然与某一特定的成本对象之间具有一定关联,但是不具有直接的因果关系,不能被直接被追迹到成本对象的成本中去。制造费用就是典型的间接成本。例如,工厂管理者(车间主任)的薪酬工资就是一项制造费用,同时也是一项间接成本。由于工厂管理者兼管着该工程中生产的多种产品,因此工厂管理者的薪酬工资虽然与所有产品都有关联,但是无法直接被追迹到某一种产品的成本中去,而应该采取成本分配的方法,分别分配给不同的产品。

因此,直接成本和间接成本的关系,以及成本计算的不同方式如图 2-2 所示。

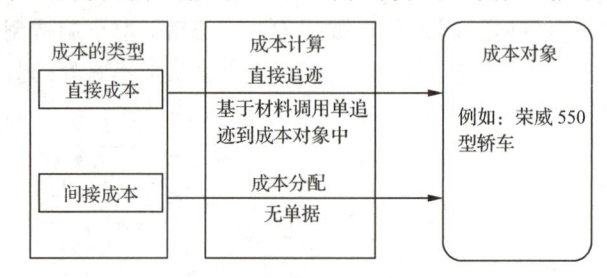

图 2-2 直接成本和间接成本的成本计算

(二)变动成本(Variable Costs)和固定成本(Fixed Costs)

企业投入生产的原材料、人工和其他资源的成本具有不同的性态模式,我们称之为成本性态模式,或称成本性态。成本性态模式包含变动成本和固定成本两种。

变动成本是指与产量或生产经营活动的数量成正比的成本。直接材料和直接人工成本就是典型的变动成本。固定成本是指在一定会计期间内,无论产量或生产经营活动的数量如何变化都不会影响成本金额的成本。企业的厂房或办公用房的租金、管理人员的工资都是固定成本,也就是即使企业连一个产品都不生产也必须支付的成本。对变动成本和固定成本的定义必须是在一定的会计期间内,而且与特定的生产经营活动相关联。

例如,假设上汽集团为生产荣威 550 型轿车订购特定型号的前挡风玻璃,每辆轿车需要 1 块,每块价格 1 600 元。那么,其产量和前挡风玻璃这种配件的成本关系见表 2-2。

表 2-2 轿车变动成本与产量间的关系

荣威 550 型轿车的产量(辆) (1)	荣威 550 型轿车前挡风玻璃的单位变动成本(元/辆) (2)	总变动成本(元) (3)=(1)×(2)
1	1 600	1 600
1 000	1 600	1 600 000
1 500	1 600	2 400 000
1 800	1 600	2 880 000

很显然,汽车前挡风玻璃的成本是一项变动成本。因为其总变动成本(表 2-2 第 3 列)的变化与产量(表 2-2 第 1 列)的变化成正比例关系。值得注意的是,单位变动成本(表 2-2 第 2 列)却保持不变。因此,变动成本的性质可以归纳为,在一定的会计期间内,变动成本总额与产量或生产经营活动数量成正比,而单位变动成本却保持不变。

又例如，假设生产荣威550型轿车的上汽集团某车间每年支付给工厂管理层的薪酬总额为2 000 000元，这些管理人员只负责该产品的生产。那么，工厂管理层的薪酬与产量之间的关系见表2-3。

表 2-3　　　　　　　　　工厂管理层的薪酬与产量间的关系

荣威550型轿车生产车间的管理层年薪酬总额（元）(1)	荣威550型轿车的年产量（辆）(2)	每辆荣威550型轿车分摊的生产管理层薪酬成本（元）(3)＝(1)÷(2)
2 000 000	1	2 000 000
2 000 000	1 000	2 000
2 000 000	1 500	1 333
2 000 000	1 800	1 111

可见，荣威550型轿车的生产管理成本是一项固定成本。因为无论每年生产多少辆该型号的轿车，都必须支付2 000 000元的管理层薪酬。哪怕工厂一辆轿车都不生产，还是必须支付给管理层员工一年2 000 000元的总薪酬。所以，这项成本与产量无关，在一年的会计期间内是固定的。值得注意的是，固定成本虽然在会计期间内保持不变，但是单位产品所分摊到的固定成本却随着产量的增加而减少。也就是说，当我们要计算分摊给每辆轿车的管理成本时，随着工厂产量的增加，每辆轿车分摊到的固定成本就会减少（表2-3第3列）。因此，固定成本的性质可以归纳为，在一定的会计期间内，固定成本总额保持不变，与产量或生产经营活动数量无关，而分摊给单位产品的固定成本则随产量的增加而减少。

图2-3的坐标图反映了变动成本和固定成本的特性。

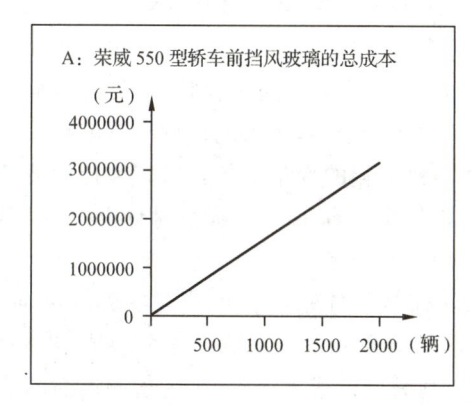

图 2-3　变动成本和固定成本的特性

（三）主成本（Prime Costs）和加工成本（Conversion Costs）

另外，我们还可以把制造型企业中的生产成本进一步分成主成本和加工成本。公式如下。

主成本＝直接材料成本＋直接人工成本

加工成本＝直接人工成本＋制造费用

主成本和加工成本与其他成本项目之间的关系如图2-4所示。

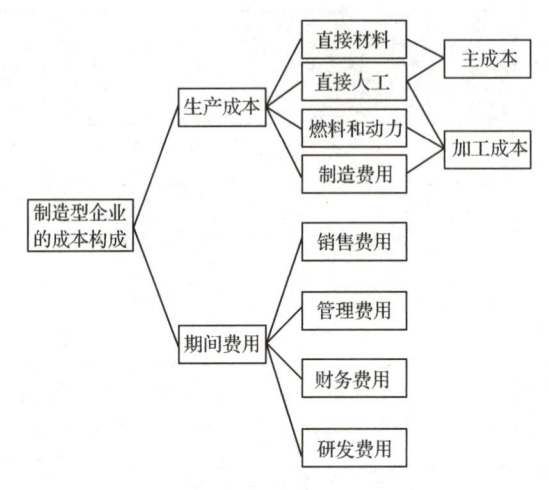

图2-4 主成本和加工成本与其他成本项目的关系的构成

四、成本动因

　　成本动因是一个变量,是直接导致特定成本项目的产生,或直接影响特定成本项目金额大小的变量。生产经营活动(任务、项目、作业)的水平或数量就是成本动因。例如,汽车制造企业整车装配流水线上,直接材料成本的成本动因是装配完成的整车的数量,因为装配完成的整车数量越多,耗费的直接材料成本就越多。搬运费的成本动因是被搬运的物品的体积大小,因为搬运的体积越多,叉车等搬运工具耗费的时间越长,成本就越多。产品研发成本的成本动因是该研发项目的研发数量,如果研发更新换代了老产品,那么设计更新各项功能的数量就是成本动因,因为更新的功能越多,投入的研发成本就越大。

　　变动成本的成本动因是与变动成本金额成正比变化的变量。例如汽车前挡风玻璃成本的成本动因是装配的整车数量。如果装配流水线上工作的工人按小时计算工资,那么该流水线的直接人工成本的成本动因就是装配的小时数了。

　　短期固定的成本在短期内没有成本动因,然而从长期来看就可能存在着成本动因。例如,产品的质量检测成本包含检测设备的成本和检测人员的薪酬。这两项成本一般都相对固定,所以在1年以内的会计期间内通常被视为固定成本,不会因为检测产品的数量变化而变化。但从长期来看,企业的检测部门必然要增加或减少检测设备和人员,以适应企业产量的变化。因此从长期来看,产量是企业的质量检测成本的成本动因。

　　制造企业中诸如检测、设计、机械调试等生产经营活动的成本可以通过更细化的作业成本计算法进行较为精确的成本计算。这部分内容将在第十一章中详述。

五、制造型企业的成本项目及其与财务会计报表的关系

制造型企业的成本会计是企业会计信息系统中的一环,不仅应用于企业的内部成本管理和决策,还为企业编制财务会计报表提供必不可缺的会计信息。因此成本会计也是企业财务报表的一个重要的组成部分。制造型企业的成本项目与财务会计报表之间的关系可以用图 2-5 表示。

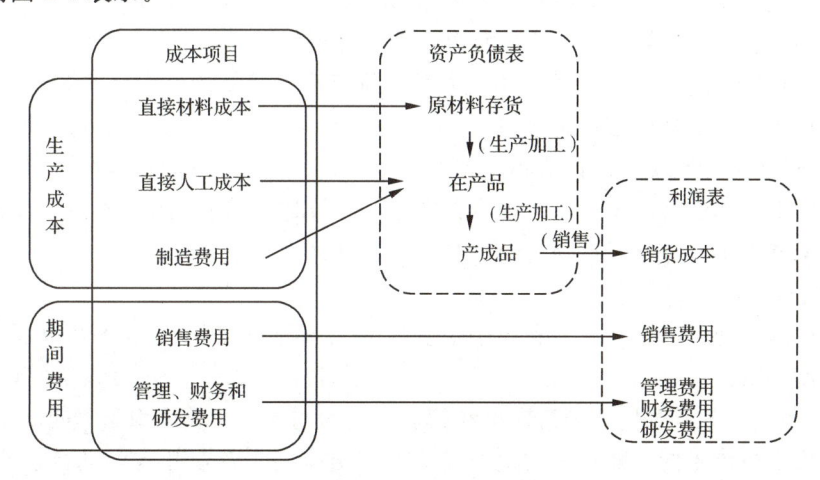

图 2-5　制造型企业成本项目和财务会计报表的关系

图 2-5 表明了制造型企业的成本项目与资产负债表及利润表之间的关系。制造型企业的成本项目包含生产成本和期间费用,生产成本通过三大存货,即原材料、在产品和产成品转移到资产负债表中。直接材料成本转移至原材料存货,然后企业投入直接人工成本和制造费用进行生产制造之后,原材料转变成在产品,在产品通过进一步的加工转变为产成品。而产成品则通过企业的销售活动创造收益,因此产成品的成本转入利润表成为销货成本。另一方面,期间费用则直接转入利润表,反映在利润表之中除去销货成本之外的成本项目中,一般包括销售费用、管理费用、财务费用和研发费用。根据企业的不同情况,有时研发费用作为管理费用的一部分进行核算。

第三节　制造型企业成本核算的一般流程

一、成本核算的要求

(一)算为管用,算管结合

"算为管用"就是成本核算应为企业的经营管理服务,为企业的各项经营决策提供成本会计信息。"算管结合"就是成本核算必须与加强企业的经营管理相结合,企业通过成本核算使其经营管理得到细化和加强。因此,企业的成本核算不仅要对各项成本费用进行事后的核算,还必须以国家有关会计法规、成本核算制度和企业的成本计划(或预算)为

依据,加强对各项成本费用的支出的事前审核、事中控制,并及时反馈至企业的管理层。换言之,对于合法、合理、有利于企业提高经济效益和未来发展的成本费用支出,应该予以支持,反之就应坚决制止。当不合法、不合理的费用支出已经无法制止时,企业应追究责任,直至法律责任,防止再度发生。

预算(Budget)是进行成本计划和控制的最为有效的工具之一。对于脱离预算的差异(Variance),尤其是不利差异(Unfavorable Variance),应该进行预算差异分析,并及时反馈到企业的管理层。预算的编制应该符合企业实际的情况,应该长短期预算相结合,积极推动滚动预算(Rolling Budget)的实施,从而使预算符合最新的市场需求和竞争条件,使企业的计划和控制更贴近市场。还有,对于企业生产经营活动中的一些可以标准化的活动,可以通过制定标准成本进行控制。有关成本控制的有效工具预算,将在第十章详述。通过制定标准成本进行成本控制的内容将在十一章详述。而通过比较企业的实际成本和预算或标准成本的差异,进行差异分析的内容,将在第十二章详述。

(二)正确区分各种费用

为了更准确地计算产品成本和属于企业日常经营的期间费用,成本核算要求正确区分下列费用界限。

第一,正确区分企业生产经营支出和营业外支出的界限。企业用于不同用途的支出,其列支的项目应该不同。非日常的生产经营性支出应列支营业外支出进行核算。例如,企业购买或建造固定资产的费用,应计入固定资产的买价或造价;固定资产盘亏损失、固定资产报废清理净损失等,应计入营业外支出,而不应计入生产成本或期间费用之中。凡不属于企业日常生产经营方面的支出,都不得计入生产成本或期间费用,即不得乱计成本。凡属于企业日常生产经营方面的支出,都应全部计入生产成本或期间费用,不得遗漏。

第二,正确区分生产成本和期间费用的界限。企业在正常的日常生产经营中发生的成本费用,应计入生产成本或期间费用。生产成本是发生在基本生产车间或辅助生产车间的各项成本费用,而期间费用则是企业非生产部门中发生的,用于支持企业生产和销售活动所发生的各项成本费用。例如,企业管理层的餐饮支出与生产经营有关的可计入管理费用核算,而不得在生产费用中列支。

第三,正确区分各会计期间的费用界限。正确划分各期的费用界限有助于正确计算各期的损益。例如,本月中购买了原材料或零配件等"物"转移入库,但企业尚未支付货款,即"钱"尚未转移。那么就应根据权责发生制原则,借记"原材料"科目,贷记"应付账款"科目。当原材料投入使用时,再根据当期的出库单据,借记"基本生产成本"科目一级账和二级账"直接材料"科目,贷记"原材料"科目。对于当期发生的,但受益期在一年以上且持续收益多年的费用,应由本期和以后各期负担,记入"长期待摊费用"科目。另一方面,对于预付保险费、经营租赁的预付租金、预付的报纸杂志费等,应按预付费用的性质分别计入有关成本科目。即属于企业行政管理部门为管理企业而发生的应记入"管理费用"科目;属于企业生产部门(或车间)为生产产品或提供劳务而发生的应记入"制造费用"科目;属于企业销售环节上发生的应记入"销售费用"科目。预付上述款项时,应借记"管理费用""制造费用""销售费用"等科目,贷记"银行存款"等科目。

第四，正确区分在产品和产成品的费用界限。月末进行产品成本核算时，如果产品已完工，各项费用之和即该产成品的产品成本。如果月末尚未完工，那么各项费用之和就是该在产品的月末在产品成本。如果月末既有产成品又有在产品，那么应将各项费用之和在在产品和产成品之间进行分配，分别计算在产品和产成品的月末成本。有关其分配方法"约当产量法"将在第五章详述。

第五，正确区分同一企业中各种不同产品之间的界限。现代企业通常生产多种类的产品，以满足日益增加的市场需求。因此，将应计入当月的各项生产成本必须在各种产品之间进行划分。凡属于某种产品单独发生的，应直接追溯，计入该产品的直接成本。凡属于几种产品共同发生的，称为间接成本，应采用适当的分配方法将间接成本分配给不同产品。有关如何将间接成本更精确地分配给不同种产品，我们将在第九章"作业成本法"中详述。

二、成本核算的主要会计科目

企业需要设置下列会计科目用于生产成本的核算：基本生产成本、辅助生产成本、制造费用、废品损失、长期待摊费用等科目。除此之外，其余还需要设置下列会计科目用于期间费用的核算：销售费用、管理费用、财务费用科目。下面分别加以详述。

(一)"基本生产成本"会计科目

"基本生产成本"会计科目用于归集企业为生产产品所投入的"直接材料""直接人工""燃料和动力"和"制造费用"的生产成本。该科目的借方登记企业为进行基本生产而发生的各项费用，贷方登记转出的完工入库的产品成本。余额在借方，表示基本生产活动的尚未完工的在产品的成本，即基本生产在产品所占用的资金。

"基本生产成本"会计科目应该按照产品品种、产品批别或类别或者产品生产流程等成本对象设置"基本生产成本二级账（明细账）"（或产品生产成本明细账、产品成本计算单据），账内按照产品成本项目分设专栏或专行，见表 2-4 和表 2-5。

表 2-4 基本生产成本二级账

车间：第一车间　　　　　　　　　　　　　　　　　　　　　　　　　　　　单位：元

月	日	摘要	成本项目			合计
			直接材料	直接人工	制造费用	
3	31	在产品费用	55 000	60 000	30 000	145 000
4	30	本月投入的生产费用	105 000	124 000	43 000	272 000
4	30	生产费用合计	160 000	184 000	73 000	417 000
4	30	本月完工产品成本	112 000	130 000	48 000	290 000
4	30	在产品费用	48 000	54 000	25 000	127 000

表 2-5　　　　　　　　　　　　　产品生产成本明细账
产品：甲产品　　　　　　　　　　　　　　　　　　　　　　　　　　　　单位：元

月	日	摘要	产量(件)	直接材料	直接人工	制造费用	合计
3	31	在产品费用		55 000	60 000	30 000	145 000
4	30	本月投入生产费用		105 000	124 000	43 000	272 000
4	30	生产费用合计	1 000	160 000	184 000	73 000	417 000
4	30	本月完工产品成本		112 000	130 000	48 000	290 000
4	30	完工产品单位成本		112	130	48	290
4	30	在产品费用		48 000	54 000	25 000	127 000

(二)"辅助生产成本"会计科目

辅助生产成本发生在企业的辅助生产部门。辅助生产部门是为基本生产部门提供生产服务的部门。例如供配电部门、供水部门、运输部门、餐饮部门、医疗部门等。在大型国有企业里,辅助生产部门通常也规模庞大,本身就类似于一个企业。因此一些辅助生产部门不仅面向自身企业提供产品或服务,同时也面向外部市场,按照市场价格提供产品或服务。但只要这不是它的主要业务,不进行独立核算,那么就应该视为辅助生产部门进行会计账务处理。如果辅助生产部门独立核算,那么就等同于独立的分支机构,单独设置会计科目。

企业应该设置"辅助生产成本"会计科目。该科目的借方登记为进行辅助生产而发生的各种费用;贷方登记供应给基本生产车间的产品或服务(或劳务)的分配转出的成本;余额在借方,表示辅助生产在产品的成本,即辅助生产在产品所占用的资金。"辅助生产成本"科目应该按照辅助生产部门(车间)、提供的产品或劳务设置明细分类账,账中按照辅助生产的成本项目或费用项目分设专栏或专行进行明细登记。

(三)"制造费用"会计科目

"制造费用"会计科目用于归集核算企业发生的各项制造费用。该科目的借方登记实际发生的各项制造费用;贷方登记分配转出的制造费用;除季节性生产企业之外,该科目应无期末余额。"制造费用"科目应该按照部门(车间)设置明细分类账,账内按照各项费用项目设置专栏进行明细登记。

(四)"废品损失"会计科目

"废品损失"会计科目用于单独核算废品损失。经常性发生较大数量废品的企业有必要单独设置该科目进行归集和核算。该科目的借方登记不可修复废品的生产成本和可修复废品的修复费用;贷方登记废品的残余价值、残料废料回收的价值、应收的赔款以及转出的废品净损失;该科目应无期末余额。"废品损失"科目应该按照部门或车间设置明细分类账,账内按产品品种分设专户,并按照成本项目设置专栏或专行进行明细登记。

(五)"长期待摊费用"会计科目

"长期待摊费用"会计科目用于核算企业中已经支付,但应由本期和以后各期共同负担的成本,且摊销期在一年以上(不含一年)的各项费用。该科目的借方登记实际支付的各项长期待摊费用;贷方登记分期摊销的长期待摊费用;余额在借方,表示企业尚未摊销的各项长期待摊费用的摊余价值。"长期待摊费用"科目应按照费用的种类设置明细分类账进行明细核算。

(六)"销售费用"会计科目

"销售费用"会计科目用于归集并核算企业在产品销售过程中所发生的各项费用,以及为销售本企业的产品而专设的销售机构的各项经费。该科目的借方登记实际发生的各项产品的销售费用;贷方登记期末转入"本年利润"科目的产品销售费用;期末结转后该科目应无余额。

(七)"管理费用"会计科目

"管理费用"会计科目用于归集并核算企业的行政管理部门为组织和管理生产经营活动而发生的各项管理性支出。该科目的借方登记发生的各项管理费用;贷方登记期末转入"本年利润"科目的管理费用;期末结转后该科目应无余额。

(八)"财务费用"会计科目

"财务费用"会计科目用于归集并核算企业为筹集生产经营所需的资金而发生的费用。该科目的借方登记发生的各项财务费用;贷方登记应冲减财务费用的利息收入、汇兑收入以及期末转入"本年利润"科目的财务费用;期末结转后该科目应无余额。

三、成本核算的一般流程

成本核算的一般流程是指成本会计人员对企业在生产经营过程中发生的各项成本费用,按照成本核算的要求,逐步进行归集和分配,然后计算出各种产品的成本和各项期间费用,最终转入会计报表的相关项目之中(例如资产负债表中的存货,利润表中的各成本和费用项目),并被应用于企业经营管理决策以及计划控制的基本过程。

成本核算的一般流程可归纳如下:

1.对企业的各项成本费用支出进行审核和控制,区分并确定各成本费用项目,并分别记入"生产成本"或"期间费用"项目之中。

2.将应该计入本月产品的生产成本中所包括的各项生产费用,在各种产品之间进行归集和分配,计算出各种不同种产品的生产成本。即,将本月的生产费用进行横向分配后归集,最终计算出各种产品的生产成本。

3.当期末既有在产品,又有完工产品(产成品)时,我们要将该产品的生产费用在在产品和完工产品之间进行分配,分别计算出该种产品的期末在产品的成本和完工产品的成本。

图 2-6 列示了制造型企业成本核算及其账务处理的一般程序。通过该图,我们可以对成本核算的一般程序有个全面而概括的了解,同时也可以进一步理解成本核算的账务处理程序。

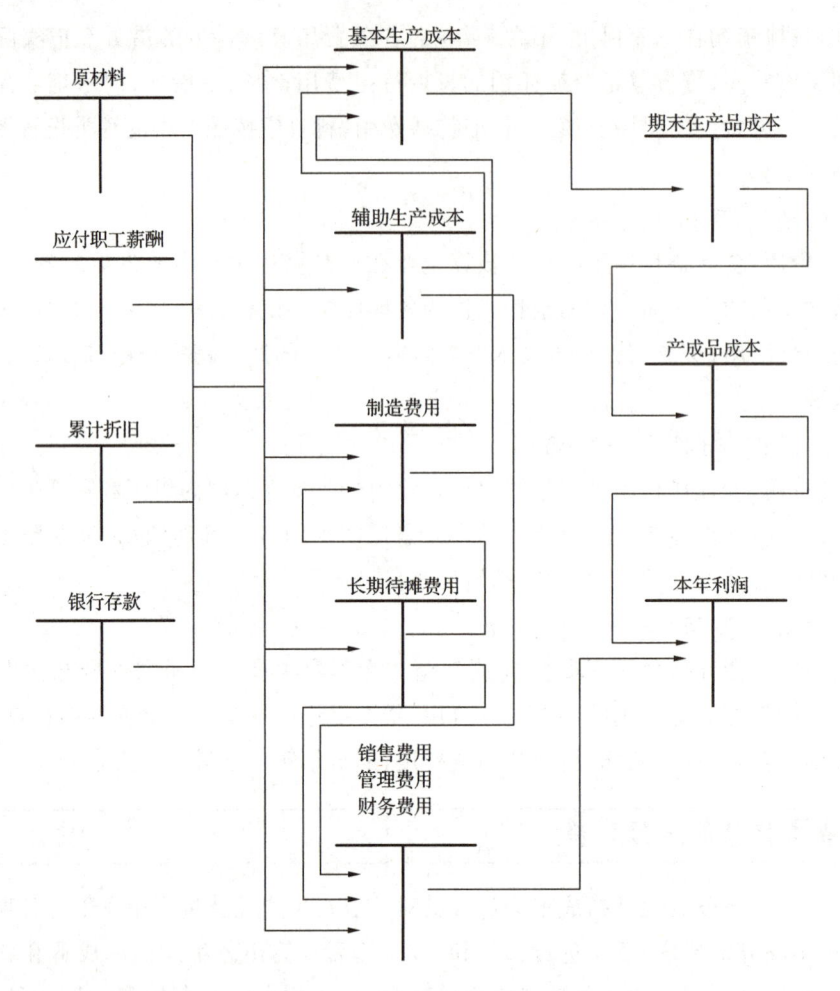

图 2-6　制造企业成本核算的一般流程

四、增值税

(一)"营改增"和增值税调整

我国自 2016 年 5 月 1 日起,在全国范围内全面推开营业税改征增值税(简称"营改增")试点,建筑业、房地产业、金融业、生活服务业等全部营业税纳税人,纳入试点范围,由缴纳营业税改为缴纳增值税。自 2017 年 7 月 1 日起,简并增值税税率结构,取消 13% 的增值税税率,因此目前我国增值税税率为 17%、11%、6%、3% 四档。2018 年增值税一般纳税人税率进一步调降为 16%、10%、6% 和 3% 四档。2019 年又再次将增值税一般纳税人的 16% 档税率调降至 13%,10% 档税率调降至 9%,6% 档税率保持不变。目前,增值税一般纳税人根据所处的行业执行 13%、9%、6% 的税率;小规模纳税人执行 3% 的税率,但是小规模纳税人不能抵扣增值税进项税额。

营业税是价内税,包含在产品价格中。增值税与营业税不同,是价外税,因而增值税不应包含在产品价格中。因而在成本会计中,增值税不计入产品成本,而是单独在"应交税费——应交增值税"账户中进行核算。小规模纳税人虽然不能抵扣增值税进项税额,但仍然应在其销售收入中将税点扣除,形成销项税额在"应交税费——应交增值税"账户中单独核算,而不应结转主营业务成本。

所以在产品的成本核算中,增值税是单独核算的,并不包含在产品的成本中。也就是说,"营改增"实施之后,产品成本的核算方法和成本会计账务处理均没有受到根本性的影响,仍然使用原有的理论和实务操作。

(二)"营改增"之后增值税的会计核算

随着"营改增"的全面推开,财政部在2016年12月印发《增值税会计处理规定》,自发布之日(2016年12月3日)立即施行。该规定适用于所有增值税纳税人,包括原增值税纳税人和"营改增"试点纳税人,明确了增值税会计核算应该使用的会计科目。

1.科目设置与核算内容

一级科目为"应交税费",增值税的相关科目作为二级科目设置在一级科目下,例如"应交增值税""转让金融商品应交增值税""代扣代缴增值税""未交增值税"等。增值税一般纳税人还应在"应交增值税"明细账内设置"进项税额""销项税额抵减"等专栏,具体参见税务会计教材。

另外,全面试行"营改增"后,"营业税金及附加"科目名称调整为"税金及附加"科目,该科目核算企业经营活动发生的消费税、城市维护建设税、资源税、教育费附加及房产税、土地使用税、车船使用税、印花税等相关税费;利润表中的"营业税金及附加"项目调整为"税金及附加"项目。

2.一般账务处理

当期可抵扣的增值税额:借记"应交税费——应交增值税(进项税额)"科目。

以后的会计期间中可抵扣的增值税额:借记"应交税费——待抵扣进项税额"科目。

计入待抵扣进项税额的部分,待以后期间允许抵扣时,按允许抵扣的金额,借记"应交税费——应交增值税(进项税额)"科目,贷记"应交税费——待抵扣进项税额"科目。

销项税额的账务处理:借记"银行存款""应收账款"等科目,贷记"主营业务收入"和"应交税费——应交增值税(销项税额)"。

本章小结

本章详细介绍了成本会计的基本概念。首先从企业组织出发,详述了企业组织的类型、存货的类型。其次对成本的基本概念进行详细的整理和分类。制造型企业的成本项目基本可分为两大类,即生产成本和期间费用。生产成本主要包括直接材料、直接人工和制造费用;期间费用主要包括销售费用、管理费用和财务费用,研发费用可根据企业情况单列或包含在管理费用之中核算。企业的这些成本项目可分类为直接成本和间接成本、

成本会计

变动成本和固定成本、主成本和加工成本。成本动因是导致成本发生的重要概念,需要理解掌握。最后,本章概括了制造型企业成本核算和账务处理的一般流程。

案例应用

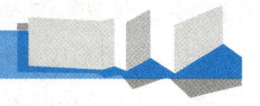

东方公司是一家以生产办公家具为主的制造企业,主要销往国内市场。该公司 2011 年度的相关财务数据如下:

用于打磨家具的砂纸消耗	2 000 元
购进木材的预处理成本	60 000 元
设备的润滑油和冷却剂	5 000 元
当期 500 张 A 型办公桌耗费木材	65 000 元
当期 500 张 A 型办公桌耗费金属件	25 000 元
车间一线劳动工人薪酬	1 100 000 元
厂房年租金	104 000 元
设备累计折旧	36 000 元
促销广告投放费用	60 000 元
推销员销售提成	100 000 元
配送费用	76 000 元
售后服务成本	90 000 元
公司董事办公室餐饮费	8 000 元

你作为该企业的成本会计人员,请区分直接成本、间接成本;生产成本、期间费用;并请区分生产成本中的直接材料、直接人工和制造费用。哪些是主成本?哪些是加工成本?哪些是变动成本?哪些是固定成本?哪些成本通过存货核算后反映在年度资产负债表中?哪些通过本年利润核算后反映在年度利润表中?

第二篇　成本会计核算和账务处理

第三章 要素费用的归集和分配

学习目标

1. 掌握要素费用的内容。
2. 理解要素费用的核算原则。
3. 掌握材料费用、职工薪酬、外购动力费用和其他要素费用的归集和分配。

导入案例

威申公司生产的产品,耗用主要材料最多,燃料也占有相当大的比重,但耗用的外购动力费用占的比重很小。从管理和简化核算上考虑,该公司在成本核算时,将燃料费用专设了"燃料"成本项目,而将动力费用全部计入制造费用(根据制造车间的仪表计算确认其数额)。该公司新聘张萌为成本会计。张萌上任后,将企业生产产品发生的外购动力费用全部直接列入基本生产成本的"直接材料"成本项目。

问题:
(1)该公司的做法是否正确?请说明理由。
(2)你认为张萌的做法是否正确?为什么?

第一节 要素费用概述

一、要素费用的内容

制造型企业生产经营过程中的耗费是多种多样的,为了科学地进行成本管理,正确计算产品成本和期间费用,需要对种类繁多的费用进行合理分类。费用可以按不同的标准分类,在第二章中已经详细探讨了成本的种类,在此从费用的角度进行分类。

(一)费用按经济内容的分类

所谓费用要素,就是费用按经济内容进行的分类。企业的生产经营过程中发生的费用,按其经济内容分类,划分为以下八个费用要素:

(1)外购材料。外购材料指企业为进行生产经营而耗用的一切从外单位购进的原料及主要材料、半成品、辅助材料、包装物、修理用备件和低值易耗品等。

(2)外购燃料。外购燃料指企业为进行生产经营而耗用的一切从外单位购进的各种固体、液体和气体燃料。

(3)外购动力。外购动力指企业为进行生产经营而耗用的从外单位购进的各种动力。

(4)职工薪酬。职工薪酬指企业为进行生产经营而发生的各种职工的薪酬。

(5)折旧费。折旧费指企业按照规定的固定资产折旧方法,对用于生产经营的固定资产所计算提取的折旧费用。

(6)利息支出。利息支出指企业应计入财务费用的借入款项的利息支出减去利息收入后的净额。

(7)税金。税金指应计入企业管理费用的各种税金,如房产税、车船税、土地使用税、印花税等。

(8)其他支出。其他支出指不属于以上各要素但应计入产品成本或期间费用的费用支出,如差旅费、租赁费、外部加工费以及保险费等。

按照以上费用要素反映的费用,称为要素费用。将费用划分为若干要素分类核算的作用是:

(1)这样分类可以反映企业一定时期内在生产经营中发生了什么费用,金额是多少,可以据以分析企业各个时期各种费用的构成和水平。

(2)这种分类反映了企业生产经营中外购材料和燃料费用以及职工工资的实际支出,因而可以为企业核定储备资金计划、考核储备资金的周转速度,以及编制材料采购资金计划和劳动工资计划提供资料。但是,这种分类不能说明各项费用的用途,因而不便于分析各种费用的支出是否节约、合理。

(二)费用按经济用途的分类

如第二章所述,制造型企业在生产经营中发生的费用,可以分为计入产品成本的生产成本和直接计入当期损益的期间费用两类。下面分别讲述这两类费用按照经济用途的分类。

1. 生产成本按经济用途的分类

计入产品成本的生产成本在产品生产过程中的用途也不尽相同。有的直接用于产品生产,有的间接用于产品生产。因此,为具体反映计入产品成本的生产成本的各种用途,提供产品成本构成情况的资料,还应将其进一步划分为若干个项目,即产品生产成本项目。产品生产成本项目,简称产品成本项目或成本项目,就是生产成本按其经济用途分类核算的项目。制造型企业一般应设置以下几个成本项目:

(1)直接材料。直接材料指直接用于产品生产、构成产品实体的原料、主要材料以及有助于产品形成的辅助材料费用。

(2)直接燃料和动力。直接燃料和动力指直接用于产品生产的各种燃料和动力费用。直接燃料和动力费用一般也可列入直接材料中核算,但当该项目金额较高时,也可根据企业的需要单独核算。

(3)直接人工。直接人工指直接参加产品生产的工人的薪酬费用。

(4)制造费用。制造费用指间接用于产品生产的各项费用,以及虽直接用于产品生产,但不便于直接计入产品成本,因而没有专设成本项目的费用(如机器设备的折旧费用)。制造费用包括企业内部生产单位(分厂、车间)的管理人员薪酬费用、固定资产折旧费、租赁费(不包括融资租赁费)、机物料消耗、低值易耗品摊销、取暖费、水电费、办公费、运输费、保险费、设计制图费、试验检验费、劳动保护费、季节性或修理期间的停工损失以及其他制造费用。

企业可根据生产特点和管理要求对上述成本项目做适当调整。对于管理上需要单独反映、控制和考核的费用,以及产品成本中占比重较大的费用,应专设成本项目;否则,为了简化核算,也可不必专设成本项目。例如,如果废品损失在产品成本中所占比重较大,在管理上需要对其进行重点控制和考核,则应单设"废品损失"成本项目。又如,如果工艺上耗用的直接燃料和动力不多,为了简化核算,可将其中的工艺用燃料费用并入"直接材料"成本项目,将其中的工艺用动力费用并入"制造费用"成本项目。

2. 期间费用按经济用途的分类

制造型企业的期间费用按照经济用途可分为销售费用、管理费用和财务费用。

(1)销售费用。销售费用是指企业在产品销售过程中发生的费用,以及为销售本企业产品而专设的销售机构的各项经费,包括运输费、装卸费、包装费、保险费、展览费和广告费,以及为销售本企业商品而专设的销售机构(含销售网点、售后服务网点等)的职工薪酬费用、类似职工薪酬性质的费用、业务费等费用。

(2)管理费用。管理费用是指企业为组织和管理企业生产经营活动所发生的各项费用,包括企业的董事会和行政管理部门在企业的经营管理中发生的,或者应由企业统一负担的公司经费(包括行政管理部门职工薪酬费用、修理费、机物料消耗、低值易耗品摊销、办公费和差旅费等)、工会经费、社会保险费、劳动保险费、董事会费(包括董事会成员津贴、会议费和差旅费等)、聘请中介机构费、咨询费(含顾问费)、诉讼费、业务招待费、房产税、车船税、土地使用税、印花税、技术转让费、矿产资源补偿费、无形资产摊销、职工教育经费、研究与开发费、排污费、存货盘亏(不包括应计入营业外支出的存货损失)等。

(3)财务费用。财务费用是指企业为筹集生产经营所需资金而发生的各项费用,包括利息支出(减利息收入)、汇兑损失(减汇兑收益)以及相关手续费等。

二、要素费用核算原则

各项要素费用应按其用途和发生地点,进行归集和分配。

1. 对于基本生产车间直接用于产品生产,并且专设成本项目的各项费用,如构成产品实体的原材料费用、产品生产工人的薪酬费用等,应记入"基本生产成本"总账,并直接记入或分配记入有关产品成本明细账的相关成本项目,即凡是能够根据原始凭证直接认定是某种产品消耗的费用,应直接记入该种产品成本明细账的相关成本项目,凡是几种产品共同耗用,不能直接确认各种产品消耗数额的费用,则应采用适当的方法,在有关产品之间进行分配,根据分配结果登记有关产品成本明细账的相关成本项目。

2. 对于基本生产车间直接用于产品生产,但没有专设成本项目的各项费用(如机器设备的折旧费用)以及间接用于产品的费用(如车间管理人员的薪酬费用)应先记入"制造费用"科目及所属明细账有关的费用项目,然后通过一定的分配程序,转入或分配转入"基本生产成本"总账及所属明细账的"制造费用"成本项目。

3. 对于用于辅助生产的费用,应分别按不同情况进行处理:

(1)若辅助生产车间设有"制造费用"明细账,则其费用的处理可以比照上述基本生产车间费用的处理办法进行。

(2)若辅助生产车间未设"制造费用"明细账,则对于直接或间接用于辅助生产的各项费用,均记入"辅助生产成本"总账及其所属明细账的相关费用项目。辅助生产成本应按照其用途、采用一定的方法进行分配。

4.对于各项间接费用,应该选择适当的方法进行分配。所谓分配方法适当,是指分配所依据的标准与分配对象有比较密切的联系,因而分配结果比较合理,而且分配标准的资料比较容易取得,计算比较简便。分配间接费用的标准主要有:

(1)成果类,如产品的重量、体积、产量、产值等。

(2)消耗类,如生产工时、生产工资、机器工时、原材料消耗量或原材料费用等。

(3)预算类,如预算消耗量、预算费用等。

分配费用的计算公式可以概括为

$$费用分配率 = \frac{待分配费用总额}{分配标准总额}$$

某分配对象应分配的费用 = 该对象的分配标准额 × 费用分配率

在生产经营过程中发生的用于产品销售的费用、行政管理部门的费用以及筹集资金活动中发生的费用等各项期间费用,不计入产品成本,而应分别记入"销售费用""管理费用""财务费用"的总账科目及其所属明细账的相关费用项目,然后转入"本年利润"科目,计入当期损益。各项要素费用的分配是通过编制各种费用分配表进行的,根据分配表据以登记各种成本、费用总账科目及其所属明细账。

> **想一想**
>
> "凡是基本生产车间发生的费用都要计入产品成本"可以反过来说成"凡不是基本生产车间发生的费用都不计入产品成本"。这种说法正确吗?

第二节 材料费用的核算

一、材料的分类与成本构成

(一)材料的分类

材料是工业生产过程中的劳动对象,材料费用是产品成本的主要构成要素之一。由于它们在生产中起的作用不同,一般按材料的用途划分为以下几类:

1.原料及主要材料,指生产过程中构成产品实体的原料和材料,如纺纱用的原棉、机械制造用的钢材等。

2.辅助材料,指虽不构成产品的主要实体,但有助于产品实体形成的各种材料,如制造家具用的油漆,加工服装用的线、扣等。另外,被劳动资料消耗的材料,如机器用的润滑油、冷却液等,为创造劳动条件而消耗的材料,如照明用的灯泡、清洁用具等,也列入辅助材料。

3.外购半成品,指企业购入已经过外单位加工的半成品,如汽车制造厂购入的发动机、各种汽车仪表等。

4.修理用备件,指为修理本企业的机器设备和运输设备的备用件,如齿轮、轴承等。此类材料虽然用量不大,但它是使设备能正常运转而必备的,且种类多,所以单列一类。

5.燃料,指工艺用或其他用途的各种固体、液体、气体等燃料。燃料根据其生产中的作用可归入辅助材料类,但能源在我国国民经济中的地位越来越重要,国家强调燃料的管理单独划分为一类。

6.包装物,指为包装本企业产品的各种包装容器,如桶、箱、瓶、罐、坛、袋等。

7.低值易耗品,指单位价值较低,容易耗损的各种工具、管理用具、玻璃器皿以及劳保用品等。从性质上看,低值易耗品并不是劳动对象,而是劳动资料,但由于它不具备固定资产的条件,因而把它列为材料的一类。

(二)材料成本的构成内容

材料成本应以企业取得或加工生产该种材料所发生的实际支出为基础来计算。由于企业材料来源不同,其成本构成的具体内容也不同。

1.外购材料成本。外购材料的采购成本主要由以下几项构成:

(1)买价,是指国内购买时供货单位开出的发票价格,进口材料则是材料物资的清算标价和进口税费。

(2)运杂费,即从销货单位运达企业仓库前发生的包装、运输、装卸搬运、保险及仓储等费用,进口材料成本包括国外运杂费、关税及国内运杂费。

(3)运输途中的合理损耗。

(4)入库前的整理挑选费用,包括整理挑选过程中发生的工、费支出和必要的损耗,并扣除回收的残料价值。

(5)其他,即与采购材料有关的其他费用支出。

2.委托加工材料成本。委托外单位加工本企业所需要的材料物资,其成本包括:加工中耗用材料物资的实际成本、支付的加工费用、为加工材料物资支付的往返运杂费等。

3.自制材料成本,即自制材料的生产成本,包括在制造过程中发生的直接材料费、直接加工费以及其他费用。

二、材料盘存制度

正确计算材料成本费用,应首先正确计算与确定生产中材料的消耗量,并做好消耗的原始记录。

(一)材料消耗的原始记录

记录生产中材料消耗的原始凭证有限额领料单、领料单、领料登记簿等。

1.限额领料单,是由生产计划部门和供应部门根据生产计划和材料消耗预算等资料核定并编制的一种多次有效凭证。限额领料单中事先填明领料单位、材料用途、领料限额,以便能够有效地控制材料消耗,适用于经常领用并有消耗限额的材料领用。

2.领料单,是由领料单位填写的,一式三联,一联留存领料单位备查,一联留存发料仓库登记材料明细账,另一联送交会计部门据以进行材料收发和材料费用的核算。它是一种一次有效使用凭证,适用于难以用消耗预算控制和不经常领用的材料领用。

3.领料登记簿,每一领料单位每月对于同种材料的多次领取,只需填制一张领料登记表。领料单位领料时,应在登记表中填明领料日期、当时领料数量、累计领料数量。采用领料登记簿记录经常领用的消耗材料,可以大大减少日常领料凭证的填制工作,而且便于月末耗用材料的汇总工作。

(二)材料盘存制度

计算材料消耗量有两种方法,即定期盘存制和永续盘存制。

定期盘存制是在会计期间结束时用清点实物的方法来确定材料期末结存数量并据以计算发出材料成本的方法。发出材料的数量就等于期初结存实物数量加本期增加的实物数量减期末结存数量。定期盘存制对每次发出数量不填制凭证,不登记账簿,只在期末将盘点数量作为账面结存数量,并根据计算出的材料消耗数量一次性填单记账,核算工作较简便,但将各种非正常发出(毁损、盗窃及自然损耗等)而减少数量隐含在发出数量之中,不利于材料的管理。材料消耗量计算公式为

$$材料消耗量 = 期初结存数量 + 本期增加数量 - 期末结存数量$$

永续盘存制是对各种材料的增加和减少数量都根据相应的会计凭证在有关账簿中进行连续登记,并随时在账簿中反映出每种材料的收发结存情况的方法。永续盘存制要求随时填制领料单,并随时在账簿上登记增加、减少和结存数量,有利于实物的管理和监督,但工作量较大。采用这种方法,也要定期全面地进行实地盘点,对一些价值较高或容易发生记录错误的材料,核对每种材料的实有数和账面数,账实不符的要查明原因,予以调整。

由于永续盘存制便于材料的日常核算,有利于材料的计算与控制,又能通过实物盘点来及时发现和处理各种不正常的损失,因而是当前国内外企业,特别是大中型企业材料核算所广泛实行的办法。至于定期盘存制方法,只适用于材料收发业务较为简单的小型企业,或因某些原因难以采用永续盘存制的企业。

三、材料发出成本的确定

(一)按实际成本计价确定发出材料成本

材料在采购入库后,就面临发出耗用的问题,因为企业采购或加工入库材料种类繁多,即使同一种质量、规格和功能相同的材料,也会由于不同时间、地点、批次购进或加工的单位成本的差异而有不同的实际采购成本。需要将种类繁多的材料的实际成本在库存材料和发出已耗材料之间进行分配。

从理论上来讲,购入材料的实际成本应随该材料发出耗用而结转。但是这种对购进批次加以逐一辨认的方法,在具体操作过程中难度较大(除十分贵重、量少的材料可采用外)。在实际工作中,较为普遍的情况是企业的材料进出量大,同种材料的单位成本不一致,大量的材料发出难以保证其实物流动与成本流动相一致。由于同样的材料都能满足生产需要,成本流转的顺序与实物流转的顺序就可以分离,因此可供发出耗用材料总成本与库存材料成本加已耗用材料的成本之和相等。

对不同材料成本流动顺序的选择,就形成了确定材料发出或库存材料单位价值的不同方法,这关系到企业资产负债表中存货价值和利润表中净利润的高低。因此,选择材料

的不同计价方法,是企业影响成本信息的重要会计选择。

1. 发出材料计价方法

(1)先进先出法,假定各单位材料按照其收进次序进行使用,期末库存必然是最后购买的材料。无论何时发出材料,发出价都将根据最早的批量库存价格计算,在没有许多小批量不同价格购进时,这种方法是简易的。库存结余大致反映现时成本,所耗库存的成本可以根据库存的运用相应地进行分摊。不过,如果价格突然变化,就会导致同样的工作由于所用材料成本不同而费用不等;如果库存周转缓慢,价格发生重大变动,期末材料成本在账面记录会比较繁杂,就增加了核算工作量。

(2)加权平均成本法,假定同一类型的所有材料是混在一起的,人们不可能发出某一批购进的材料,因而,成本只能按全部供给的平均成本计算。当购进批次过多时,逐次计算加权平均单价的工作量会增加,不利于简化加速成本核算,企业可改用月末一次加权平均法计算发出单价,其计算公式为

$$全月一次加权平均单价 = \frac{期初材料成本 + 本月购入材料成本}{期初材料数量 + 本月购入材料数量}$$

$$发出材料成本 = 发出材料数量 \times 全月一次加权平均单价$$

这种方法较为简单,但是在物价变动较大时,计算的发出成本和期末结存成本与实际情况可能有较大差别,计算结果不准确,会影响多个周期的成本计算。

另外,发出材料的计价方法还有个别计价法和移动加权平均法等,这里不再赘述。

2. 发出材料计价方法的选择

应用不同的材料流动方法,对企业已发出材料的成本和期末库存材料成本产生不同影响。材料计价方法的选择,会影响企业的成本、利润。因此,在实际工作中选择材料发出计价方法时,并不强调与材料实物流动之间的必然联系,主要考虑以下原则:

(1)适用性。企业应从其业务特点出发,根据材料收发的批次、数量、种类、价格等因素来选择适合企业的材料计价方法。

(2)谨慎原则。一般情况下,从谨慎的角度出发,企业宁可选择少计期末材料价值,高估发出材料成本的方法,以便确定企业利润的真实性。

(3)税收利益。在会计准则和税法认可的材料计价方法中,企业有权选择少计当期利润,从而享受递延税收利益的方法。

(4)一致性。由于不同的材料计价方法对企业经营绩效产生不同的影响,因而,计价方法一经确定就不应随意变更。当确实需要变更时,也要在财务报表的附注中作为会计政策变更加以披露。

(5)简便性。材料计价方法的选择还要考虑应用花费少的成本。企业应结合自身的材料收发特点,选择既能有利于正确表现财务与绩效信息,又能简化工作量的材料计价方法。

(二)按计划成本计价确定发出材料成本

采用计划成本计价情况下发出材料的实际成本,是根据发出材料的计划成本经成本差异调整后求得的。为了保证发出材料实际成本计算的正确性,采用计划成本,必须遵循以下两个原则:

1. 合理地制定材料的计划成本。采用计划成本计价,从一定意义上说,是一种平均成本。在同一差异类别中,某种材料超支或节约的差异过大,就会由其他材料分担,影响其他材料成本的正确性,也就直接影响产品成本。因此,必须合理地制定材料计划成本,不能与实际成本相差过大。计划成本制定后,如果某种材料购入时的成本差异率经常在5%以上,就应及时调整计划成本,以保证产品成本的正确性。

2. 恰当地设置材料成本差异明细账户。由于在计划成本计价下,材料的实际成本是同一材料成本差异类别的一种平均成本,因此,差异分类不能过粗,否则会影响成本的正确性。当然也不能过细,否则会使核算工作量过大。

其具体计算的原则是:按照入库材料所形成的差异额和差异率,对生产中耗用材料的计划成本调整为实际成本。其计算公式为

$$发出材料实际成本＝发出材料计划成本＋发出材料分摊的成本差异额$$

式中

$$发出材料计划成本＝发出材料数量×单位计划成本$$

$$发出材料分摊的成本差异额＝发出材料计划成本×材料成本差异率$$

$$材料成本差异率＝\frac{月初结存材料成本差异＋本月收入材料成本差异}{月初结存材料计划成本＋本月收入材料计划成本}×100\%$$

由上述公式可知,采用计划成本核算时,不仅能随时进行收入、发出、结存的数量和金额核算,而且不用计算收入和发出单价,核算工作量小,核算手续简单。但在这种方法下,发出材料和库存材料的成本不可能完全等于实际价格。如果计划价格的计算较为准确(接近实际价值),且差异的核算尽量细化,计入当期费用的价值就会接近于实际价值。

总之,计划成本使当期的净损益有偏离实际水平的可能,在物价上涨的情况下,这种偏离不利于企业的稳健经营。这种计价方法通常适用于材料实际成本变动较大、品种多、收发料频繁的企业,可以简化材料日常收发核算的工作量。

四、材料费用的分配方法

(一)材料费用分配原则

直接投入产品生产的材料费用是直接材料成本,一般根据生产车间的领用单据、原材料出库单据中所列示的数量乘以原材料单价即可直接得到用于某种产品的直接材料成本,因而无须分配。然而,当同一次领用的材料用于多种产品时,就需要分配了。

也就是说,材料费用中构成产品实体的原料及主要材料,一般由生产车间按产品领用,这些费用可以根据领料凭证直接归集到有关成本计算对象,计入该产品成本计算单中的"直接材料"项目,这样就无须分配。可是,原料及主要材料也有不能分产品领用的,例如化工企业生产中为几种产品共同耗用的原料,这些原料成本是这几种产品的共同费用。对于这些共同费用则要采用适当的方法进行分配。

直接用于某种产品生产、有助于某种产品形成的辅助材料,应该直接记入该种产品成本的"直接材料"项目,如织布用的浆料。如属于多种产品共同耗用的辅助材料,如油漆、染料等,则需采用一定的方法在几种产品中分配。

分配材料费用,常用的分配标准有产品的重量、体积和材料的消耗量等。选择分配标

准时,要遵循合理、简便原则。所谓分配方法的合理,是指这种分配方法的分配标准与费用大小有密切联系。如生产车间材料的耗用量与产品的重量有密切关系,因此可以用产品的重量作为分配标准。所谓分配方法的简便,是指分配标准的资料比较容易取得,而且尽量采用单一的分配标准。

(二)材料费用分配方法

1. 产品重量(或体积、产量)分配法

产品重量(或体积、产量)分配法是以产品的自身重量(或体积、产量)作为分配标准分配材料费用的方法。它主要适用于不同产品的消耗与自身重量(或体积、产量)比较匹配的情况,其计算公式为

$$材料费用分配率 = \frac{材料费用总额}{\sum 各种产品的重量(或体积、产量)}$$

【例题3-1】 某企业生产A、B、C三种产品,共同耗用甲材料18 000元,A、B、C三种产品的重量分别为1 100千克、900千克和3 000千克。

该企业按产品重量分配甲材料的计算如下:

甲材料费用分配率 $= \frac{18\ 000}{1\ 100 + 900 + 3\ 000} = 3.6$(元/千克)

A产品负担的甲材料费用 $= 1\ 100 \times 3.6 = 3\ 960$(元)

B产品负担的甲材料费用 $= 900 \times 3.6 = 3\ 240$(元)

C产品负担的甲材料费用 $= 3\ 000 \times 3.6 = 10\ 800$(元)

2. 预算(或标准)耗用量比例分配法

预算耗用量比例分配法是在材料消耗预算资料比较健全的企业,以各种产品的材料预算消耗量的比例或材料预算费用的比例分配材料费用的一种方法。预算耗用量也可以是企业每年制定标准成本时的标准耗用量,以下相同。其计算公式为

某种产品材料预算消耗量 = 该种产品实际产量 × 单位产品材料消耗预算

$$材料消耗量分配率 = \frac{材料实际消耗量}{\sum 各种产品材料预算消耗量}$$

某种产品应分配的材料数量 = 该种产品的材料预算消耗量 × 材料消耗量分配率

某种产品应分配的材料费用 = 该种产品应分配的材料数量 × 材料单价

上述公式中的消耗预算是指单位产品消耗数量的限额,预算消耗量是在生产多件产品时按消耗预算计算的消耗量限额。我们将在第十章更详细地探讨预算的概念。

【例题3-2】 某车间生产A、B、C三种产品,共同领用甲材料2 090千克,每千克单价为40元,材料费用共计83 600元。A产品250件,单位消耗预算为4千克;B产品200件,单位消耗预算为4千克;C产品50件,单位消耗预算为2千克。材料费用分配如下:

A产品材料预算消耗量 $= 250 \times 4 = 1\ 000$(千克)

B产品材料预算消耗量 $= 200 \times 4 = 800$(千克)

C产品材料预算消耗量 $= 50 \times 2 = 100$(千克)

材料消耗量分配率 $= 2\ 090 / (1\ 000 + 800 + 100) = 1.1$

A产品应分配的材料数量 $= 1\ 000 \times 1.1 = 1\ 100$(千克)

B产品应分配的材料数量 $= 800 \times 1.1 = 880$(千克)

C产品应分配的材料数量＝100×1.1＝110(千克)

A产品应分配的材料费用＝1 100×40＝44 000(元)

B产品应分配的材料费用＝880×40＝35 200(元)

C产品应分配的材料费用＝110×40＝4 400(元)

先分配材料实际消耗量,再乘以材料单价的计算方法,可以考核材料消耗预算的执行情况,有利于成本控制。为减少计算程序,企业也可以采用按预算消耗量的比例直接分配材料费用的方法。

【例题 3-3】 承接【例题 3-2】,按预算耗用量比例分配法计算如下：

材料费用分配率＝83 600/(1 000＋800＋100)＝44(元/千克)

A产品应分配的材料费用＝1 000×44＝44 000(元)

B产品应分配的材料费用＝800×44＝35 200(元)

C产品应分配的材料费用＝100×44＝4 400(元)

在几种产品共同耗用原材料的种类比较多的情况下,为简化分配计算工作,也可以按照各种材料的预算费用的比例分配材料实际费用,计算公式为

某种产品某种材料预算费用＝该种产品实际产量×单位产品该种材料费用预算

$$=该种产品实际产量 \times 单位产品该种材料消耗预算 \times 该种材料计划单价$$

$$材料费用分配率 = \frac{各种材料实际费用总额}{\sum 各种产品各种材料预算费用}$$

$$某种产品应负担的材料费用 = \sum 该种产品各种材料预算费用 \times 材料费用分配率$$

上述公式中的费用预算是单位产品消耗费用的限额,也是消耗预算的货币表现;预算费用则是指生产各种产品时按费用预算计算的消耗费用的限额,也是预算消耗量的货币表现。

【例题 3-4】 假定【例题 3-2】中 A、B、C 三种产品共同领用甲、乙两种材料,共计费用151 410 元。A、B、C 三种产品产量不变,甲材料的单位消耗预算不变。乙材料的单位消耗预算：A产品为 30 千克,B产品为 40 千克,C产品为 50 千克。甲、乙材料的计划单价分别为 38元 和 4 元。材料费用分配如下：

A产品甲材料预算费用＝250×4×38＝38 000(元)

A产品乙材料预算费用＝250×30×4＝30 000(元)

合计＝68 000(元)

B产品甲材料预算费用＝200×4×38＝30 400(元)

B产品乙材料预算费用＝200×40×4＝32 000(元)

合计＝62 400(元)

C产品甲材料预算费用＝50×2×38＝3 800(元)

C产品乙材料预算费用＝50×50×4＝10 000(元)

合计＝13 800(元)

$$材料费用分配率 = \frac{151\ 410}{68\ 000 + 62\ 400 + 13\ 800} = 1.05$$

A产品应负担的材料费用=68 000×1.05=71 400(元)
B产品应负担的材料费用=62 400×1.05=65 520(元)
C产品应负担的材料费用=13 800×1.05=14 490(元)

3. 标准产量比例分配法

标准产量比例分配法是将各种产品的产量按系数折算成标准产量,再以标准产量的比例分配材料费用。在这里系数是标准产品与各种产品在量上的一种比例关系。如消耗预算、实际产量、面积、体积的比例。标准产品可以选择系列产品中的中间产品,也可以选择正常、大量生产的产品作为标准产品。其计算公式为

$$各种产品折合标准产量=\sum(某种产品产量\times该种产品系数)$$

$$单位标准产品的材料费用=\frac{材料费用总额}{各种产品的标准产量}$$

某种产品应分配的材料费用=该种产品标准产量×单位标准产品的材料费用

【例题 3-5】 假设某制造企业第三车间 202×年 3 月生产 D、E、F 三种产品,D 产品产量为 200 台,E 产品产量为 400 台,F 产品产量为 200 台。以 D 产品为标准,生产一台 E 产品相当于生产 0.75 台 D 产品,生产一台 F 产品相当于生产 1.2 台 D 产品。第三车间生产 D、E、F 三种产品共同领用丙材料 37 000 元。

该企业按标准产量比例分配丙材料的计算如下:

(1)标准产量的计算:

D 产品折合标准产量=200×1=200(台)

E 产品折合标准产量=400×0.75=300(台)

F 产品折合标准产量=200×1.2=240(台)

(2)单位标准产品的材料费用计算:

$$单位标准产品的材料费用=\frac{37\ 000}{200+300+240}=50(元/台)$$

(3)各种产品耗用材料计算:

D 产品应分配材料费=200×50=10 000(元)

E 产品应分配材料费=300×50=15 000(元)

F 产品应分配材料费=240×50=12 000(元)

对于直接用于产品生产的辅助材料,如果是直接费用,应直接记入各种产品成本"原材料"项目,若辅助材料属于几种产品共同耗用的,则需要采用一定的标准进行分配,可分以下几种情况:①对于直接耗用的辅助材料,如油漆、染料等,可按原材料的耗用数额比例分配;②对于与产品产量有直接联系的辅助材料,可按产品产量比例分配,如包装用纸等;③辅助材料制定消耗预算的,可以用辅助材料的预算消耗量或预算成本比例分配。

注意在材料费用分配时,要将本月生产中的余料和废料回收退库数从领料余额中扣除或者办理假退料手续。

外购材料费用的归集与分配同材料费用基本一致。

各种材料费用的分配是通过编制"材料费用分配表"进行的。它可以按实际成本或计划成本编制,视企业材料耗用日常会计处理采用实际成本还是计划成本而定。材料费用

成本会计

分配表是按车间、部门和材料类别,根据归集后的材料领用凭证及退料凭证资料编制的。

【例题 3-6】 凯华工厂在 202×年 5 月根据原材料领、退料凭证编制原材料费用分配表见表 3-1。

表 3-1 原材料费用分配表

202×年 5 月   单位:元

应借科目		成本或费用项目	直接计入	分配计入(分配率为1.1)	原材料费用合计
基本生产成本	甲产品	原材料	72 000	22 000	94 000
	乙产品	原材料	63 000	11 000	74 000
	小计		135 000	33 000	168 000
辅助生产成本	机修车间	原材料	3 000		3 000
	运输车间				
	小计		3 000		3 000
制造费用	基本车间	机物料	7 000		7 000
	机修车间	机物料	800		800
	运输车间	机物料	1 000		1 000
	小计		8 800		8 800
管理费用	行政部门	其他	500		500
合计			147 300	33 000	180 300

根据材料费用分配表,编制转账凭证,据以登记总账和明细账。做如下会计分录:

借:基本生产成本——甲产品　　　　　　　　　　　94 000
　　　　　　　　——乙产品　　　　　　　　　　　74 000
　　辅助生产成本——机修车间　　　　　　　　　　3 000
　　制造费用——基本车间　　　　　　　　　　　　7 000
　　　　　　——机修车间　　　　　　　　　　　　800
　　　　　　——运输车间　　　　　　　　　　　　1 000
　　管理费用　　　　　　　　　　　　　　　　　　500
　　贷:原材料　　　　　　　　　　　　　　　　　180 300

> **请注意**
> 如果企业采用计划成本进行材料的日常核算,分配表中应分为计划成本、材料成本差异和实际成本,分别反映各种材料费用的耗用情况。

五、燃料费用的归集与分配

燃料也是材料,在实际工作中企业可将燃料并入"原材料"账户核算,但在燃料费用比重较大、与动力费用一起专门设置"燃料与动力"成本项目的情况下,就应增设"燃料"账户,将燃料从"原材料"账户分出单独进行核算。

燃料费用的分配程序和方法与原材料费用的分配程序和方法类似。生产产品直接耗用的燃料费用,如果是直接计入费用,可根据领、退料凭证直接计入某种产品成本的"燃料与动力"项目;如果是几种产品共同耗用的间接计入费用,应采用适当的分配方法分配计入各有关产品成本的"燃料与动力"项目。

【例题 3-7】 凯华工厂 202×年 5 月生产甲、乙两种产品共同耗用燃料 16 650 元。甲产品本月生产 500 件,燃料消耗预算 5 千克;乙产品本月生产 300 件,燃料消耗预算 4 千克。按燃料预算消耗量比例分配如下:

甲产品燃料预算消耗量 = 500×5 = 2 500(千克)

乙产品燃料预算消耗量 = 300×4 = 1 200(千克)

燃料费用分配率 = $\frac{16\ 650}{2\ 500 + 1\ 200}$ = 4.5(元/千克)

甲产品分配燃料费用 = 2 500×4.5 = 11 250(元)

乙产品分配燃料费用 = 1 200×4.5 = 5 400(元)

根据凯华工厂本月燃料的领、退料凭证和上述燃料费用分配的计算结果,编制的燃料费用分配表见表 3-2。

表 3-2　　　　　　　　　　燃料费用分配表
凯华工厂　　　　　　　　　　202×年 5 月　　　　　　　　　　单位:元

应借科目		成本或费用项目	直接计入	分配计入		燃料费用合计
				预算消耗量	分配金额(分配率为4.5)	
基本生产成本	甲产品	燃料与动力		2 500	11 250	11 250
	乙产品	燃料与动力		1 200	5 400	5 400
	小计			3 700	16 650	16 650
辅助生产成本	运输车间	燃料与动力	12 800			12 800
管理费用		其他	4 600			4 600
合计			17 400	—	16 650	34 050

根据燃料费用分配表,编制会计分录如下:

借:基本生产成本——甲产品　　　　　　　　　　11 250
　　　　　　　　——乙产品　　　　　　　　　　 5 400
　　辅助生产成本——运输车间　　　　　　　　　12 800
　　管理费用　　　　　　　　　　　　　　　　　 4 600
　　贷:燃料　　　　　　　　　　　　　　　　　　　　　　34 050

第三节　外购动力费用的核算

外购动力费用是指从外单位购买电力、蒸汽、煤气等动力所支付的费用。

一、外购动力费用支付的核算

由于外购动力费用一般不是在每月月末支付,而是在每月下旬的某日支付,每月支付的动力费用并不是本月应负担的动力费用,因此,将实际付款先作为暂付款处理,借记"应付账款"科目,贷记"银行存款"科目;在月末按照本月外购动力的金额和用途归集与分配费用时,再借记有关成本、费用科目,贷记"应付账款"科目。

如果每月支付动力费用的日期固定,而且每月付款日到月末的应付动力费用相差不多,就可将本月支付的动力费用作为本月应负担的动力费用处理,在付款时借记有关成本、费用科目,贷记"银行存款"科目。

二、外购动力费用的分配

(一)外购动力费用分配的内容

外购动力有的直接用于产品生产,有的用于照明、取暖等;企业应根据不同用途、发生地点等分配计入产品成本或有关费用。

对于基本生产车间直接用于产品生产的外购动力消耗应记入"基本生产成本"有关明细账,在"动力"成本项目或"燃料与动力"成本项目中反映,生产某一产品单独耗用的动力费用应直接记入该产品成本明细账,生产几种产品共同耗用的动力费用应按合理的标准分配计入有关产品成本。对于辅助生产车间耗用的外购动力,应记入"辅助生产成本"有关明细账,为组织和管理各生产单位生产发生的动力消耗,应记入"制造费用"有关明细账。

(二)外购动力费用的分配方法

外购动力费用应根据各车间、部门计量仪表记录的实际耗用量进行计算。生产车间的外购动力费用在各产品之间的分配方法主要有以下几种。

1.机器工时分配法

它是以机器工时为标准分配动力费用的一种方法。其计算公式为

$$分配率 = \frac{耗用外购动力费用总额}{各种产品耗用机器工时总数}$$

某产品应分配的外购动力费用 = 该种产品耗用机器工时 × 分配率

一般情况下,机器工作时间与动力消耗密切相关,但是在各种机器的功率相差较大时,分配动力费仅考虑机器工作时间一个因素,分配结果就会不够准确。

2.机器功率时数分配法

它是以机器功率时数为标准分配动力费用的一种方法。其计算公式为

$$分配率 = \frac{耗用外购动力费用总额}{\sum 各种产品的机器功率时数}$$

某产品应分配的外购动力费用 = 该种产品机器功率时数 × 分配率

式中,机器功率时数是指机器的标牌功率与机器开动工时的乘积。这种分配方法,不仅考虑机器工时,而且考虑机器功率,所以分配结果较为准确。

3. 预算耗用量分配法

它是以预算耗用量为标准分配动力费用的一种方法。其计算公式为：

$$分配率 = \frac{耗用外购动力费用总额}{各种产品的预算耗用量之和}$$

$$某产品应分配的外购动力费用 = 该种产品的预算耗用量 \times 分配率$$

采用预算耗用量作为分配标准进行分配,方法简便,但企业必须具备比较准确的动力消耗预算,否则影响分配结果的准确性。

外购动力费用的分配,应通过编制"外购动力费用分配表"进行。

【例题 3-8】 凯华工厂在 5 月根据有关凭证编制外购动力费用分配表,见表 3-3。

表 3-3　　　　　　　　　　外购动力费用分配表

202×年 5 月

应借账户			分配标准(机器工时)	分配率	分配额(元)	直接计入(元)	合计(元)
生产成本	基本生产成本	甲产品	1 500	3	4 500		4 500
		乙产品	1 000	3	3 000		3 000
		小计	2 500		7 500		7 500
	辅助生产成本	机修				900	900
		运输					
		小计				900	900
制造费用	基本车间					400	400
	机修车间					200	200
	运输车间					600	600
	小计					1 200	1 200
管理费用			200	3	600	500	1 100
合计			2 700		8 100	2 600	10 700

外购动力费用分配的账务处理应根据外购动力费用分配表进行。现根据表 3-3 编制有关会计分录如下：

```
借:基本生产成本——甲产品                    4 500
          ——乙产品                    3 000
    辅助生产成本——机修车间                  900
    制造费用——基本车间                    400
          ——机修车间                    200
          ——运输车间                    600
    管理费用                          1 100
  贷:应付账款                              10 700
```

第四节　职工薪酬的核算

一、职工薪酬概述

人工费用核算是对企业在生产经营过程中发生的直接人工费用进行归集和分配。在制造企业,人工是产品成本及期间费用的重要组成部分,应按其发生地点进行计算,定期汇总,并分别按其用途分配计入产品成本和费用。对产品成本及期间费用中人工费用的核算与分析,直接影响到损益的计算及劳动者生产经营积极性的调动。

(一)职工的分类

为了加强劳动管理,合理组织和配备劳动力,正确组织工资核算,有必要对企业的职工进行科学的分类。企业的职工可以根据不同的要求,按照不同的标准进行分类。

1.按工作岗位划分

(1)工人,指企业直接从事物质生产,包括从事工业生产和非工业生产(如厂外运输、房屋建筑物大修理)的全部工人。

(2)学徒,指在熟练工人的指导下,在生产劳动中学习生产技术,并享受学徒待遇的人员。

(3)工程技术人员,指具有工程技术能力并从事工程技术工作的人员。

(4)管理人员,指在企业的各级职能机构中及各车间从事行政、生产、经营管理和政治思想工作的人员。

(5)服务人员,指间接服务于生产和服务于职工生活的人员,如勤杂人员、警卫人员、消防人员、文教卫生人员、生活福利人员等。

(6)其他人员,指由企业支付工资,但与企业生产基本无关的各种人员,如出国援外人员、脱产六个月以上的长期学习人员、病伤休养在六个月以上的人员、编外人员等。

企业职工的上述分类,便于归集人工费用,为产品成本计算提供必要条件。

2.按其与生产的关系划分

(1)工业生产人员,指直接参加工业生产,领导工业生产和服务生产的工人、工程技术人员、管理人员、勤杂人员、警卫消防人员,以及房屋建筑物的大修理人员等。

(2)非工业生产人员,指与工业生产没有直接关系的文教卫生人员、生活福利人员等。

(3)其他人员,指以上两类以外的其他人员,如六个月以上的脱产学习人员、援外人员、病伤休养时间在六个月以上的人员、编外人员等。职工的这种分类,有利于人工费用的分配,正确地计算产品的成本。

3.按任用职工期限的长短划分

(1)固定职工,指经过上级有关部门正式分配或批准录用,如无重大过失,可以在企业中一直工作到退休为止,无规定任用期限的职工。

(2)合同制职工,指在国家劳动计划内,通过签订劳动合同,考核录用,可以按合同期限在企业中工作到合同期满,合同期满后允许用人单位辞退或劳动者本人辞职的职工。

(3)临时职工,指适应企业生产和工艺特点的需要而聘用的从事季节性或临时性工作,不需要时可以辞退的职工。

这种分类可以反映企业中固定职工、合同制职工和临时职工的构成,便于工资总额的控制。

(二)职工薪酬

职工薪酬是指企业根据有关规定应付给职工的各种薪酬,包括职工工资、奖金、津贴和补贴,职工福利费,医疗、养老、失业、工伤、生育等社会保险费,住房公积金,工会经费,职工教育经费,非货币性福利等因职工提供服务而产生的义务。从广义上讲,职工薪酬是企业必须付出的人力成本,是吸引和激励职工的重要手段,也就是说,职工薪酬既是职工对企业投入劳动获得的报酬,也是企业的成本费用。具体而言,职工薪酬主要包括以下几方面的内容。

1. 职工工资、奖金、津贴和补贴

职工工资、奖金、津贴和补贴是指按照国家统计局《关于职工工资总额组成的规定》,构成工资总额的计时工资、计件工资、支付给职工的超额劳动报酬和增收节支的劳动报酬、为了补偿职工特殊或额外的劳动消耗和因其他特殊原则支付给职工的津贴,以及为了保证职工工资水平不受物价影响支付给职工的物价补贴等。企业按规定支付给职工的加班加点工资以及根据国家法律、法规和政策规定,企业在职工因病、工伤、产假、计划生育假、婚丧假、事假、探亲假、定期休假、停工学习、执行国家或社会义务等特殊情况下,按照计时工资或计件工资标准的一定比例支付的工资,也属于职工工资范畴,在职工休假或缺勤时,不应当从工资总额中扣除。

在一定时期内以货币形式和实物形式支付给职工的劳动报酬总额,称为工资总额。企业工资总额的具体内容,因其所执行的工资制度不同而不同。我国现行的工资制度是以计时工资为主,计件工资为辅,计时加奖励的工资制度,按现行制度的规定,制造型企业的工资总额由以下几个方面的内容构成。

(1)基本工资是工资总额的主要组成部分,是职工的基本收入。它一般按照职工工作能力、劳动的熟练程度、劳动的复杂和轻重程度,以及所负责任的大小等规定工资级别或标准支付。基本工资包括计时工资和计件工资。计时工资是指按计时工资等级标准和出勤时间计算和支付的工资;计件工资是指按完成数量和计件单价计算和支付的工资。

(2)加班加点工资如节假日加班加点职工的工资。

(3)经常性奖金指为了鼓励职工的生产积极性、更好地完成生产任务而给予的一种工资性质的奖金。

(4)工资性津贴和补贴指按国家规定,为了补偿职工额外或特殊劳动消耗,以及为了保障职工生活水平不受特殊条件的影响而发给职工的各种津贴或补贴。如夜班津贴、井下作业津贴、野外作业津贴、高空作业津贴、职务津贴、粮价津贴、副食品价格补贴等。

(5)非工作时间的工资是指根据国家规定,支付给职工的非工作时间的工资。如产假、病假、伤假、丧假、婚假、探亲假等假期的工资,以及因公不参加工作时间的工资。

凡属上述工资总额构成的工资都应计入工资总额,不得漏计或任意加计。正确计算

工资总额是为了控制工资支出。

2. 职工福利费

职工福利费是指企业为职工集体提供的福利,如生活困难职工补助等。

3. 医疗保险费、养老保险费、失业保险费、工伤保险费和生育保险费等社会保险费

医疗保险费、养老保险费、失业保险费、工伤保险费和生育保险费等社会保险费是指企业按照国家规定的基准和比例计算,向社会保险经办机构缴纳的医疗保险金、基本养老保险金、失业保险金、工伤保险费和生育保险费,以及根据《企业年金试行办法》《企业年金基金管理试行办法》等相关规定,向有关单位(企业年金基金账户管理人)缴纳的补充养老保险费。此外,以商业保险形式提供给职工的各种保险待遇也属于企业提供的职工薪酬。

4. 住房公积金

住房公积金是指企业按照国家《住房公积金管理条例》规定的基准和比例计算,向住房公积金管理机构缴存的公积金。

5. 工会经费和职工教育经费

工会经费和职工教育经费是指企业为了改善职工文化生活、提高职工业务素质,用于开展工会活动和职工教育及职业技能培训,根据国家规定的基准和比例,从成本费用中提取的金额。

6. 非货币性福利

非货币性福利包括企业以自己的产品或其他有形资产发放给职工作为福利、企业向职工提供无偿使用自己拥有的资产(如提供给企业高级管理人员的汽车、住房等)、企业为职工无偿提供商品或类似医疗保健的服务等。

7. 其他职工薪酬

其他职工薪酬,比如,因解除与职工的劳动关系而给予的补偿(又称辞退福利),即由于企业分离办社会职工,实施主辅分离、辅业改制分流安置富余人员,实施重组、改组计划,职工不能胜任等原因,企业在职工劳动合同到期之前解除与职工的劳动关系,或者为鼓励职工自愿接受裁减而提出补偿建议的计划中给予职工的经济补偿。对于这些其他职工薪酬的内容,本书暂不涉及。

本教材"其他职工薪酬"是指在工资基础上计提的职工福利费;医疗保险费、养老保险费、失业保险费、工伤保险费和生育保险费等社会保险费;住房公积金;工会经费和职工教育经费。

(三)人工费用核算的基础工作

要做好人工费用的归集和分配,必须做好产量记录和工时记录等基础工作。这就要求企业应根据生产工艺特点及企业管理的要求,合理设计有关产量凭证和工时记录的格式并规定其传递程序,使之能充分反映产量和质量的情况及完成程度。制造型企业中与工资核算有关的原始凭证,主要有考勤记录、产量和工时记录以及其他凭证。

1. 考勤记录

考勤记录是反映职工出勤和缺勤的记录,是作为计算职工工资的原始凭证之一。对正确计算职工工资,有着重要的意义。

考勤记录可采用考勤簿、考勤卡片的形式。考勤簿一般按车间、部门或小组设置,每

月一张,由考勤人员按上月考勤簿上所列人员及本月有关人员变动情况设立。考勤卡片于每年年初或职工调入时按人设置,一个会计年度设置一张。年度内发生人员调动时,卡片应作相应的变动。年度内人员调出时,应根据有关资料注销有关卡片。

考核职工出勤、缺勤的方法可采用考勤号牌、考勤钟或登记卡片等形式以示职工出勤、缺勤及迟到、早退等情况。对于加班加点、夜班工作以及公、伤、病、产、探亲假等情况,考勤人员必须根据有关部门开出或签发的证明进行记录。每月终了,考勤人员应在考勤记录上加计每人全月出勤、缺勤情况,并经有关人员签章后,送交会计部门或车间核算员,作为计算职工工资的依据。

2.产量和工时记录

产量记录是记载工人或小组在实际工作时间内产品产量完成情况及单位产品实用工时情况的原始记录。它是考核劳动生产率的依据,也是计算计件工资及计算产品成本的依据。不同生产性质的单位,其产量记录的种类、格式及传递程序不完全相同。机械制造业的产量及工时记录一般包括:工作通知单、工序进程单和工作班产量报告表等。

工作通知单,又称派工单或工票。它是根据企业内各生产单位的生产作业计划,以每个工人或生产小组从事的工作为对象,在工作开始前开设的,用于通知工人年内生产任务的产量原始记录。生产任务完成后,由工人或小组长登记完工产品数量及实用工时,经验收后由检验员在通知单上签字,据以计算个人或小组的计件工资。工作通知单一般适用于加工产品经常变动的生产车间以及偶然发生的某些加工任务。而在成批生产的产量核算中一般采用工序进程单和工作班产量报告表形式。

工序进程单,即加工路线单或跟单。它是以加工产品为对象开设,并在加工过程中伴随着零件的加工进程,在单内按顺序登记每道工序的实际产量和实用工时以及工序之间零件交换数量的产量原始记录。它具有既有利于监督工艺纪律的遵守情况,又有利于控制各工序加工产品的数量,以及防止零件丢失等优点。但该原始记录不能全面反映班组的产量,为此,还需按照班组设置和填制工作班产量报告表。

工作班产量报告表,简称工作班报。它是按班组设置并反映班组在工作期内所完工的产品数量及工时的记录,是计算小组工人工资的依据。工作班产量报告表,由检验员根据工人送检的产品数量进行验收后登记。

会计部门应对车间送交的有关产量凭证认真审核,查明这些凭证的填发是否取得负责人的签证;送交产品是否经过质检人员检验和签证;填写的合格品和废品数量及计件单价是否准确等。审核无误后的产量凭证,即可作为计算计件工资和产品成本的依据。

二、工资费用的计算

工资费用的计算是企业归集和分配直接人工费用的基础,是进行工资结算和分配的前提。工资费用的计算主要包括计时工资的计算、计件工资的计算及其他职工薪酬的计算。

(一)计时工资的计算

计时工资是根据考勤记录登记的实际出勤日数和职工的工资标准计算的。目前大多数企业计时工资的计算都采用月薪制。

在月薪制下,虽然每位职工各自的月工资标准相同,但由于每位职工的月出勤和缺勤情况不同,每月的应得计时工资也就不尽相同,在职工有缺勤的情况下,计算有缺勤情况的职工应得计时工资有两种基本方法:其一,按月标准工资扣除缺勤天数应扣工资额计算;其二,直接根据职工的出勤天数计算。具体计算公式如下。

月标准工资扣除缺勤工资方法下的计时工资计算公式为:

应得计时工资＝月标准工资－(事假、旷工天数＋病假天数×病假扣款率)×日标准工资

＝月标准工资－缺勤时数×小时工资率

按出勤天数直接计算方法下的计时工资计算公式为:

应得计时工资＝[月出勤天数＋病假天数×(1－病假扣款率)]×日标准工资

从上述公式可见,不论采用哪种基本方法,都应首先计算出职工的日标准工资,日标准工资也称为日工资率,它是根据职工月标准工资和各月的天数相除求得的。由于各月的日历天数不同,因而如按每月实际日历天数计算日标准工资,则同一职工各月的日标准工资就不尽相同,从而使工资计算工作复杂化。为了简化工资计算,日标准工资可按以下两种方法计算。

其一,每年总天数按国家统一口径 360 天计算,每月平均 30 天:

$$日工资 = \frac{月标准工资}{月标准平均天数} = \frac{月标准工资}{30}$$

其二,按每年日历天数 365 减去 11 个法定节日和 104 个星期休假日之后,再除以 12 个月,每月平均工作日为 20.83 天:

$$日工资 = \frac{月标准工资}{20.83}$$

在按 30 天计算日标准工资的情况下,由于日标准工资的计算没有扣除星期休假和法定节假日,所以星期休假和法定节假日与出勤日一样,也要计算工资,但如果在连续缺勤的期间内含有星期休假和法定节假日,则星期休假或法定节假日应按缺勤计算,扣发工资。在按 20.83 天计算日标准工资的情况下,由于日标准工资的计算扣除了星期休假和法定节假日,所以星期休假和法定节假日不计算工资,也不存在扣发工资的情况。此外,按国家规定支付的特殊情况下工资,也与计时工资合并计算,即可将应付工资的非工作时间作为出勤计算。

【例题 3-9】 某工人月标准工资 6 600 元,在本月实际出勤 18 天,病假 2 天,事假 1 天,正常休假 9 天,病假工资率为 90%,病事假期间无节假日。按照不同的计算方法计算计时工资如下。

(1)按 30 天算工资率,出勤天数算工资:

日工资率＝6 600/30＝220(元/天)

计时工资＝(18＋9)×220＋2×220×90%＝6 336(元)

(2)按 30 天算工资率,缺勤天数扣工资:

计时工资＝6 600－1×220－2×220×10%＝6 336(元)

(3)按 20.83 天算工资率,出勤天数算工资:

日工资率＝6 600/20.83＝316.9(元/天)

计时工资＝18×316.9＋2×316.9×90％＝6 274.6(元)

(4)按20.83天算工资率,缺勤天数扣工资:

计时工资＝6 600－1×316.9－2×316.9×10％＝6 219.7(元)

在【例题3-9】中,若该月不是30天,则前两种计算方法的结果不相等。企业可以根据实际情况任选一种计算方法,一旦确定计算方法,不得随意变更。

(二)计件工资的计算

应付工人的计件工资,是根据产量凭证登记的每人(或班组)完成的合格品产量乘以规定的计件单价计算的。其计算公式为

$$\text{应付工人计件工资} = \sum[(\text{合格品数量} + \text{料废数量}) \times \text{计件单价}]$$

式中,料废数量是指因材料质量不合格造成的废品数量。因其责任不属于生产工人,故应照付工资。与之对应的是工废数量,它是指由于工人主观原因造成的废品数量。工废数量不应支付工资,而应在查明原因后再进行处理。计件单价是指完成单件产品应得到的工资额,其计算公式为

$$\text{计件单价} = \text{该产品的工时预算} \times \text{该等级工人小时工资率}$$

【例题3-10】 某企业生产A产品,产品工时预算为2.5小时,加工该产品工人的小时工资率为1.2元。工人王轩在本月加工出该产品160件,其中经验收合格品为155件,工废废品3件,料废废品2件;王轩还加工出B零件50个,经验收合部合格,计件单价0.8元。其计件工资计算如下:

A产品计件单价＝2.5×1.2＝3(元/件)

计件工资＝(155＋2)×3＋50×0.8＝511(元)

为简化计算工作,【例题3-10】也可采用另一种方法计算。其做法是:将工人本月完成的各种产品折合为预算工时数,然后,乘以小时工资率。计算结果应与上列计算结果相同。

如果实行小组集体计件工资制,应将小组集体计件总工资额按照每人贡献大小在小组成员间进行分配。其通常做法是按照每人的工资标准和实际工作时间的综合比例进行分配。其计算公式为

$$\text{某人应得计件工资} = \frac{\text{集体计件工资总额} \times \text{某人按实际工作时数和小时工资率计算的工资}}{\text{按实际工作时数和小时工资率计算的工资总和}}$$

【例题3-11】 本月第一班组的四名工人共同加工A产品300件,产品全部合格,计件单价3.6元。四人实际工作时数、小时工资率和计件工资分配计算见表3-4。

表3-4　　　　　　　　　　计件工资分配计算表

姓名	工资等级	小时工资率	实际工作时数(小时)	按实际工作时数和小时工资率计算工资(元)	分配率	计件工资(元)
甲	4	1.5	200	300		470.94
乙	3	1.1	160	176		276.28
丙	3	1.1	120	132		207.21
丁	2	0.8	100	80		125.57
				688	1.569 8	1 080

计件工资总额＝300×3.6＝1 080(元)
分配率＝1 080/688＝1.569 8

(三)加班加点工资的计算

加班加点工资按加班天数或加班时数及相应工资率计算。计算公式为

$$加班加点工资 = 加班天数(时数) \times 日工资额(小时工资率)$$

按国家规定,平时加班加点按不低于工资的150%计发,双休日加班按不低于工资的200%计发,法定节假日加班按不低于工资的300%计发。

(四)其他工资的计算

奖金、津贴、补贴及特殊情况下工资的计算,应严格遵守国家的有关规定。

(五)计提职工福利费的计算

工资费用从广义角度讲,还应包括计提的职工福利费。企业除了根据按劳分配的原则支付给每一位职工工资外,还应承担职工个人福利方面的义务,例如企业应支付职工的医疗费、企业医护人员工资、医务经费、职工因公负伤赴外地就医的路费、职工生活困难补助费、职工浴室、理发室、幼儿园、托儿所人员的工资,以及按照国家规定开支的其他职工福利支出等。企业用于上述职工福利方面的支出从产品成本中提取的职工福利费开支。根据目前国家财务制度的规定,企业可自行安排计提比例,但《中华人民共和国企业所得税法》规定,只有按工资总额计提的福利费部分可以税前扣除。其计算公式为

$$企业某月应计提的职工福利费 = 该月的工资总额 \times 计提比例$$

有必要指出:①企业提取的职工福利费是企业的一项流动负债,只能用于职工福利方面的开支;②计提职工福利费的工资总额与国家统计局规定的工资总额组成内容口径一致,不必做任何扣除;③由于职工福利费是按工资总额一定比例提取的,所以计提的职工福利费的分配对象与工资费用分配对象一致。

三、工资发放的核算

通过上述计算,应付工资可用下列公式表示:

$$应付工资 = 计时工资 + 计件工资 + 加班加点工资 + 计入工资总额的奖金 + 工资性津贴 + 非工作时间工资$$

计算出的应付工资额,往往不等于实发工资额,因为企业会计部门往往代企业扣一些款项,如水电费、住房租金等。会计部门应根据每人的应付工资额和有关部门送来的扣款通知单所列的各项代扣款,计算每人的实发工资金额。其计算公式为

$$实发工资 = 应付工资 + 代发款项 - 代垫代扣款项$$

根据上述计算,编制工资结算凭证,据以进行工资结算。工资结算凭证可采用工资结算单或工资结算卡片的形式。

工资结算单(又称工资单)是按车间、部门编制的工资结算凭证。每月一张,单内按人名填列应付工资、代扣款项和实发工资。工资单通常一式三份:一份在发放工资时按人名裁成"工资条",连同工资一起发放给职工;一份留存劳资部门以备查;一份经过职工签收后,作为工资结算和支付的凭证。

工资结算卡片的格式及登记的内容与工资结算单基本相同。其开设方式是每个职工

每年一张,职工领取工资后,在工资卡片上签收,然后,财会部门将工资卡片收回。为了避免卡片的丢失并防止重复开立,还可设置工资结算卡片登记簿,对卡片的开设和注销加强控制。

在上述工作的基础上,为了总括反映企业和各车间、部门工资支出总额,并据以进行工资的总分类核算,还需根据工资单或工资卡编制一张工资结算汇总表。工资结算汇总表按企业人员类别和各车间、部门以及工资和扣款的种类汇总编制,并结出整个企业应付的各种工资汇总额,各种代扣款总额和实发工资总额。根据表内应发金额开出支票,向银行提取现金以备发放。工资结算汇总表的格式见表3-5。

表 3-5　　　　　　　　　　工资结算汇总表
202×年5月　　　　　　　　　　　　单位:元

车间或部门	工作人员类别	应付工资						代扣款项			代发款项	实发金额
		标准工资	各种奖金	副食品津贴	工资性津贴	缺勤扣款	合计	水电费	房租	合计	交通补贴	
第一车间	生产工人	61 000	7 000	4 000	3 000	4 000	71 000	2 200	6 400	8 600	3 600	66 000
	管理工人	8 600	800	800	500	800	9 900	400	1 000	1 400	500	9 000
第二车间	生产工人	45 000	4 000	3 200	1 800	2 500	51 500	1 500	3 000	4 500	300	49 000
	管理工人	5 000	900	600	500	500	6 500	300	500	800	300	6 000
	小计	119 600	12 700	8 600	5 800	7 800	138 900	4 400	10 900	15 300	6 400	130 000
机修车间	生产工人	12 000	1 500	1 000	1 000	500	15 000	1 500	600	2 100	700	13 600
	管理工人	2 500	300	200	300	300	3 000	150	200	350	200	2 850
	小计	14 500	1 800	1 200	1 300	800	18 000	1 650	800	2 450	900	16 450
厂部管理部门	管理及其他人员	33 000	9 000	4 500	3 600	3 000	47 100	1 500	2 100	3 600	1 200	44 700
	合计	167 100	23 500	14 300	10 700	11 600	204 000	7 550	13 800	21 350	8 500	191 150

每月支付工资时,根据实发工资额借记"应付职工薪酬"科目,贷记"库存现金"科目;根据代扣款项金额,借记"应付职工薪酬"科目,贷记"其他应付款"科目。对于超过工资发放期限而未领取的工资,应另编制待领工资明细表,查明未领的原因,及时将未领的工资交存银行,不得留用。

四、职工薪酬分配的核算

企业应当在职工为其提供服务的会计期间,将应付的职工薪酬确认为负债,除因解除与职工的劳动关系给予的补偿外,应当根据职工提供服务的受益对象,分别按下列情况处理。

1.由生产产品、提供劳务负担的职工薪酬,计入产品成本或劳务成本。生产产品、提供劳务的直接生产人员和直接提供劳务的人员发生的职工薪酬,计入产品成本,但非正常消耗的直接生产人员和直接提供劳务人员的职工薪酬,应当在发生时确认为当期损益。

2.应由在建工程、无形资产负担的职工薪酬,计入建造固定资产或无形资产成本。自行建造固定资产和自行研究开发无形资产过程中发生的职工薪酬,能否计入固定资产或无形资产成本,取决于相关资产的成本确定原则。比如企业在研究阶段发生的职工薪酬不能计入自行开发无形资产的成本,在开发阶段发生的职工薪酬,符合无形资产资本化条件的,应当计入自行开发无形资产的成本。

3.上述两项之外的其他职工薪酬,计入当期损益。除直接生产人员、直接提供劳务人员、建造固定资产人员、开发无形资产人员以外的职工,包括公司总部管理人员、董事会成员、监事会成员等人员相关的职工薪酬,难以确定直接对应的受益对象的,均应当在发生时计入当期损益。

> **想一想**
>
> "你是车间的车间主任,当然你的工资费用应该直接记入'基本生产成本'账户。"这种说法正确吗?

(一)货币性职工薪酬的计量分配

对于货币性职工薪酬,在确定应付职工薪酬和应当计入成本费用的职工薪酬金额时,企业应当区分两种情况,具体如下。

1.具有明确计提标准的货币性薪酬

对于国务院有关部门、省、自治区、直辖市人民政府或经批准的企业年金计划规定了计提基础和计提比例的职工薪酬项目,企业应当按照规定的计提标准,计量企业承担的职工薪酬义务和计入成本费用的职工薪酬。其中:①"五险一金",对于医疗保险费、养老保险费、失业保险费、工伤保险费、生育保险费和住房公积金,企业应当按照国务院、所在地政府或企业年金计划规定的标准计算确定应付职工薪酬义务金额和应相应计入成本费用的薪酬金额;②工会经费和职工教育经费,企业应当按照国家相关规定,分别按照职工工资总额的2%和1.5%计算确定应付职工薪酬(工会经费、职工教育经费)义务金额和应相应计入成本费用的薪酬金额;从业人员技术要求高、培训任务重、经济效益好的企业,可根据国家相关规定,按照职工工资总额的2.5%计量应计入成本费用的职工教育经费。按照明确标准计算确定应承担的职工薪酬义务后,再根据受益对象计入相关资产的成本或当期费用。

> **想一想**
>
> "职工福利费的分配去向容易掌握,因为它和工资费用的分配去向完全一样。"这种说法正确吗?

2.没有明确计提标准的货币性薪酬

对于国家(包括省、市、自治区政府)相关法律法规没有明确规定计提基础和计提比例的职工薪酬,企业应当根据历史经验数据和自身实际情况,计算确定应付职工薪酬金额和应计入成本费用的薪酬金额。

会计部门应该根据计算出的职工工资,按照车间、部门分别编制工资结算单,单中按照职工类别和姓名分行填列应付每一位职工的各种工资、代发款项(例如代发应付福利费)、代扣款项(例如代扣职工房租)和实发金额。作为与职工进行工资结算的依据。单中应付工资的金额也是计算工资费用的依据。

直接进行产品生产的生产工人工资，专门设有"直接人工"成本项目。其中计件工资属于直接计入费用，应根据工资结算单直接计入某种产品成本的这一成本项目；计时工资属于间接计入费用，应按产品的生产工时比例，分配计入各有关产品成本的这一成本项目；奖金、津贴和补贴，以及特殊情况下支付的工资等，一般也属于间接计入费用，应按直接计入的工资比例或生产工时比例，分配计入各有关产品成本的这一成本项目。

如果取得各种产品的实际生产工时数据比较困难，而各种产品的单件工时预算比较准确，也可以按产品的预算工时（产品数量与工时预算的乘积）比例分配工资费用。

【例题3-12】 凯华工厂所产甲、乙两种产品的生产工人工资中，应直接计入的工资费用分别为 3 240 元和 1 480 元；需要间接计入的工资费用共为 1 230 元，规定按产品的生产工时比例进行分配。甲、乙两种产品的生产工时分别为 20 500 小时和 10 250 小时。分配计算如下：

间接计入工资费用分配率＝1 230÷(20 500＋10 250)＝0.04(元/小时)
甲产品间接计入工资费用＝20 500×0.04＝820(元)
乙产品间接计入工资费用＝10 250×0.04＝410(元)

上述直接进行产品生产、设有"直接人工"成本项目的生产工人工资，应单独地记入"基本生产成本"总账科目和所属明细账的借方（在明细账中记入"直接人工"项目）。直接进行辅助生产的工人工资、用于基本生产和辅助生产但未专设成本项目的职工工资、行政管理部门人员的工资、专设的销售部门人员的工资、用于固定资产购建等工程的工资等，则应分别记入"辅助生产成本""制造费用""管理费用""销售费用"和"在建工程"等总账科目和所属明细账的借方。已分配的工资总额，应记入"应付职工薪酬"科目的贷方。

工资费用通常通过工资费用分配表进行分配。该表应根据工资结算单等有关资料编制。现列示凯华工厂的工资费用分配表，见表3-6。

表 3-6　　　　　　　　　　　　工资费用分配表　　　　　　　　　　　　单位：元

应借科目		成本或费用项目	直接计入	分配计入		工资费用合计
				生产工时	分配金额(分配率0.04)	
基本生产成本	甲产品	直接人工	3 240	20 500	820	4 060
	乙产品	直接人工	1 480	10 250	410	1 890
	小计		4 720	30 750	1 230	5 950
制造费用	基本生产车间	工资	1 580			1 580
辅助生产成本	机修车间	直接人工	2 750			2 750
	运输车间	直接人工	1 160			1 160
	小计		3 910			3 910
管理费用		工资	3 790			3 790
销售费用		工资	980			980
在建工程		工资	1 120			1 120
合计			16 100		1 230	17 330

根据上列工资费用分配表,应编制下列会计分录:
借:基本生产成本——甲产品　　　　　　　　　　　　　　4 060
　　　　　　　　——乙产品　　　　　　　　　　　　　　1 890
　　制造费用　　　　　　　　　　　　　　　　　　　　　1 580
　　辅助生产成本——机修　　　　　　　　　　　　　　　2 750
　　　　　　　　——运输　　　　　　　　　　　　　　　1 160
　　管理费用　　　　　　　　　　　　　　　　　　　　　3 790
　　销售费用　　　　　　　　　　　　　　　　　　　　　　980
　　在建工程　　　　　　　　　　　　　　　　　　　　　1 120
　　贷:应付职工薪酬——工资　　　　　　　　　　　　　17 330

【例题3-13】 2013年6月,安邦公司当月应发工资2 000万元,其中:生产部门直接生产人员工资1 000万元;生产部门管理人员工资200万元;公司管理部门人员工资360万元;公司专设产品销售机构人员工资120万元;建造厂房人员工资200万元;内部开发存货管理系统人员工资120万元。

根据所在地政府规定,公司分别按照职工工资总额的10%、12%、2%和10.5%计提医疗保险费、养老保险费、失业保险费和住房公积金,缴纳给当地社会保险经办机构和住房公积金管理机构。公司内设医务室,根据2012年实际发生的职工福利费情况,公司预计2013年应承担的职工福利费义务金额为职工工资总额的2%,职工福利的受益对象为上述所有人员。公司分别按照职工工资总额的2%和1.5%计提工会经费和职工教育经费。假定公司存货管理系统已处于开发阶段、并符合《企业会计准则第6号——无形资产》资本化为无形资产的条件。

应计入生产成本的职工薪酬金额
=1 000+1 000×(10%+12%+2%+10.5%+2%+2%+1.5%)=1 400(万元)

应计入制造费用的职工薪酬金额
=200+200×(10%+12%+2%+10.5%+2%+2%+1.5%)=280(万元)

应计入管理费用的职工薪酬金额
=360+360×(10%+12%+2%+10.5%+2%+2%+1.5%)=504(万元)

应计入销售费用的职工薪酬金额
=120+120×(10%+12%+2%+10.5%+2%+2%+1.5%)=168(万元)

应计入在建工程成本的职工薪酬金额
=200+200×(10%+12%+2%+10.5%+2%+2%+1.5%)=280(万元)

应计入无形资产成本的职工薪酬金额
=120+120×(10%+12%+2%+10.5%+2%+2%+1.5%)=168(万元)

公司在分配工资、职工福利费、各种社会保险费、住房公积金、工会经费和职工教育经费等职工薪酬时,应做如下账务处理:
借:基本生产成本　　　　　　　　　　　　　　　　　10 000 000
　　制造费用　　　　　　　　　　　　　　　　　　　 2 000 000
　　管理费用　　　　　　　　　　　　　　　　　　　 3 600 000

销售费用　　　　　　　　　　　　　　　1 200 000
　　在建工程　　　　　　　　　　　　　　　2 000 000
　　研发支出——资本化支出　　　　　　　　1 200 000
　　　贷：应付职工薪酬——工资　　　　　　　　　20 000 000
借：基本生产成本　　　　　　　　　　　　4 000 000
　　制造费用　　　　　　　　　　　　　　　　800 000
　　管理费用　　　　　　　　　　　　　　　1 440 000
　　销售费用　　　　　　　　　　　　　　　　480 000
　　在建工程　　　　　　　　　　　　　　　　800 000
　　研发支出——资本化支出　　　　　　　　　480 000
　　　贷：应付职工薪酬——其他职工薪酬　　　　　8 000 000

> **特别提醒**
> （1）企业提取的职工福利费是企业的一项流动负债，只能用于职工个人福利方面的开支，而不能用于企业职工福利设施的建设，企业职工福利设施应用公益金兴建。
> （2）计提职工福利费的工资总额与国家统计局规定的工资总额组成口径是一致的，不必做任何扣除。

　　职工福利费的分配去向和工资费用的分配去向基本一致，只是由于企业医务等福利部门人员的工资费用是由职工福利费开支，所以按医务等福利部门人员工资总额计提的职工福利费不能再由职工福利费开支，而应记入"管理费用"科目。

（二）非货币性职工薪酬的计量分配

　　企业向职工提供的非货币性职工薪酬，应当分别按不同情况处理。

　　企业以其生产的产品作为非货币性福利提供给职工的，应当按照该产品的公允价值和相关税费，计算应计入成本费用的职工薪酬金额，并确认为主营业务收入，其销售成本的结转和相关税费的处理，与正常商品销售相同。

　　以外购商品作为非货币性福利提供给职工的，应当按照该商品的公允价值和相关税费，计量应计入成本费用的职工薪酬金额。

　　需要注意的是，在以自产产品或外购商品发放给职工作为福利的情况下，企业在进行账务处理时，应当先通过"应付职工薪酬"科目归集当期应计入成本费用的非货币性薪酬金额，以确定完整准确的企业人工成本金额。

　　【例题3-14】 宏大公司为一家生产彩电的企业，共有职工100名，2019年10月，公司以其生产的成本为5 000元的液晶彩电和外购的不含税价格为500元的电暖气作为春节福利发放给公司职工。该型号液晶彩电的售价为每台8 000元，乙公司适用的增值税税率为17%；乙公司购买电暖气开具了增值税专用发票，增值税税率为13%。假定100名职工中有85名为直接参加生产的职工，15名为总部管理人员。

　　分析：企业以自己生产的产品作为福利发放给职工，应计入成本费用的职工薪酬金额以公允价值计量,计入主营业务收入,产品按照成本结转,但要根据相关税收规定,视同销售计算增值税销项税额。

彩电的售价总额＝8 000×85＋8 000×15＝680 000＋120 000＝800 000(元)

彩电的增值税销项税额＝85×8 000×13％＋15×8 000×13％
　　　　　　　　　＝88 400＋15 600＝104 000(元)

公司决定发放非货币性福利时,应做如下账务处理:

借:生产成本　　　　　　　　　　　　　　　　　　　768 400
　　管理费用　　　　　　　　　　　　　　　　　　　135 600
　　贷:应付职工薪酬——非货币性福利　　　　　　　　　904 000

实际发放非货币性福利时,应做如下账务处理:

借:应付职工薪酬——非货币性福利　　　　　　　　　904 000
　　贷:主营业务收入　　　　　　　　　　　　　　　　800 000
　　　　应交税费——应交增值税(销项税额)　　　　　104 000
借:主营业务成本　　　　　　　　　　　　　　　　　500 000
　　贷:库存商品　　　　　　　　　　　　　　　　　　500 000

电暖气的售价金额＝85×500＋15×500＝42 500＋7 500＝50 000(元)

电暖气的增值税进项税额＝85×500×13％＋15×500×13％＝5 525＋975＝6 500(元)

公司决定发放非货币性福利时,应做如下账务处理:

借:生产成本　　　　　　　　　　　　　　　　　　　48 025
　　管理费用　　　　　　　　　　　　　　　　　　　8 475
　　贷:应付职工薪酬——非货币性福利　　　　　　　　56 500

购买电暖气时,公司应做如下账务处理:

借:应付职工薪酬——非货币性福利　　　　　　　　　56 500
　　贷:银行存款　　　　　　　　　　　　　　　　　　56 500

第五节　折旧费和其他要素费用的核算

制造型企业的固定资产在长期使用的过程中,虽然保持着原有的实物形态,但其价值会随着固定资产的损耗而逐渐减少。固定资产由于损耗而减少的价值就是固定资产的折旧。固定资产折旧应该作为折旧费用计入产品成本和经营管理费用。进行折旧费用的核算,先要计算固定资产的折旧,然后分配折旧费用。

一、固定资产折旧的计算

(一)折旧方法

1.直线法(又称使用年限法)

它是将应计提折旧额平均摊配于预计的使用期限各年内。其计算公式为

年折旧额＝(固定资产原值－预计净残值)/预计使用年限

月折旧额＝年折旧额/12

这一方法的主要特点是各年(月)的折旧费用是相等的,它强调了时间的因素,但它忽略了其他因素,如使用程度及生产效率高低的影响。

2.作业量法

它是将应计提折旧额根据各会计期实际完成的作业量进行摊配。其计算公式为

每单位作业量折旧额＝(固定资产原价－预计净残值)/预计完成工作总量

每期折旧额＝每单位作业量折旧额×本期实际完成作业量

这一方法的主要特点是各期折旧费用不一样。它强调了折旧费用受使用程度的影响,每期完成工作量越多,负担的折旧费用也越多。显然,对各期使用程度不均衡的固定资产采用这一方法计算折旧成本更为合理。

3.年数总和法

它是将应计提折旧额根据尚可使用年数与年数总和的比率,摊配于预计使用年限的各年。其计算公式为

年折旧额＝(原价－预计净残值)×尚可使用年数/年数总和

式中,年数总和＝$n(n+1)/2$,其中 n 为使用年限。

这一方法的主要特点是各年折旧费用逐年递减。从上式中可知,应提折旧额(原价－预计净残值)是固定不变的,而折旧率(尚可使用年数/年数总和)为递减分数,因此固定资产使用前期多提折旧,后期少提折旧,实质上是加快了折旧的速度,是一种加速折旧法。

4.双倍余额递减法

它是根据各年年初固定资产折余价值和双倍的不考虑残值的直线法折旧率计提各年折旧额。其计算公式为

年折旧额＝年初折余价值×2/预计使用年限

这一方法的主要特点是在折旧率不变的情况下,随着年初折余价值的递减,年折旧额也在减少,也属于加速折旧方法的一种,有利于企业及时收回投资。

(二)折旧方法的选择

计算折旧的方法有很多,采用不同方法计算的各期折旧费用是不相同的,在按固定资产的经济用途把折旧费用列入各期的有关成本或费用时,势必影响到各期的产品生产成本及销货成本。成本的高低又直接关联着企业销售利润、应纳所得税和固定资产折余价值等。因此,企业应注意选择适当的折旧方法。

企业应根据固定资产的不同用途、功能、使用情况等选择折旧的方法。不同的折旧方法会使各个会计期间提取的折旧额不同,但是对一项固定资产而言,其整个使用期间应计折旧总额是不变的。选择一种较好的折旧方法,可从以下方面加以考虑:①这种方法能较理想地反映固定资产能够提供的服务潜力在下降;②能为经营管理上的目标提供可靠的成本资料;③有一定的规律可循;④保证企业固定资产的简单再生产;⑤计算简便,所花费的费用最少;⑥考虑财务制度的规定。

折旧计算方法一经选定,应在各会计期保持一致,不能随意变更。

(三)折旧范围的规定

在企业里有许多固定资产,但并非所有的固定资产都要计提折旧。要正确计提折旧

费用,必须考虑固定资产折旧计提的范围。

1. 固定资产折旧范围

除以下情况外,企业应对所有固定资产计提折旧:①已提足折旧仍继续使用的固定资产;②按照规定单独估价作为固定资产入账的土地。

2. 根据期初应提折旧的固定资产原价计提折旧

从理论上说,折旧应从固定资产投入使用之日起开始计提,从停止使用或减少之日起停止计提。但在实际工作中,为了简化和加速核算,每月的折旧额按月初应提折旧的固定资产原值计算,即月份内增加或开始使用的固定资产,当月不提折旧,从下月起计提折旧;月份内减少或停用的固定资产当月照提折旧,从下月起停提折旧。用公式表示为:

本月应计提折旧额＝上月折旧额＋上月增加固定资产应计提折旧额－上月减少固定资产应计提折旧额

> **特别提醒**
>
> 企业应根据确定的折旧计算方法与计提折旧的范围提取折旧。
>
> 一般来说,在用的固定资产应计提折旧,未使用和不需用的固定资产不应计提折旧,应计提折旧的固定资产包括房屋建筑物(不论是否使用均应计提折旧),在用的机器设备、运输设备和工具器具等,季节性停用和修理停用的设备,以经营租赁方式租出的固定资产和以融资租赁方式租入的固定资产。不应计提折旧的固定资产包括除房屋建筑物以外的未使用和不需用的固定资产,已提足折旧继续使用的固定资产以及过去已经估价单独入账的土地等。另外,提前报废的固定资产不补提折旧,未提足折旧的净损失列为营业外支出。
>
> 为简化折旧计算工作,月份内增加的固定资产当月不提折旧,月份内减少的固定资产当月照提折旧。

(四)折旧费用的分配

折旧费用应根据固定资产的经济用途分别计入有关成本、费用。例如基本生产车间、分厂管理部门固定资产的折旧费用,记入制造费用明细账的折旧费项目;辅助生产车间固定资产的折旧费用,记入辅助生产成本明细账;企业行政管理部门固定资产的折旧费用,记入管理费用明细账的折旧费项目;销售部门固定资产的折旧费用,记入销售费用明细账。计入辅助生产成本的折旧费用,与其他辅助生产成本汇集后,按受益比例分配给各受益单位。计入制造费用的折旧费用,与其他间接制造费用汇集后,分配记入基本生产成本明细账的"制造费用"成本项目。

对于生产单一产品的企业,发生的费用全部由该产品来承担,成本项目可按费用的经济内容设置。所以,折旧费用可直接记入生产成本明细账"折旧费"成本项目。

折旧费用的分配应通过折旧费用分配表进行。

【例题 3-15】 表3-7为凯华工厂的折旧费用分配表。根据表3-7编制会计分录如下:

借:制造费用——基本生产车间　　　　　　　　　　24 700

——机修车间　　　　　　　　　　　　　　　　　13 100
　　——运输车间　　　　　　　　　　　　　　　　　18 500
　管理费用　　　　　　　　　　　　　　　　　　　　16 800
　　贷：累计折旧　　　　　　　　　　　　　　　　　　　　73 100

表3-7　　　　　　　　　　折旧费用分配表
凯华工厂　　　　　　　　　202×年5月　　　　　　　　　　单位：元

应借科目	车间、部门	4月固定资产折旧额	4月增加固定资产的折旧额	4月减少固定资产的折旧额	本月(5月)固定资产折旧额
制造费用	基本生产车间	24 200	1 600	1 100	24 700
	机修车间	11 300	1 800		13 100
	运输车间	19 700		1 200	18 500
	小计	55 200	3 400	2 300	56 300
管理费用	行政管理部门	15 000	3 700	1 900	16 800
	合计	70 200	7 100	4 200	73 100

　　凯华工厂采用的折旧方法是直线法。由于企业每个月都要计算、分配折旧费用，因而当月的折旧额可以在上月折旧额的基础上加、减调整计算。又由于每月折旧额按月初固定资产的原值和规定的折旧率计算。因此，该企业5月的折旧额和折旧费用，可以在4月（即4月初）固定资产折旧额的基础上，加上4月增加固定资产的折旧额，减去4月减少的固定资产的折旧额计算求出。因为这样算出的折旧额，就是4月末固定资产的折旧额，也就是5月初固定资产的折旧额。

二、利息费用、税金和其他费用的核算

(一)利息费用的核算

　　利息费用包括短期债务利息和长期债务利息两部分。短期债务利息均应计入当期损益，长期债务利息中与购建固定资产等有关的且在该资产交付使用前发生的，应予以资本化。由于短期借款的利息一般是按季结算支付的，为了正确划分各个月份的费用界限，对短期借款的利息一般采取预提的方式进行核算。即在季度内前两个月份，按计划预提借款利息，借记"财务费用"科目，贷记"应付利息"科目，季末月份实示支付利息时，按已预提数的差额借记"财务费用"科目，按已提数借记"应付利息"科目，按实际支付数贷记"银行存款"科目。对于长期负债的利息，应按照权责发生制原则按期预提，其中应予以资本化的部分，借记"在建工程"科目，贷记"应付利息"等科目；应计入当期损益的部分，则借记"财务费用"科目，贷记"应付利息"等科目。

(二)税金的核算

　　这里所指的税金包括印花税、房产税、土地使用税、车船税。其中，印花税是指由纳税人根据规定自行计算应纳税额以购买并一次贴足印花税票的方式缴纳的税款，因此在购买印花税票时，直接借记"管理费用"科目，贷记"银行存款"科目。对于房产税、车船税和

土地使用税，需要预先计算应交金额，然后缴纳。这些税金需要通过"应交税费"科目核算，即在计算出应缴纳的这些税金时，借记"管理费用"科目，贷记"应交税费"科目；实际缴纳税金时，再借记"应交税费"科目，贷记"银行存款"科目。

> **特别提醒**
> 印花税不通过"应交税费"科目核算。

（三）其他费用的核算

产品制造企业发生的除上述各类要素费用以外的其他费用，如邮电费、印刷费、租赁费、差旅费、保险费等，一般都不设立专门的成本项目反映，因此应该在费用发生时，按照发生的车间、部门和用途分别借记"制造费用""管理费用"等科目，贷记"银行存款"或"库存现金"等科目。

各种要素费用通过上述归集和分配，已经按照费用的用途分别记入"基本生产成本""管理费用"等账户的借方进行归集。

三、跨期费用的核算

企业在产品生产过程中发生的某些费用，存在着支付期和归属期不一致的情况，有一次支付需分期摊销或尚未发生即从成本中预提的费用。由于产品成本计算是以权责发生制为原则，按照受益期限划分费用的归属。由各相连的成本计算期的产品成本共同负担的费用就是跨期费用。

（一）预付费用的核算

预付费用指本月发生，但应由本月和以后各月产品成本和经营管理费用共同负担的费用。这种费用发生以后，由于受益期较长，不应一次全部计入当月成本、费用，而应按照受益期限分月摊销计入各月成本、费用。

预付费用包括低值易耗品摊销、出租出借包装物摊销、预付保险费、预付固定资产租金，以及一次购买印花税票和一次缴纳印花税额较多需要分月摊销的税金等。按照我国现行会计总则的要求，受益期在一年以内的预付费用直接计入当期费用，不允许进行摊销。预付费用的摊销期限需要超过一年的费用，应该作为长期待摊费用核算。

1. 长期待摊费用支付的核算

长期待摊费用的支付和摊销是通过"长期待摊费用"总账科目进行的。支出长期待摊费用时，应借记"长期待摊费用"科目，贷记"银行存款""低值易耗品""包装物"和"应交税费"等科目；分月摊销时，应按长期待摊费用的用途分别借记各有关的成本、费用科目，贷记"长期待摊费用"科目。该科目借方余额表示已支付、尚未摊销的费用，是生产经营过程中占用的资金，属于流动资产。该科目应按费用的种类进行明细核算，分别反映各种长期待摊费用的支付和摊销情况。

2. 长期待摊费用摊销的核算

按照长期待摊费用的受益和摊销期限进行摊销，由于摊销的费用一般没有专设成本项目，因而摊销费用时一般按应摊费用的车间、部门和费用用途，分别记入"制造费用"、

"销售费用"和"管理费用"等总账科目和所属明细账的借方相应的费用项目。长期待摊费用的摊销额,应记入"长期待摊费用"总账科目和所属明细科目。

【例题 3-16】 振华工厂在 5 月末摊销本月负担的保险费,编制保险费分配表见表 3-8。根据保险费分配表,编制相关会计分录。

表 3-8 保险费分配表
凯华工厂　　　　　　　　　202×年 5 月　　　　　　　　　单位:元

应借科目		成本或费用项目	费用金额
总账科目	明细科目		
制造费用	基本生产车间	保险费	3 500
	机修车间	保险费	800
	运输车间	保险费	1 700
	小计		6 000
管理费用		保险费	600
合　计			6 600

根据表 3-8 的保险分配表,编制会计分录如下:
借:制造费用——基本生产车间　　　　　　　　　3 500
　　　　　　——机修车间　　　　　　　　　　　　800
　　　　　　——运输车间　　　　　　　　　　　1 700
　　管理费用　　　　　　　　　　　　　　　　　　600
　贷:长期待摊费用　　　　　　　　　　　　　　6 600

(二)预提类费用的核算

我国现行会计准则中虽不设预提费用项目,但现实中却存在着预提类的费用。属于预提类费用的是那些预先分月计入各月成本、费用,但在以后才实际支付的费用,是应付而未付的费用,因而是一种负债。诸如借款利息、固定资产租金和保险费等费用都可视为预提类费用。受益期超过一个月,且费用不大,则在实际支付时直接计入支付月份的成本、费用。

为了正确地划分各个月份的费用,防止多计或少计某些月份的成本、费用,预提类费用的项目和预提的标准应在企业会计制度中规定。发现某种预提类费用总额到预提期末可能与实际费用总额发生较大的差额时,应及时调整预提的标准。预提类费用应按规定的预提期末结算。预提类费用总额与实际费用总额的差额,应调整计入预提期末月份的成本、费用。

按照我国现行会计准则的要求,预提类费用的预提和支付,是通过"其他应付款""应付利息"等总账科目进行的。由于预提的各种费用都没有专设成本项目,因而预提时应按预提费用的车间、部门和用途,分别记入"制造费用""管理费用"和"财务费用"等总账科目和所属明细账的借方,记入"其他应付款""应付利息"等科目的贷方;实际支付时,记入"其他应付款""应付利息"等科目的借方,同时记入"银行存款"或"原材料"等科目的贷方。"其他应付款""应付利息"等科目的贷方余额,为已经预提尚未支付的费用,属于流动负债。

【例题3-17】 凯华工厂在5月末预提本月负担的租赁费,编制租赁费用分配表,见表3-9。

表 3-9　　　　　　　　　　租赁费用分配表
凯华工厂　　　　　　　　　　202×年5月　　　　　　　　　　　　　　单位:元

应借科目	车间、部门	本月预提的费用
制造费用	基本生产车间	4 200
	机修车间	600
	运输车间	2 400
	小计	7 200
管理费用	行政管理部门	600
合计		7 800

根据所列预提租赁费用分配表,应编制下列会计分录:
借:制造费用——基本生产车间　　　　　　　4 200
　　　　　　——机修车间　　　　　　　　　 600
　　　　　　——运输车间　　　　　　　　　2 400
　　管理费用　　　　　　　　　　　　　　　 600
　贷:其他应付款　　　　　　　　　　　　　7 800

第六节　废品损失和停工损失的核算

一、废品损失

生产中的废品,是指不符合规定的技术标准,不能按照原定用途使用,或者需要加工修理后才能使用的在产品、半成品和产成品,包括生产过程中发现的废品和入库后发现的废品。废品按其报损程度和修复价值,可分为可修复废品和不可修复废品。可修复废品是指技术上、工艺上可以修复,而且所支付的修复费用在经济上合算的废品。不可修复废品是指技术上、工艺上不可修复,或者虽可修复,但所支付的修复费用在经济上不合算的废品。

> **想一想**
> (1)"凡是在技术上能予以修复的废品都是可修复废品。"这种说法正确吗?
> (2)某产品接近完工时,因加工不当形成残次品,但在技术上尚可修复。经测算,该产品已投入的制造成本为300元,如报废可回收残料价值200元,如修复还需投入250元。请问,该产品究竟应该修复还是报废?

废品损失是指在生产过程中发现的、入库后发现的不可修复废品的生产成本,以及可修复废品的修复费用,扣除回收的废品残料价值和应收赔款以后的损失。根据质量检验部门填制并审核后的废品损失通知单,是进行废品损失核算的原始凭证。

> **请注意**
> (1)经质量检验部门鉴定不需要返修可以降价出售的不合格品,其降价损失不应作为废品损失,而应在计算损益时予以体现。
> (2)产品入库后由于保管不善等原因而损害变质的损失,属于管理上的问题,作为管理费用而不作为废品损失处理。
> (3)实行"包退、包修、包换"(三包)的企业,在产品出售以后发现的废品所造成的一切损失,作为管理费用处理。
> (4)废品损失一般只包括发生废品造成的直接损失,至于因产生废品给企业带来的间接损失,如延误交货合同而发生的违约赔偿、减少销售量而造成的利润减少,以及生产废品造成的企业荣誉损失均不废品损失内计算。

单独核算废品损失的企业,应设置"废品损失"科目,在成本项目中增设"废品损失"成本项目。废品损失的归集和分配,应根据废品损失计算表和分配表等有关凭证,通过"废品损失"进行核算。"废品损失"科目应按产品设置明细账,账内按产品品种和成本项目登记废品损失的详细资料。该科目的借方归集不可修复废品的生产成本和可修复废品的修复费用。不可修复废品的生产成本,应根据不可修复废品损失计算表,借记"废品损失"科目,贷记"基本生产成本"科目;可修复废品的修复费用,应根据各种费用分配表所列废品损失数额,借记"废品损失"科目,贷记"原材料""应付职工薪酬""辅助生产成本"和"制造费用"等科目。该科目的贷方登记废品残料回收的价值、应收赔款和应由本月生产的同种合格产品成本负担的废品损失,即从"废品损失"科目的贷方转出,分别借记"原材料""其他应收款""基本生产成本"等科目。经过上述归集和分配,"废品损失"科目月末无余额。

(一)不可修复废品损失的归集与分配

为了归集和分配不可修复的废品损失,必须首先计算废品的成本。废品成本是指生产过程中直至报废时所耗费的一切费用。废品成本扣除废品的残值和应收赔款后的数额就是不可修复废品的损失。由于不可修复废品的成本与合格产品的成本是归集在一起同时发生的,因此需要采取一定的方法予以确定。一般有两种方法:一是按废品所耗实际费用计算;二是按废品所耗预算费用计算。

1. 按废品所耗实际费用计算的方法

采用这一方法,就是在废品报废时根据废品和合格品发生的全部实际费用,采用一定的分配方法,在合格品与废品之间进行分配,计算出废品的实际成本,从"基本生产成本"科目贷方转入"废品损失"科目的借方。

【例题3-18】某公司第二车间本月生产甲产品1 000件,经验收入库发现不可修复废品100件;合格品生产工时为26 600小时,废品生产工时为1 400小时,全部生产工时为28 000小时;合格品机器工时为5 747.5小时,废品机器工时为302.5小时,全部机器工时为6 050小时。按所耗实际费用计算废品的生产成本。甲产品成本计算单(即基本生产成本明细账)所列合格品和废品的全部生产成本为:直接材料500 000元;直接燃料和动力 12 100 元;直接人工 336 000 元;制造费用 134 400 元,共计 982 500 元。废品残料回收入库价值 1 500 元,原材料于生产开工时一次投入。原材料费用按合格品数量和废品数量的比例分配;直接燃料和动力费用按机器工时比例分配;其他费用按生产工时比例分配。根据上述资料,编制不可修复废品损失计算表,见表 3-10。

表 3-10　　　　　　　　　不可修复废品损失计算表　　　　　产品名称:甲产品
　　　　　　　　　　　　　　　　（按实际成本计算）　　　　　　　　废品数量:100 件
车间名称:第二车间　　　　　　　　202×年×月　　　　　　　　　　　　单位:元

项目	数量(件)	直接材料	生产工时(小时)	机器工时(小时)	直接燃料和动力	直接人工	制造费用	成本合计
费用总额	1 000	500 000	28 000	6 050	12 100	336 000	134 400	982 500
费用分配率		500			2	12	4.8	
废品成本	100	50 000	1 400	302.5	605	16 800	6 720	74 125
减:废品残料		1 500						1 500
废品损失		48 500			605	16 800	6 720	72 625

根据不可修复废品损失计算表,编制如下会计分录:

(1)结转废品成本(实际成本)。

　　借:废品损失——甲产品　　　　　　　　　　　　　74 125
　　　　贷:基本生产成本——甲产品　　　　　　　　　　　　74 125

　　(2)回收废品残料入库价值。

　　借:原材料　　　　　　　　　　　　　　　　　　　1 500
　　　　贷:废品损失——甲产品　　　　　　　　　　　　　1 500

　　(3)废品损失转入该种合格产品成本。

　　借:基本生产成本——甲产品——废品损失　　　　　72 625
　　　　贷:废品损失——甲产品　　　　　　　　　　　　　72 625

在完工以后发现的废品,其单位废品负担的各项生产成本应与该单位合格品完全相同,可按合格品产量和废品的数量比例分配各项生产成本,计算废品的实际成本。

2. 按废品所耗预算费用计算的方法

该方法是按不可修复废品的数量和各项费用预算计算废品的预算成本,再将废品的预算成本扣除废品残料回收价值,算出废品损失,而不考虑废品实际发生的费用。

【例 3-19】 长湖公司 202×年 6 月基本生产车间生产的乙产品,在验收入库时发现不可修复废品 30 件,按所耗预算费用计算废品的生产成本。直接材料费用预算为 300 元,单件生产工时预算为 30 小时,单件机器工时预算为 6 小时。每机器工时的直接燃料和动力费用 2.1 元,每生产工时的费用预算为:直接人工 12 元,制造费用 4.8 元。回收废品残值 2 000 元。

因为不可修复废品是在完成全部生产过程,产品验收入库时被发现的,所以根据以上资料计算出单件乙产品的费用预算后,就可以根据各项费用预算和不可修复废品件数计算不可修复废品的生产成本。不可修复废品的各项费用预算为:直接材料费用预算 300 元,直接燃料和动力费用预算 12.6 元(2.1×6),直接人工费用预算 360 元(12×30),制造费用预算 144 元(4.8×30)。编制不可修复废品损失计算表,见表 3-11。

表 3-11　　　　　　　　　　**不可修复废品损失计算表**　　　　　　产品名称:乙产品
　　　　　　　　　　　　　　　　　（按预算成本计算）　　　　　　　　　　废品数量:30 件
车间名称:基本生产车间　　　　　　　　202×年 6 月　　　　　　　　　　　　单位:元

项目	直接材料	直接燃料和动力	直接人工	制造费用	成本合计
费用预算	300	12.6	360	144	816.6
废品预算成本	9 000	378	10 800	4 320	24 498
减:回收残值	2 000				2 000
废品损失	7 000	378	10 800	4 320	22 498

根据不可修复废品损失计算表，编制如下会计分录：

(1)结转废品成本(预算成本)。

借:废品损失——乙产品　　　　　　　　　　　　　　　24 498
　　贷:基本生产成本——乙产品　　　　　　　　　　　　　　24 498

(2)回收废品残料价值

借:原材料　　　　　　　　　　　　　　　　　　　　　2 000
　　贷:废品损失——乙产品　　　　　　　　　　　　　　　2 000

(3)废品损失转入该产品合格品成本。

借:基本生产成本——乙产品　　　　　　　　　　　　　22 498
　　贷:废品损失——乙产品　　　　　　　　　　　　　　22 498

采用按废品所耗预算费用计算废品成本和废品损失的方法，核算工作比较简便，有利于考核和分析废品损失和产品成本。但必须具备比较准确的预算成本资料，否则会影响成本计算的正确性。

(二)可修复废品损失的归集和分配

可修复废品损失是指废品在修复过程中所发生的各项修复费用。而可修复废品返修以前发生的生产成本，在"基本生产成本"科目及有关的成本明细账中不必转出，这是因为它不是废品损失。返修时发生的修复费用，应根据原材料、职工薪酬、辅助生产成本和制造费用等分配表记入"废品损失"科目的借方，以及有关科目的贷方。如有残值和应收赔款，根据废料交库凭证及其他有关结算凭证，记入"废品损失"科目的贷方和"原材料""其他应收款"等科目的借方。将废品净损失(修复费用减残值和赔款)从"废品损失"科目的贷方转入"基本生产成本"科目的借方及其有关成本明细账的"废品损失"成本项目。不单独核算废品损失的企业，不设"废品损失"会计科目和"废品损失"成本项目，在回收废品残料时，记入"原材料"科目的借方和"基本生产成本"科目的贷方，并从所属有关产品成本明细账的"直接材料"成本项目中扣除残料价值。辅助生产一般不单独核算废品损失。

> **特别提醒**
>
> 可修复废品返修以前发生的费用，在"基本生产成本"账户及相应明细账中，不必转出，因为它不是废品损失；修复完成继续正常加工发生的费用也不是废品损失，应记入"基本生产成本"账户及相应明细账。

> **请注意**
> 废品损失通常只计入本月完工产品成本,而在产品、自制半成品一般不负担。这样可集中将本月的废品损失反映于本月完工产品,引起管理者重视。

二、停工损失

停工损失是指生产车间或车间内某个班组在停工期内发生的各项费用,包括停工期内支付的生产工人的薪酬费用、所耗直接燃料和动力费,以及应负担的制造费用等。过失单位、过失人员或保险公司负担的赔款,应从停工损失中扣除。计算停工损失的时间界限,由企业主管部门规定,或由企业主管部门授权企业自行规定。为了简化核算工作,停工不满一个工作日的,可以不计算停工损失。发生停工的原因很多,应分别按不同情况进行处理。由于自然灾害引起的停工损失,应按规定转作营业外支出;其他停工损失,如原材料供应不足、机器设备发生故障,以及计划减产等原因发生的停工损失,应计入产品成本。停工时车间应填列停工报告单,经有关部门审核后的停工报告单,作为停工损失核算的根据。

单独核算停工损失的企业,应增设"停工损失"会计科目和"停工损失"成本项目。停工损失的归集和分配,是通过设置"停工损失"科目进行的,该科目应按车间和成本项目进行明细核算。根据停工报告单和各种费用分配表、分配汇总表等有关凭证,将停工期内发生、应列作停工损失的费用记入"停工损失"科目的借方进行归集,借记"停工损失"科目,贷记"原材料""应付职工薪酬"和"制造费用"等科目。该科目的贷方登记应由过失单位及过失人员或保险公司支付的赔款、属于自然灾害应计入营业外支出的损失以及本月产品成本的损失,贷记"停工损失"科目,借记"其他应收款""营业外支出"和"基本生产成本"科目。"停工损失"科目月末无余额。

为了简化核算工作,辅助生产车间一般不单独核算停工损失。季节性生产企业的季节性停工,是生产经营过程中的正常现象,停工期间发生的各项费用不属于停工损失,不作为停工损失核算。

不单独核算停工损失的企业,不设"停工损失"会计科目和"停工损失"成本项目。停工期间发生的属于停工损失的各项费用,分别记入"制造费用"和"营业外支出"等科目。

> **想一想**
> "所有的停工损失都应计入产品成本。"这种说法正确吗?

对工业企业各项要素费用进行归集和分配,需要严谨务实的工作作风。企业经营模式的变化对成本会计工作提出更多的要求,为更好地满足岗位需求,必须培养学生与时俱进、吃苦耐劳等职业素养。

本章小结

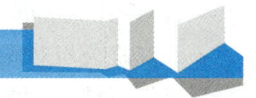

产品成本计算过程就是对生产成本的归集、分配、再分配的过程。因此,掌握费用归集和分配的程序和方法,是关系到产品成本、期间费用乃至企业损益计算正确与否的关键,本章详细介绍了归集、分配各种要素费用,计算产品的生产成本、期间费用的具体核算程序和方法。

本章的重点和难点是关于费用归集和分配中的横向分配问题,即将本期发生的生产要素费用,按照"谁受益、谁负担"的原则,采用适当的方法,直接或分配计入不同成本计算对象相应的成本项目和期间费用等账户中。

案例应用

1. 长茂公司有两个基本生产车间。第一车间生产甲、乙两种产品,第二车间生产丙、丁两种产品。甲、乙两种产品生产工人的工资核算采用计时工资,丙、丁产品生产工人的工资核算采用计件工资。去年8月的有关资料为:甲、乙、丙、丁四种产品投产量分别为1 000件、2 000件、1 000件、2 000件,生产甲、乙产品的个人计时工资总额85 000元,丙、丁产品生产工人奖金和津贴共8 800元;单位工时预算甲产品为20小时,乙产品为10小时。另外,第一车间和第二车间管理人员工资分别为4 000元、6 500元,公司行政管理人员工资22 000元,福利部门人员工资3 000元。该公司财务处李辉会计编制了"职工薪酬分配表",见表3-12。

表3-12　　　　　　　　　职工薪酬分配表　　　　　　　　金额单位:元

项目类别 / 应借账户			基本生产成本				制造费用	管理费用	职工福利	合计
			甲产品 直接材料	乙产品 直接材料	丙产品 直接材料	丁产品 直接材料				
第一车间	预算工时		2 000	2 000						
	分配率		2.125	2.125						
	应分配薪酬	工资	42 500	42 500			4 000			89 000
		福利	5 950	5 950			560			12 460
第二车间	直接计入费用				12 000	32 000				44 000
	间接计入费用	分配率			0.2	0.2				
		分配额			2 400	6 400	6 500			15 300
	费用小计				14 400	38 400	6 500			59 300
	职工福利				2 016	5 376	910			8 302
行政管理部门	工资							22 000		22 000
	职工福利							3 080		3 080
职工福利部门	工资								3 000	3 000
	职工福利								420	420
合计			48 450	48 450	16 416	43 776	11 970	25 080	3 420	197 562

问题:

(1)请仔细查看此分配表有无问题?如有,请指出。

(2)设计一个更为直观且合理的分配表,并请设计和填写正确的数据。

2.双晓公司对固定资产一直采用直线法提折旧。202×年1月,该公司总经理在管理培训班学习结束后向会计主管提议采用新的折旧方法。总经理所建议的折旧方法见表3-13。理由是:他认为在固定资产接近寿命结束时,其维修的支出也很大,而采用新方法在接近寿命结束时会增加资金回收量;同时,会因增加折旧费用而使企业所得税支出减少。

表3-13　　　　　　　　　　　折旧费用计算表　　　　　　　　金额单位:元

年次	折旧费用	各年末累计折旧	各年末的账面价值
1	2 000	2 000	30 000
2	4 000	6 000	26 000
3	6 000	12 000	20 000
4	8 000	20 000	12 000
5	10 000	30 000	2 000(为残值)

问题:总经理的提议理由成立否?为什么?

第四章 部门费用的归集和分配

学习目标

1. 掌握制造费用的特点以及制造费用的各种分配方法。
2. 掌握辅助生产成本各种分配方法的适用情况、优缺点、具体应用以及在不同方法下的账务处理过程。

导入案例

威申公司的主要业务是生产空调。该公司设有四个生产部门：零部件生产分厂、装配分厂、供电车间和维修车间，供电车间和维修车间这两个劳务部门向全公司（包括两个分厂）提供电力和维修服务。每个部门都设有一个部门负责人，并通过内部结算价格实行单独核算，成为成本中心。公司根据四个部门成本指标完成情况给予奖金奖励。

年末，在公司召开的由各部门负责人出席的下年度指标分析讨论会上，公司的主管会计提出一项成本核算改革意见，即：四个部门的成本都应加上接受公司内部其他劳务部门提供的劳务费用，包括两个劳务部门之间提供劳务发生的费用。该主管会计同时认为，两个劳务部门的费用应按照预先制定的计划成本进行分配，包括交互分配和对外分配，实际费用和计划成本之间的差额由管理费用负担；另外，四个部门发生的材料和人工等费用也用计划成本归集和分配。理由：这样处理不仅方便核算，能及时提供信息，同时比较合理科学，也有利于分清各个受益对象的经济责任，便于分析考核。

假如你是威申公司的财务顾问，你认为该主管会计的意见如何？

第一节 制造费用的归集和分配

如第二章所述，制造费用是指发生在企业的生产工厂或车间的各项间接费用。这些间接费用与某一种产品的生产没有直接的因果关系，因而无法将其直接追迹到某一种产品的成本中去，但却与该工厂或车间生产的所有产品相关。

制造费用的归集与分配

一、制造费用的内容

制造费用一般包括以下内容：

（1）工资，指基本生产车间除生产工人以外的所有人员的工资。如车间管理人员、工程技术人员、车间辅助人员、修理人员、搬运工人、勤杂人员等的工资。

（2）其他职工薪酬，按上述人员工资一定比例提取的职工福利费、"五险一金"等。

（3）折旧费，指基本生产车间各项固定资产计提的折旧费。

（4）修理费，指基本生产车间各项固定资产的大修理、经常性修理以及低值易耗品的修理费。

（5）办公费，指基本生产车间的文具、印刷、邮电、办公用品等办公费用。

（6）水电费，指基本生产车间由于消耗水电而支付的费用。

（7）机物料消耗，指基本生产车间为维护生产设备等所消耗的各种材料（不包括修理用和劳动保护用材料）。

（8）劳动保护费，指基本生产车间所发生的各种劳动保护费用，如不构成固定资产的安全装置、卫生设备、通风设备、工作服、工作鞋等。

（9）季节性、修理期间的停工损失，指季节性停工和机器设备修理停工期间所发生的各项费用。

（10）租赁费，指基本生产车间自外部租入各种固定资产和工具按规定在成本中列支的租金（不包括融资租赁的租赁费）。

（11）保险费，指基本生产车间应负担的财产物资保险费。

（12）低值易耗品摊销，指基本生产车间所使用的低值易耗品的摊销费。

（13）其他，指不能列入以上各项目的各种制造费用。

由于各工业部门性质不同，制造费用构成也会略有差别。因此制造费用项目可根据企业具体情况增减。

制造费用在产品成本中占有一定的比重，它们是构成产品成本的综合成本项目。由于这些费用大部分属于一般费用，并且相对固定。一般按期（月、季、年）编制费用预算加以控制。预算即企业预先计算的目标数据，我们将在第十章详细讨论。

二、制造费用的归集

在成本核算中，按各车间正确地归集制造费用是一项十分重要的工作。

工业产品的生产，一般需要经过比较复杂的生产加工过程，往往需要经过几个生产车间的合作加工，而在各生产车间耗用的费用并不同。如果将各生产车间的制造费用合并归集，统一分配，就会使各产品生产成本都会分担制造费用，同产品在各生产车间接受的加工量之间失去依存关系，那么，据此计算的产品制造成本就难以准确。因此，分别按各生产车间归集制造费用，并根据各生产车间组织和管理生产的特点、性质分别确定分配方法进行分配，是保证产品生产成本计算正确性的需要。

另外，按各生产车间分别归集制造费用，有助于企业和车间加强制造费用的管理和产品生产成本的控制。由于制造费用是一种相对固定的费用，它与产品生产联系并不十分紧密，因此不易按照产品制定预算。为了加强对制造费用的管理，就应分别按生产车间并根据制造费用的明细项目编制预算,据以监督各生产车间制造费用的支出。费用预算的编制应与实际费用的归集保持口径一致,这样才能与实际发生的费用与预算费用进行比较分析,才能客观地考核各制造费用预算的执行情况,并对预算的执行结果进行评价,从而促进企业和车间进一步加强制造费用的控制和管理,努力节约费用开支,降低产品生产成本。

制造费用分配的正确与否,将直接影响产品生产成本计算的正确性。要合理、正确地分配制造费用,除了应根据各生产车间和组织管理生产活动的特点、性质,选择合理的分配标准和恰当的分配方法进行分配外,制造费用归集的正确性则是保证分配正确性的前提。

为了总括地反映企业在一定时期内发生的制造费用,并对其分配情况进行控制和分析,应设置"制造费用"总分类账户。该账户是集合分配账户,该科目的借方登记发生的制造费用,贷方登记分配计入有关的成本核算对象的制造费用。在一般情况下,"制造费用"科目不仅核算基本生产车间的制造费用,而且还核算辅助生产车间的制造费用。因此,该科目应按不同的车间、分厂设置明细账,月末一般无余额。

为了满足管理上的需要,有利于对各生产车间制造费用预算的执行情况进行控制和分析,应分别按各生产车间和分厂设置制造费用明细分类账户,反映各生产车间制造费用的发生和分配情况。在"制造费用"明细账户中,应按费用的明细项目设置专栏进行明细核算。制造费用的明细项目,可按费用的经济性质分类,也可以按费用的经济用途设置。由于不同行业、企业的制造费用构成内容不同,因此,各行业、企业应根据本行业、企业的生产特点和管理上的需要,规定不同的明细项目。为便于各企业之间以及企业不同时期之间进行制造费用的比较分析和评价考核,同行业的明细项目应力求统一,同时一旦确定了明细项目,就不宜改变。制造费用设置的明细项目主要有工资费用、折旧费、办公费、水电费、机物料消耗、劳动保护费、季节性和修理期间的停工损失等。

在发生制造费用时,应根据有关的凭证、费用分配表,根据有关的付款凭证、转账凭证和前述各种费用分配表,记入"制造费用"科目的借方,并视具体情况,分别记入"原材料""应付职工薪酬""累计折旧""银行存款"等科目的贷方;月末时将"制造费用"科目及其所属明细账中登记的费用汇总后,分别与预算数进行比较,可以查明制造费用预算的执行情况,对于产生的差异,应分析原因,对于不利的差异,应提出改进的措施,努力降低各项开支,不断提高成本管理水平。月末分配制造费用时,应借记"生产成本"科目,贷记"制造费用"科目。除季节性生产企业或采用累计分配率法分配制造费用的企业外,"制造费用"科目期末一般应无余额。应该指出,如果辅助生产车间的制造费用是通过"制造费用"科目单独核算的,则应比照基本生产车间发生的费用核算;如果辅助生产车间的制造费用不通过"制造费用"科目单独核算,则应全部记入"辅助生产车间"科目及明细账的有关成本或费用项目。

根据各种费用分配表及付款凭证登记威申公司基本生产车间的制造费用明细账,详见表 4-1。

表 4-1　　　　　　　　　　　制造费用明细账

车间：基本生产车间　　　　　202×年10月　　　　　　　　　　单位：元

摘要	机物料消耗	动力费用	职工薪酬	折旧费	水费	运费	保险费	低值易耗品	其他	合计	转出
付款凭证									12 422	12 422	
材料费用分配表	5 000									5 000	
低值易耗品摊销								570		570	
动力费用分配表		2 250								2 250	
工资费用分配表			20 000							20 000	
其他职工薪酬分配表			8 000							8 000	
长期待摊费用分配表							4 000			4 000	
折旧费用分配表				20 000						20 000	
辅助生产成本分配表					101 594	46 164				147 758	
制造费用分配表											220 000
合计	5 000	2 250	28 000	20 000	101 594	46 164	4 000	570	12 422	220 000	220 000

三、制造费用的分配

为了正确计算产品的生产成本，必须合理地分配制造费用。基本生产车间的制造费用是产品生产成本的组成部分，在只生产一种产品的车间，制造费用可以直接计入该产品生产成本；在生产多种产品的车间中，制造费用则应采用既合理又简便的分配方法，分配计入各种产品的生产成本。辅助生产车间单独核算其制造费用时，汇总在"制造费用——辅助生产车间"科目的数额，在只生产一种产品或提供一种劳务的辅助生产车间，直接计入该辅助生产产品或劳务的成本；在生产多种产品或提供多种劳务的辅助生产车间，则应采用适当的方法，分配计入辅助生产产品或劳务的成本。

由于各车间制造费用水平不同，所以制造费用应该按照各车间分别进行分配，而不得将各车间的制造费用统一在整个企业范围内分配。制造费用的分配方法一般有生产工时比例法、生产工人工资比例法、机器工时比例法和按年度计划分配率分配法等。分配方法一经确定，不应随意变更。

（一）生产工时比例法

生产工时比例法是按照各种产品所用生产工人工时的比例分配制造费用的一种方法。计算公式如下：

$$制造费用分配率 = \frac{制造费用总额}{车间产品生产工时总额}$$

某种产品应分配的制造费用 = 该种产品生产工时 × 制造费用分配率

按生产工时比例分配，可以用各种产品实际耗用的生产工时（实用工时），如果产品的工时预算比较准确，制造费用也可以按预算工时的比例分配。计算公式如下：

$$制造费用分配率=\frac{制造费用总额}{车间产品预算工时总额}$$

某种产品应分配的制造费用＝该种产品预算工时×制造费用分配率

【例题 4-1】 威申公司202×年10月基本生产车间发生的制造费用总额为220 000元，基本生产车间甲产品生产工时为28 000小时，乙产品生产工时为12 000小时，计算分配如下：

$$制造费用分配率=\frac{220\ 000}{28\ 000+12\ 000}=5.5(元/小时)$$

甲产品应分配制造费用＝28 000×5.5＝154 000(元)

乙产品应分配制造费用＝12 000×5.5＝66 000(元)

按生产工时比例法编制制造费用分配表，详见表4-2。

表 4-2　　　　　　　　　　　制造费用分配表

车间：基本生产车间　　　　　　　　　　　　　　　　　　　　金额单位：元

应借科目		生产工时(小时)	分配金额(分配率：5.5)
基本生产成本	甲产品	28 000	154 000
	乙产品	12 000	66 000
合计		40 000	220 000

根据制造费用分配表，编制会计分录如下：

借：基本生产成本——甲产品　　　　　　　　　154 000
　　　　　　　　——乙产品　　　　　　　　　 66 000
　贷：制造费用　　　　　　　　　　　　　　　220 000

按生产工时比例分配是较为常见的一种分配方法，它能将劳动生产率的高低与产品负担费用的多少联系起来，分配结果比较合理。由于生产工时是分配间接计入费用常用的分配标准之一，因此，必须正确组织好产品生产工时的记录和核算等基础工作，以保证生产工时的准确、可靠性。

(二)生产工人工资比例法

生产工人工资比例法又称生产工资比例法，是以各种产品的生产工人工资的比例分配制造费用的一种方法。计算公式如下：

$$制造费用分配率=\frac{制造费用总额}{车间产品生产工人工资总额}$$

某种产品应分配的制造费用＝该种产品生产工人工资×制造费用分配率

由于工资费用分配表中有现成的生产工人工资的资料，所以用这种分配方法核算工作很简便。这种方法适用于各种产品生产机械化程度大致相同的情况，否则会影响费用分配的合理性。例如，机械化程度低的产品，所用工资费用多，分配的制造费用也多；反之，机械化程度高的产品，所用工资费用少，分配的制造费用也少，会出现不合理情况。该分配方法与生产工时比例法原理基本相同。如果生产工人的计时工资是按照生产工时比例分配的，按照生产工人工资比例分配制造费用，实际上就是按生产工时比例分配制造费用。

(三)机器工时比例法

机器工时比例法是按照各种产品所用机器设备运转时间的比例分配制造费用的一种方法。这种方法适用于机械化程度较高的车间,因为在这种车间中,机器折旧费用、维护费用等的多少与机器运转的时间有密切的联系。采用这种方法,必须组织好各种产品所耗用机器工时的记录工作,以保证工时的准确性。该方法的计算程序、原理与生产工时比例法基本相同。

> **特别提醒**
>
> 为使制造费用的分配更趋于合理,在核算基础工作完备的企业,也可以将制造费用分为与生产机器设备使用有关的费用和为组织、管理生产发生的费用两类。前类费用采用机器工时比例分配,而后类费用可按生产工时或生产工资的比例分类。

(四)按年度计划分配率分配法

按年度计划分配率分配法,是按照年度开始前确定的全年适用的计划分配率分配费用的方法。采用这种分配方法,不论各月实际发生的制造费用多少,每月各种产品成本中的制造费用都按年度计划确定的计划分配率分配。年度内如果发现全年制造费用的实际数和产品的实际产量与计划数产生较大的差额,应及时调整该年度计划分配率。计算公式如下:

$$年度计划分配率 = \frac{年度制造费用计划总额}{年度各种产品计划产量的预算工时总额}$$

某月某产品制造费用 = 该月该种产品实际产量的预算工时数 × 年度计划分配率

【例题 4-2】 威申公司第一车间全年制造费用计划数为 55 000 元;全年各种产品的计划产量为:A 产品 2 600 件,B 产品 2 250 件;单件产品的工时预算为 A 产品 5 小时,B 产品 4 小时。6 月实际产量为:A 产品 240 件,B 产品 150 件;本月实际发生制造费用 4 900 元。按年度计划分配率分配法分配本月的制造费用。

(1)计算各种产品年度计划产量的预算工时。

A 产品年度计划产量的预算工时 = 2 600 × 5 = 13 000(小时)

B 产品年度计划产量的预算工时 = 2 250 × 4 = 9 000(小时)

(2)计算制造费用年度计划分配率。

$$制造费用年度计划分配率 = \frac{55\ 000}{13\ 000 + 9\ 000} = 2.5(元/小时)$$

(3)计算各种产品本月实际产量的预算工时。

A 产品本月实际产量的预算工时 = 240 × 5 = 1 200(小时)

B 产品本月实际产量的预算工时 = 150 × 4 = 600(小时)

(4)计算各种产品应分配的制造费用。

本月 A 产品分配制造费用 = 1 200 × 2.5 = 3 000(元)

本月 B 产品分配制造费用 = 600 × 2.5 = 1 500(元)

该车间本月按年度计划分配率分配转出的制造费用为:

3 000＋1 500＝4 500(元)

【例题 4-3】 假定【例题 4-2】中威申公司第一车间的"制造费用"科目 6 月初为贷方余额 300 元,则该月制造费用的实际发生额和分配转出额登记结果如图 4-1 所示。

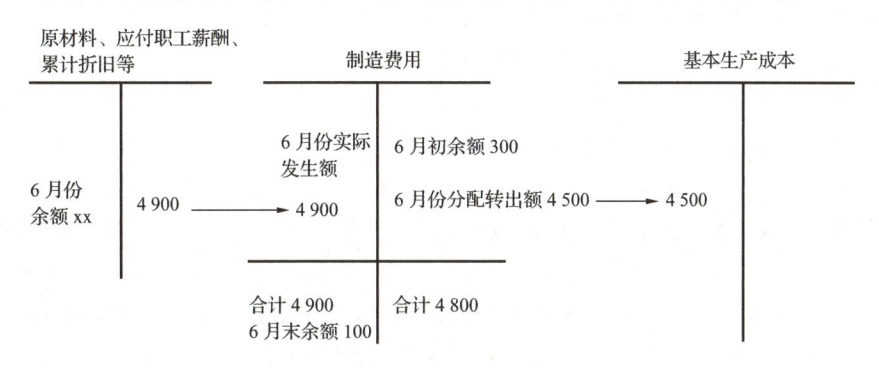

原材料、应付职工薪酬、累计折旧等	制造费用	基本生产成本
6月份余额 xx 4 900 →	6月份实际发生额 4 900	6月初余额 300 6月份分配转出额 4 500 → 4 500
	合计 4 900 6月末余额 100	合计 4 800

图 4-1 科目记录示意图

采用年度计划分配率分配法时,通常每月实际发生的制造费用与分配转出的制造费用金额不等,因此,"制造费用"科目一般有月末余额,可能是借方余额,也可能是贷方余额。如为借方余额,表示年度内累计实际发生的制造费用大于按年度计划分配率分配累计的转出额,是该月超过计划的预付费用;如为贷方余额,表示年度内按年度计划分配率分配累计的转出额大于累计的实际发生额,是该月按照计划应付但未付的费用。"制造费用"科目的年末余额,就是全年制造费用的实际发生额与计划分配额的差额,一般应在年末调整计入 12 月的产品成本。实际发生额大于计划分配额,借记"基本生产成本"科目,贷记"制造费用"科目;实际发生额小于计划分配额,则用红字冲减,或者借记"制造费用"科目,贷记"基本生产成本"科目。

这种分配方法核算工作简便,特别适用于季节性生产的车间,因为它不受淡季和旺季产量相差悬殊的影响,从而不会使各月单位产品成本中制造费用忽高忽低,便于进行成本分析,但是,采用这种分配方法要求计划工作水平较高,否则会影响产品成本计算的正确性。

(五) 累计分配率法

累计分配率法是在产品完工时一次性分配其应负担的全部制造费用,至于未完工产品暂不分配,其应负担的费用保留在"制造费用"账户中,累计工时保留在"产品成本计算单"中,待其完工后一次性分配。累计分配率法中的分配标准,可采用上述分配方式中分配标准的任何一种。其计算公式如下:

$$制造费用累计分配率 = \frac{制造费用期初余额 + 本月发生的制造费用}{各种产品累计分配标准之和}$$

完工产品应分配的制造费用 = 完工产品的累计分配标准 × 制造费用累计分配率

【例题 4-4】 某企业本月共生产甲、乙、丙、丁四批产品,甲批产品上月投产,生产工时为 400 小时,本月发生工时 1 500 小时。另外三批产品均为本月投产,工时分别为 2 500 小时、1 700 小时和 3 250 小时。月初制造费用余额为 1 360 元,本月发生 5 652.50 元。甲批产品本月完工,其余三批产品均未完工。采用累计分配率法计算分配制造费用时，其计算结果如下：

制造费用累计分配率＝$\frac{1\,360+5\,652.50}{400+1\,500+2\,500+1\,700+3\,250}$＝0.75(元/小时)

甲批产品应分配的制造费用＝(400＋1 500)×0.75＝1 425(元)

乙、丙、丁三批产品由于未完工，所以暂不分配，可将这三批产品应负担的费用 5 587.50元(1 360＋5 652.50－1 425)保留在"制造费用"明细账中。而这三批产品的分配标准即工时资料，则保留在各自的"产品成本计算单"中。待该批产品完工时，再根据其累计工时和完工月份的制造费用累计分配率，分配应负担的制造费用。采用累计分配率法分配制造费用，其优点是在生产周期较长的企业，假若完工产品批次少，未完工产品批次多，则可简化会计核算的工作量。若完工的批次多，而未完工的批次少，由于简化的工作量较少，所以，可不采用这种方法进行分配。同时，采用这种方式分配制造费用时，各月份制造费用水平应相差不大，否则，会影响计算结果的准确性。因此，这种方法一般是在每月完工产品的批次少，未完工产品的批次多，各月费用水平相差不多的情况下采用。

无论采用哪种制造费用分配方法，都应根据分配计算的结果，编制制造费用分配表，据以进行制造费用的总分类核算和明细核算。制造费用分配后，除采用按年度计划分配率分配法的企业外，"制造费用"科目都没有月末余额。

> **想一想**
>
> "制造费用"账户，借方登记本月发生额，贷方登记分配计入产品成本的数额，该账户月末余额为零。这种说法正确吗？

第二节 辅助生产成本的归集和分配

辅助生产是指为基本生产车间、企业行政管理部门等单位服务而进行的产品生产和劳务供应。其中有的只生产一种产品或提供一种劳务，如供电、供水、供气、供风、运输等辅助生产；有的则生产多种产品或提供多种劳务，如从事工具、模具、修理用备件的制造，以及机器设备的修理等辅助生产。辅助生产提供的产品和劳务，有时也对外销售，但主要是为本企业服务。辅助生产产品和劳务成本的高低，会影响到企业产品成本和期间费用的水平，因此，正确、及时地组织辅助生产成本的核算，加强对辅助生产成本的监督，对于正确计算产品成本和各项期间费用，以及节约支出、降低成本有重要的意义。

一、辅助生产成本的归集

辅助生产成本的归集和分配是通过"辅助生产成本"科目进行的。"辅助生产成本"科目一般应按车间及产品或劳务的种类设置明细账，账内按成本项目设置专栏，进行明细核算。对于直接用于辅助生产产品或提供劳务的费用，应记入"辅助生产成本"科目的借方；辅助生产车间发生的制造费用，则先记入"制造费用——辅助生产车间"科目的借方，然后从"制造费用——辅助生产车间"科目的贷方直接转入或分配转入"辅助生产成本"科目及其明细账的借方。辅助生产完工产品或劳务的成本,经过分配以后从"辅助生产成本"科目的贷方转出,期末如有借方余额则为辅助生产的在产品成本。

> **特别提醒**
>
> 在制造型企业中,辅助生产车间之间往往相互提供劳务。例如某企业设有供水车间、供电车间、机修车间等,供水车间为供电车间供应其用水,供电车间为供水车间、机修车间供应其用电,机修车间为供水和供电车间进行机器设备的维修作业服务。这样,各辅助生产车间归集的费用还应包括从其他辅助生产车间转入的费用,进而增加了辅助生产成本分配的复杂程度。

【例题 4-5】 威申公司 202×年6月辅助生产成本和辅助车间制造费用明细账格式详见表 4-3~表 4-6。

表 4-3　　　　　　　　　　　辅助生产成本明细账
辅助车间:供水　　　　　　　　202×年6月　　　　　　　　　　　　　单位:元

摘要	直接材料	直接燃料和动力	直接人工	制造费用	合计	转出
原材料费用分配表	40 000				40 000	
外购动力费用分配表		5 000			5 000	
工资分配表			48 000		48 000	
其他职工薪酬分配表			19 200		19 200	
待分配费用小计	40 000	5 000	67 200		112 200	
制造费用分配表				28 900	28 900	
辅助生产成本分配表						141 100
合计	40 000	5 000	67 200	28 900	141 100	141 100

表 4-4　　　　　　　　　　　辅助生产成本明细账
辅助车间:运输　　　　　　　　202×年6月　　　　　　　　　　　　　单位:元

摘要	直接材料	直接燃料和动力	直接人工	制造费用	合计	转出
原材料费用分配表	20 000				20 000	
外购动力费用分配表		4 000			4 000	
工资分配表			32 000		32 000	
其他职工薪酬分配表			12 800		12 800	
待分配费用小计	20 000	4 000	44 800		68 800	
制造费用分配表				46 200	46 200	
辅助生产成本分配表						115 000
合计	20 000	4 000	44 800	46 200	115 000	115 000

表 4-5　　　　　　　　　　　　　制造费用明细账
辅助车间:供水　　　　　　　　　202×年6月　　　　　　　　　　　　　单位:元

摘　要	机物料消耗	燃料和动力	职工薪酬	折旧费	劳保费	运费	合计	转出
原材料费用分配表	1 500						1 500	
外购动力费用分配表		2 000					2 000	
工资分配表			10 000				10 000	
其他职工薪酬分配表			4 000				4 000	
折旧费用分配表				4 500			4 500	
劳保费(付款凭证×号)					5 000		5 000	
待分配费用小计	1 500	2 000	14 000	4 500	5 000		27 000	
辅助生产成本分配表						1 900	1 900	
制造费用分配表								28 900
合　计	1 500	2 000	14 000	4 500	5 000	1 900	28 900	28 900

表 4-6　　　　　　　　　　　　　制造费用明细账
辅助车间:运输　　　　　　　　　202×年6月　　　　　　　　　　　　　单位:元

摘　要	机物料消耗	燃料和动力	职工薪酬	折旧费	劳保费	水费	合计	转出
原材料费用分配表	1 000						1 000	
外购动力费用分配表		1 500					1 500	
工资分配表			10 000				10 000	
其他职工薪酬分配表			4 000				4 000	
折旧费用分配表				3 700			3 700	
劳保费(付款凭证×号)					6 000		6 000	
待分配费用小计	1 000	1 500	14 000	3 700	6 000		26 200	
辅助生产成本分配表						20 000	20 000	
制造费用分配表								46 200
合　计	1 000	1 500	14 000	3 700	6 000	20 000	46 200	46 200

有的企业辅助生产车间规模较小,发生的辅助生产成本较少,辅助生产也不对外销售产品或提供劳务,不需要按照规定的成本项目计算辅助生产的成本,为了简化核算工作,辅助生产车间的制造费用可以不单独设置"制造费用"明细账,即不通过"制造费用"科目进行核算,而直接记入"辅助生产成本"科目及其明细账的借方。这时,"辅助生产成本"明细账就是按照成本项目与费用项目相结合设置专栏,而不是按成本项目设置专栏。

【例题 4-6】　长江企业有供电、供水两个辅助生产车间,因其规模较小,不设"制造费用"明细账,其辅助生产成本明细账详见表 4-7 和表 4-8。

表 4-7　　　　　　　　　　辅助生产成本明细账
辅助车间：供电　　　　　　　202×年×月　　　　　　　　　　　　　单位：元

摘要	原材料	低值易耗品摊销	职工薪酬	折旧费	办公费	其他	合计	转出
原材料费用分配表	6 000						6 000	
低值易耗品摊销		3 000					3 000	
职工薪酬分配表			22 000				22 000	
折旧费用分配表				1 500			1 500	
办公费用支出（付款凭证×号）					3 100	1 360	4 460	
辅助生产成本分配表								36 960
合计	6 000	3 000	22 000	1 500	3 100	1 360	36 960	36 960

表 4-8　　　　　　　　　　辅助生产成本明细账
辅助车间：供水　　　　　　　202×年×月　　　　　　　　　　　　　单位：元

摘要	原材料	低值易耗品摊销	职工薪酬	折旧费	办公费	其他	合计	转出
原材料费用分配表	3 000						3 000	
低值易耗品摊销		2 000					2 000	
职工薪酬分配表			18 000				18 000	
折旧费用分配表				1 200			1 200	
办公费用支出（付款凭证×号）					2 400	400	2 800	
辅助生产成本分配表								27 000
合计	3 000	2 000	18 000	1 200	2 400	400	27 000	27 000

在上述辅助生产成本的第一种归集程序中，"辅助生产成本"科目与"基本生产成本"科目一样，一般按车间以及产品和劳务设置明细账，账内按成本项目设立专栏或专行进行明细核算，辅助生产的制造费用，通过单独设置的"制造费用"明细账核算，然后转入"辅助生产成本"科目的借方，计入辅助生产产品或劳务的成本。在上述第二种归集程序中，也就是辅助生产的制造费用不通过"制造费用"科目及其明细账单独核算，而是直接记入"辅助生产成本"科目。辅助生产成本归集的两种程序的主要区别在于辅助生产制造费用归集的程序不同。

二、辅助生产成本的分配

在辅助生产成本的分配中，由于辅助生产车间所生产的产品和提供的劳务的种类不同，费用转出、分配的程序也有所不同。所提供的产品，如工具、模具和修理用备件等产品成本，应在产品完工时，从"辅助生产成本"科目的贷方分别转入"低值易耗品"和"原材料"科目借方；而提供的劳务作业，如供水、供电、供气、修理和运输等所发生的费用，则要在各受益单位之间按照所耗数量或其他比例进行分配后，从"辅助生产成本"科目的贷方转入"基本生产成本""制造费用""管理费用""销售费用"等科目的借方。辅助生产成本的分配是通过编制辅助生产成本分配表进行的。

由于辅助生产提供的产品和劳务，主要是为基本生产车间等服务的，但在某些辅助生产车间之间，也有相互提供产品或劳务的情况。这样就存在一个如何处理辅助生产车间之间费用负担的问题。如供电车间为修理车间提供电力,修理车间为供电车间修理设备,这样,为了计算电力成本,就要确定修理成本,而要计算修理成本又要确定电力成本。因此,采用什么样的方法来处理辅助生产车间之间的费用分配问题是辅助生产成本分配的特点。

> **想一想**
>
> "只提供一种劳务或只进行同一性质作业的辅助生产车间,月末没有在产品结存,'辅助生产成本'账户月末也不会有余额。"这种说法对吗?为什么?

辅助生产成本的分配,通常采用直接分配法、顺序分配法、交互分配法、代数分配法和计划成本分配法。

(一)直接分配法

直接分配法,是各辅助生产车间发生的费用直接分配给除辅助生产车间以外的各受益产品、单位,而不考虑各辅助生产车间之间相互提供产品或劳务情况的一种辅助费用分配方法。

【例题 4-7】 长江企业有供水和供电两个辅助生产车间,主要为本企业基本生产车间和行政管理部门等服务,根据"辅助生产成本"明细账汇总的资料,供电车间本月发生费用为 36 960 元,供水车间本月发生费用为 27 000 元(明细见表 4-7 和表 4-8)。各辅助生产车间供应产品或劳务数量详见表 4-9。

表 4-9

受益单位		耗水(立方米)	耗电(度)
基本生产——A 产品			48 000
基本生产车间		24 000	8 000
辅助生产车间	供电	3 000	
	供水		12 000
专设销售机构		2 000	4 000
行政管理部门		1 000	1 600
合计		30 000	73 600

采用直接分配法的辅助生产成本分配表详见表 4-10。

表 4-10　　　　　　　　　　辅助生产成本分配表
　　　　　　　　　　　　　　　(直接分配法)　　　　　　　　　　　金额单位:元

项　目		供水车间	供电车间	合　计
待分配辅助生产成本		27 000	36 960	63 960
供应辅助生产以外的劳务数量		27 000 立方米	61 600 度	
单位成本(分配率)		1.00	0.60	
基本生产——A 产品	耗用数量		48 000	
	分配金额		28 800	28 800

(续表)

项目		供水车间	供电车间	合计
基本生产车间	耗用数量	24 000	8 000	
	分配金额	24 000	4 800	28 800
专设销售机构	耗用数量	2 000	4 000	
	分配金额	2 000	2 400	4 400
行政管理部门	耗用数量	1 000	1 600	
	分配金额	1 000	960	1 960
合 计		27 000	36 960	63 960

表4-10中有关数据的计算过程如下：

$$单位成本(分配率)=\frac{待分配辅助生产成本}{辅助生产劳务(产品)总量-其他辅助生产劳务(产品)耗用量}$$

$$水单位成本(分配率)=\frac{27\ 000}{30\ 000-3\ 000}=1.00(元/立方米)$$

$$电单位成本(分配率)=\frac{36\ 960}{73\ 600-12\ 000}=0.6(元/度)$$

根据辅助生产成本分配表编制会计分录：
借：基本生产成本——A产品　　　　　　　　　28 800
　　制造费用——基本生产车间　　　　　　　　28 800
　　销售费用　　　　　　　　　　　　　　　　 4 400
　　管理费用　　　　　　　　　　　　　　　　 1 960
　贷：辅助生产成本——供水　　　　　　　　　27 000
　　　　　　　　　　——供电　　　　　　　　　36 960

采用直接分配法，由于各辅助生产成本只是进行对外分配，只分配一次，计算工作简便。当辅助生产车间相互提供产品或劳务量差异较大时，分配结果往往与实际不符，因此，这种方法只适用于在辅助生产车间内部相互提供产品或劳务不多、不进行费用的交互分配对辅助生产成本和产品生产成本影响不大的情况下采用。

(二) 顺序分配法

顺序分配法，是按照受益多少的顺序将辅助生产车间依次排列，受益少的排在前面，先将费用分配出去，受益多的排在后面，后将费用分配出去的一种辅助费用分配方法。

例如，在上述企业的供电和供水两个辅助生产车间中，供电车间耗用水的费用较少，而供水车间耗用电的费用较多，就可以按照供电、供水的顺序排列，先分配电费，然后分配水费。

【例题4-8】 根据【例题4-7】的资料，按顺序分配法编制辅助生产成本分配表，详见表4-11。

表 4-11　　　　　　　　辅助生产成本分配表(顺序分配法)

项目	辅助生产车间						基本生产				专设销售机构		行政管理部门	
车间部门	供电车间			供水车间			A 产品		基本生产车间					
	劳务费	待分配费用	分配率	劳务量	待分配费用	分配率	耗量	分配金额	耗量	分配金额	耗量	分配金额	耗量	分配金额
	73 600	36 960		30 000	27 000									
分配电费	−73 600	−36 960	0.502 17	12 000	6026.04		48 000	24104.16	8 000	4017.36	4 000	2008.68	1 600	803.76
分配水费				−27 000	−33 026.04	1.223 19			24 000	29 356.56	2 000	2 446.38	1 000	1 223.10
分配金额合计								24 104.16		33 373.92		4 455.06		2 026.86

注:数字四舍五入,小数尾差计入管理费用

$$电费分配率=\frac{36\ 960}{48\ 000+8\ 000+12\ 000+4\ 000+1\ 600}=0.502\ 17$$

$$水费分配率=\frac{27\ 000+6\ 026.04}{24\ 000+2\ 000+1\ 000}=1.223\ 19$$

根据辅助生产成本分配表编制会计分录:

(1)分配电费。

借:辅助生产成本——供水　　　　　　　　　　　　　6 026.04
　　基本生产成本——A 产品　　　　　　　　　　　　24 104.16
　　制造费用——基本生产车间　　　　　　　　　　　 4 017.36
　　销售费用　　　　　　　　　　　　　　　　　　　 2 008.68
　　管理费用　　　　　　　　　　　　　　　　　　　 　803.76
　　贷:辅助生产成本——供电　　　　　　　　　　　　　　　　36 960

(2)分配水费。

借:制造费用——基本生产车间　　　　　　　　　　　29 356.56
　　销售费用　　　　　　　　　　　　　　　　　　　 2 446.38
　　管理费用　　　　　　　　　　　　　　　　　　　 1 223.10
　　贷:辅助生产成本——供水　　　　　　　　　　　　　　　　33 026.04

(三)交互分配法

交互分配法,是对各辅助生产车间的成本费用进行两次分配。首先,根据各辅助生产车间、部门相互提供的产品或劳务的数量和交互分配前的单位成本(费用分配率),在各辅助生产车间之间进行一次交互分配;然后,将各辅助生产车间、部门交互分配后的实际费用(交互分配前的费用加上交互分配转入的费用,减去交互分配转出的费用),再按提供产品或劳务的数量和交互分配后的单位成本(费用分配率),在辅助生产车间、部门以外的各受益单位之间进行分配。

> **特别提醒**
>
> 进行交互分配时,接受劳务将转入费用,提供劳务则转出费用。

【例题 4-9】

威申公司设有供水和运输两个辅助生产车间,6月有关资料见表4-12。

表 4-12　　　　　　　　　　　　　　　　　　　　　　　　　　　　　金额单位:元

辅助生产车间		供水车间	运输车间
待分配辅助生产成本	"辅助生产成本"科目	112 200	68 800
	"制造费用"科目	27 000	26 200
	小计	139 200	95 000
劳务供应数量		139 200 立方米	100 000 千米
耗用劳务数量	供水车间		2 000 千米
	运输车间	20 000 立方米	
	基本生产车间	100 000 立方米	40 000 千米
	专设销售机构	10 000 立方米	10 000 千米
	行政管理部门	9 200 立方米	48 000 千米

根据表4-12所列资料,采用交互分配法分配辅助生产成本,其分配结果见表4-13。

表 4-13　　　　　　　　辅助生产成本分配表
　　　　　　　　　　　　　（交互分配法）　　　　　　　　　　金额单位:元

项 目			交互分配			对外分配		
辅助生产车间名称			供水	运输	合计	供水	运输	合计
待分配辅助生产成本	"辅助生产成本"科目		112 200	68 800	181 000			
	"制造费用"科目		27 000	26 200	53 200			
	小计		139 200	95 000	234 200	121 100	113 100	
劳务供应数量			139 200 立方米	100 000 千米		119 200 立方米	98 000 千米	
费用分配率（单位成本）			1	0.95		1.015 94	1.154 08	
辅助生产车间耗用	供水车间	耗用数量		2 000 千米				
		分配金额		1 900				
	运输车间	耗用数量	20 000 立方米					
		分配金额	20 000					
基本生产车间耗用		耗用数量				100 000 立方米	40 000 千米	
		分配金额				101 594	46 163.2	147 757.2
专设销售机构耗用		耗用数量				10 000 立方米	10 000 千米	
		分配金额				10 159.4	11 540.8	21 700.2
行政管理部门耗用		耗用数量				9 200 立方米	48 000 千米	
		分配金额				9 346.6	55 396	64 742.6
分配金额合计						121 100	113 100	234 200

表 4-13 中的有关数据计算过程如下：
(1)交互分配。

水的分配率 $=\dfrac{139\ 200}{139\ 200}=1$(元/立方米)

运输劳务的分配率 $=\dfrac{95\ 000}{100\ 000}=0.95$(元/千米)

供水车间应分配的运费＝0.95×2 000＝1 900(元)

运输车间应分配的水费＝1×20 000＝20 000(元)

(2)交互分配后的实际费用。

供水车间实际费用＝139 200＋1 900－20 000＝121 100(元)

运输车间实际费用＝95 000＋20 000－1 900＝113 100(元)

(3)对外分配。

水的分配率 $=\dfrac{121\ 100}{119\ 200}=1.015\ 94$(元/立方米)

运输劳务的分配率 $=\dfrac{113\ 100}{98\ 000}=1.154\ 08$(元/千米)

基本生产车间应分配的水费：1.015 94×100 000＝101 594(元)

基本生产车间应分配的运费：1.154 08×40 000＝46 163.2(元)

合计 147 757.2(元)

专设销售机构应分配的水费：1.015 94×10 000＝10 159.4(元)

专设销售机构应分配的运费：1.154 08×10 000＝11 540.8(元)

合计 21 700.2(元)

行政管理部门应分配的水费：1.015 94×9 200＝9 346.6(元)

行政管理部门应分配的运费：1.154 08×48 000＝55 396(元)

合计 64 742.6(元)

辅助生产成本分配表(交互分配法)的会计分录为：
(1)交互分配。

借：制造费用——供水车间	1 900
贷：辅助生产成本——运输	1 900
借：制造费用——运输车间	20 000
贷：辅助生产成本——供水	20 000

(2)结转辅助生产车间的制造费用。

借：辅助生产成本——供水	28 900
贷：制造费用——供水车间	28 900
借：辅助生产成本——运输	46 200
贷：制造费用——运输车间	46 200

(3)对外分配。

借：制造费用——基本生产车间	147 757.2

销售费用				21 700.2							
管理费用				64 742.6							
贷:辅助生产成本——供水				121 100							
——运输				113 100							

> **特别提醒**
>
> 采用交互分配法,在各月辅助生产成本水平相差不大的情况下,为简化计算工作,也可以用上月的辅助生产单位成本作为本月交互分配的单位成本。

(四)代数分配法

代数分配法,是通过建立多元一次联立方程并求解的方法,取得各种辅助生产产品或劳务的单位成本,进而进行辅助生产成本分配的一种辅助生产成本分配方法。采用这种分配方法,首先,应根据各辅助生产车间相互提供产品和劳务的数量,建立联立方程,并计算辅助生产产品或劳务的单位成本;然后,根据各受益单位(包括辅助生产内部和外部各单位)耗用产品或劳务的数量和单位成本,计算分配辅助生产成本。

【例题 4-10】 根据【例题 4-9】交互分配法下供水和运输车间的有关资料,设供水车间的供水单位成本为 x 元,运输车间的运输单位成本为 y 元。则根据以上资料可以建立以下联立方程:

$(112\ 200+27\ 000)+2\ 000y=139\ 200x$

$(68\ 800+26\ 200)+20\ 000x=100\ 000y$

解此联立方程得:

$x=1.016\ 57$

$y=1.153\ 31$

根据 x,y 的值以及各受益单位所耗水和运输劳务的数量,即可求得各受益单位应负担的费用金额(计算过程从略)。据以编制辅助生产成本分配表见表 4-14。

表 4-14　　　　　　　　　　辅助生产成本分配表
(代数分配法)　　　　　　　　金额单位:元

项目		计量单位	单位成本(分配率)	费用合计	辅助生产				基本生产车间		专设销售机构		行政管理部门	
					供水车间		运输车间							
					数量	金额	数量	金额	数量	金额	数量	金额	数量	金额
待分配辅助生产成本					139 200	139 200	100 000	95 000						
费用分配	供水车间	立方米	1.016 57	141 507			20 000	20 331	100 000	101 657	10 000	101 66	9 200	9 353*
	运输车间	千米	1.153 31	115 331	2 000	2 307			40 000	46 132	10 000	11 533	48 000	55 359*
合计				256 838		141 507		115 331		147 789		21 699		64 712

*尾差计入管理费用。

根据表4-14编制会计分录如下：

(1)向各受益单位分配辅助生产成本。

借：制造费用——供水车间　　　　　　　　　　　　2 307
　　　　　　——运输车间　　　　　　　　　　　　20 331
　　　　　　——基本生产车间　　　　　　　　　　147 789
　　销售费用　　　　　　　　　　　　　　　　　　21 699
　　管理费用　　　　　　　　　　　　　　　　　　64 712
　贷：辅助生产成本——供水　　　　　　　　　　　141 507
　　　　　　　　　　——运输　　　　　　　　　　　115 331

(2)结转辅助生产车间的制造费用。

借：辅助生产成本——供水　　　　　　　　　　　　29 307
　　　　　　　　　——运输　　　　　　　　　　　　46 531
　贷：制造费用——供水车间　　　　　　　　　　　　29 307
　　　　　　　——运输车间　　　　　　　　　　　　46 531

采用代数分配法分配辅助生产成本，分配结果最正确。但在辅助生产车间较多的情况下，未知数较多，计算工作比较复杂，因而这种分配方法适宜在计算工作已经实现电算化的企业采用。

> **特别提醒**
>
> 在代数分配法的联立方程式中，左方为各辅助生产明细账的借方发生额，右方为贷方发生额。

(五)计划成本分配法

计划成本分配法是按照计划单位成本计算、分配辅助生产成本的一种方法。在这种方法下，辅助生产为各受益单位(包括其他辅助生产车间)提供的产品或劳务，一律按产品或劳务的实际耗用量和计划单位成本进行分配；辅助生产车间实际发生的费用，包括辅助生产交互分配转入的费用在内，与按计划单位成本分配转出的费用之间的差额，也就是辅助生产产品或劳务的成本差异，可以追加分配给辅助生产以外的各受益单位，为了简化计算工作，也可以全部记入"管理费用"科目。

【例题4-11】 仍以【例题4-9】的资料为例，采用按计划成本分配法编制辅助生产成本分配表，详见表4-15。

表 4-15　　　　　　　辅助生产成本分配表(计划成本分配法)　　　　金额单位:元

辅助生产车间名称			供水车间	运输车间	合计
待分配辅助生产成本	"辅助生产成本"科目		112 200	68 800	181 000
	"制造费用"科目		27 000	26 200	53 200
	小计		139 200	95 000	234 200
供应劳务数量(单位:水—立方米,运输—千米)			139 200	100 000	—
计划单位成本			1.05	1.1	—
制造费用	供水车间	耗用数量		2 000	
		分配金额		2 200	2 200
	运输车间	耗用数量	20 000		
		分配金额	21 000		21 000
	基本生产车间	耗用数量	100 000	40 000	
		分配金额	105 000	44 000	149 000
销售费用	专设销售机构耗用	耗用数量	10 000	10 000	
		分配金额	10 500	11 000	21 500
管理费用	行政管理部门耗用	耗用数量	9 200	48 000	
		分配金额	9 660	52 800	62 460
按计划成本分配合计			146 160	110 000	256 160
辅助生产实际成本			141 400	116 000	257 400
辅助生产成本差异			−4 760	+6 000	1 240

辅助生产实际成本:

供水车间实际成本＝139 200＋2 200＝141 400(元)

运输车间实际成本＝95 000＋21 000＝116 000(元)

根据辅助生产成本分配表编制会计分录如下:

(1)按计划成本分配。

借:制造费用——供水车间　　　　　　　　　　　　2 200
　　　　　——运输车间　　　　　　　　　　　　21 000
　　制造费用——基本生产车间　　　　　　　　　149 000
　　销售费用　　　　　　　　　　　　　　　　　21 500
　　管理费用　　　　　　　　　　　　　　　　　62 460

贷:辅助生产成本——供水　　　　　　　　　　　　　　　146 160
　　　　　　　　　　——运输　　　　　　　　　　　　　　　110 000
(2)结转辅助生产车间的制造费用。
　　借:辅助生产成本——供水　　　　　　　　　　　　　　　29 200
　　　　　　　　　　——运输　　　　　　　　　　　　　　　47 200
　　贷:制造费用——供水车间　　　　　　　　　　　　　　　29 200
　　　　　　　——运输车间　　　　　　　　　　　　　　　47 200
(3)结转辅助生产成本差异。为了简化核算,辅助生产成本差异记入"管理费用"科目。
　　借:管理费用　　　　　　　　　　　　　　　　　　　　　1 240
　　　　辅助生产成本——供水　　　　　　　　　　　　　　　4 760
　　贷:辅助生产成本——运输　　　　　　　　　　　　　　　6 000

现将"辅助生产成本""制造费用"科目的明细科目(简化格式)记录进行列示,如图4-2所示。

辅助生产成本明细账
——供水车间

待分配费用	112 200	分配转出	146 160
转入制造费用	29 200	成本差异	4 760
合计	141 400	合计	141 400

辅助生产成本明细账
——运输车间

待分配费用	68 800	分配转出	110 000
转入制造费用	47 200	成本差异	6 000
合计	116 000	合计	116 000

制造费用明细账
——供水车间

待分配费用	27 000	分配转出	29 200
交互分配转入	2 200		
合计	29 200	合计	29 200

制造费用明细账
——运输车间

待分配费用	26 200	分配转出	47 200
交互分配转入	21 000		
合计	47 200	合计	47 200

图4-2　科目记录示意图

采用计划成本分配法,由于辅助生产车间的产品或劳务的计划单位成本有现成资料,只要有各受益单位耗用辅助生产车间的产品或劳务量，便可进行分配，从而简化和加速了分配的计算工作；按照计划单位成本分配，排除了辅助生产实际费用的高低对各受益单位成本的影响，便于考核和分析各受益单位的经济责任；还能够反映辅助生产车间产品或劳务的实际成本脱离计划成本的差异。但是采用该种分配方法，辅助生产产品或劳务的计划单位成本应比较准确。

在理解基本等式的理论基础上，需要增强学生分析现实问题的能力，根据企业的实际生产情况，客观、真实和准确地进行生产成本在完工产品和在产品之间的分配，必须培养学生分析问题的职业素养。

本章小结

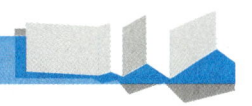

本章介绍了制造费用和辅助生产成本的归集和分配。制造费用的归集和分配，应区分不同的生产车间、部门。介绍了制造费用的五种分配方法，补充了累计分配率法，能与简化分批法的计算更有效地衔接起来。辅助生产主要是为基本生产服务而进行的产品生产或劳务供应，决定了需要将辅助生产产品或劳务成本在耗用该产品或劳务的基本生产产品和各车间、部门之间进行分配。详细介绍了直接分配法、顺序分配法、交互分配法、代数分配法和计划成本分配法，较难掌握的是交互分配法。

案例应用

1. 威申公司有两个辅助生产公司，分别为全公司提供电和水的劳务，两个辅助生产车间也相互提供劳务，而且用量还比较大。成本核算员袁恬根据辅助生产的特点以及为了简化核算工作量，决定将各辅助生产车间的费用总额一次性地全部分给辅助生产部门以外的各受益对象。

问题：

(1) 对袁恬的做法进行评价。

(2) 提出你认为最为理想的分配方法，并说明理由。

2. 华宇总公司总会计师和他的助手对公司所属企业如何分配辅助生产成本持不同意见。

总会计师认为，辅助生产过程中发生的各种费用应该按照预先制定的计划成本进行分配，包括交互分配和对外分配，实际费用和计划成本之间的差额由管理费用负担，他的理由是：采用计划成本分配法，只要各个辅助生产车间掌握了自身耗用其他辅助生产车间提供的劳务量，就能够直接计算分配中转出和转入的金额，核算比较简便及时；同时通过计划成本和实际成本的比较分析，可以了解各个辅助生产车间费用超支和节约的原因，通过这种方法有利于考核辅助生产车间的经济效益，也有利于分清各个受益部门的经济责任。

总会计师的助手认为,基本生产车间使用了辅助生产为其提供的劳务,自然应该按受益程度负担劳务的实际成本。如果按计划成本结转,可能导致一部分应该计入产品成本的辅助生产成本计入管理费用,最后计入当期损益。这样做,不符合配比原则,而且计算的产成品和在产品成本不实,也有悖于客观性原则。

(1)请对总会计师和助手的观点进行评价。

(2)请发表你对辅助生产成本分配的方法的理解。

第五章 生产成本在完工产品与在产品之间的归集和分配

学习目标

1. 了解在产品的含义。
2. 掌握在产品数量的确定方法。
3. 掌握在产品清查的核算方法。
4. 掌握在产品数量与完工产品成本计算的关系。
5. 掌握生产成本在完工产品和在产品之间分配的方法。

导入案例

丰达汽车有限责任公司生产的汽车经过加工、装配和油漆三个工序完成，某月末各工序在产品数量为：第一道工序50辆，第二道工序100辆，第三道工序150辆。该月加工完成的产品有800辆，其中有200辆尽管已经完工，但尚未办理入库手续。三道工序核定的工时分别为120小时、80小时和40小时。在月末将原材料费用、工资费用和制造费用在完工产品与在产品之间分配时，会计黄凌将原材料费用按照产成品数量800辆和在产品数量300辆进行平均分配，即单位产成品和在产品负担材料费用一样多；工资费用和制造费用则对单位在产品按照单位产成品的一半分配，即每辆在产品分给的工资和制造费用等于每辆产成品应分得的工资和制造费用的50%。企业财务主管在审核时，告诉黄凌：产成品的数量应为600辆，在产品的数量应为425辆；另对工资费用和制造费用的分配不能简单地按完工产品的一半分配，要根据各工序的在产品完工程度确认在产品相当于产成品的数量比例来分配。这是怎么回事呢？

大多数企业都存在在产品和完工产品，那么每当会计期间的期末进行成本核算时，各项成本该如何分配给在产品和完工产品呢？本章就学习在产品的核算，以及生产成本在在产品和完工产品之间进行分配的几种方法。

成本会计

　　本章在课程思政方面,不仅需要掌握生产成本在完工产品与在产品之间的归集和分配的程序和方法,具备对生产成本进行归集和分配的能力,还需要同时具备高度的职业责任感和团队协作意识。成本的归集和分配是一个复杂的过程,尤其在具有一定规模的大中型企业,这项工作就更需要团队合作、奋发进取的精神和诚实守信的职业道德。

第一节　在产品数量的核算

一、在产品的含义

　　在产品是指企业已经投入生产,但尚未最后完工,不能作为商品销售的产品。在产品有广义和狭义之分。广义在产品是针对整个企业而言的,它是指产品生产从投料开始,到最终制成产成品交付验收入库前的一切产品,包括期末正在各个生产单位加工中的在制品和已经完成一个或几个生产步骤,尚需继续加工的自制半成品,以及等待验收入库的产成品、正在返修或等待返修的返修品等。狭义在产品是针对企业某一生产单位(如车间或分厂)或某一生产步骤而言的,它仅指本生产单位或本步骤尚未加工或尚未装配完成的在制品。该生产单位或生产步骤已经完工交出的自制半成品不包括在内。本章的在产品是指狭义在产品。

二、在产品数量的确定

　　要准确核算在产品成本,必须准确地确定在产品数量。在产品数量的确定方式通常有两种:一是通过账面核算资料确定,二是通过月末实地盘点确定。采用前种确定方式时,要求企业设置"在产品收发存账簿",这种账簿又称"在产品台账",通过在产品台账的登记,反映在产品的数量。

　　在产品台账应当分生产单位(分厂、车间),按产品的品种和零部件的名称来设置,以反映各生产单位各种在产品收入、发出和结存情况。在产品台账还可以结合企业生产工艺特点和内部管理的需要,进一步按照加工工序(生产步骤)来组织在产品数量核算。在产品台账的一般格式见表5-1。

表 5-1　　　　　　　　　　　在产品台账
零部件名称:　　　　　　　　车间名称:　　　　　　　　计量单位:

日期	摘要	收入		转出			结存			备注
		凭证号数	数量	凭证号数	合格品	废品	已完工	未完工	废品	
	合计									

　　在产品台账根据有关领料凭证、在产品内部转移凭证、产品检验凭证和产品入库单等原始凭证逐笔登记。

　　在实际工作中,在产品数量的两种确定方式往往同时运用,即在做好在产品收发日常核算工作的同时，也要做好在产品的定期盘点工作，以便随时掌握在产品的动态，确定在产品的数量，以保证在产品数量的准确性。

三、在产品清查的核算

为了核实在产品的实际结存数量，保证在产品的安全完整，做到账实相符，必须定期地进行在产品的清查盘点。

在产品清查一般于月末结账前进行，并采用实地盘点法。盘点的结果，应填制"在产品盘点表"，并与在产品台账核对。如有不符，还应填制"在产品盘盈盘亏报告表"，并说明发生盈亏的原因及处理意见等。对于毁损的在产品还要登记残值。企业会计人员应在认真审核并报经有关部门和领导审批后，对清查的结果进行相应的账务处理。具体处理程序和方法如下：

（一）盘盈的会计处理

1. 发生盘盈时

借：基本生产成本——某产品
　　贷：待处理财产损溢——待处理流动资产损溢

2. 批准后予以转销时

借：待处理财产损溢——待处理流动资产损溢
　　贷：管理费用

（二）盘亏及毁损的会计处理

1. 发生盘亏及毁损时

借：待处理财产损溢——待处理流动资产损溢
　　贷：基本生产成本——某产品

2. 批准后转销时应区别不同情况来处理

借：原材料（毁损在产品收回的残值）
　　其他应收款（应由过失人或保险公司赔偿的损失）
　　营业外支出（非常损失的净损失）
　　管理费用（无法收回的损失）
　　贷：待处理财产损溢——待处理流动资产损溢

四、在产品数量与完工产品成本计算的关系

在产品数量是核算在产品成本的基础，在产品成本与完工产品成本之和就是产品的生产成本总额。由于本期期末在产品成本就是下期期初在产品成本，因此，在产品成本与完工产品成本的计算关系可用下列公式表示：

月初在产品成本＋本月生产成本＝本月完工产品成本＋月末在产品成本

要将生产产品所发生的生产成本累计数在完工产品与在产品之间进行分配。分配的方法可以有两类：一类是将公式前两项费用之和在完工产品与月末在产品之间按一定的比例进行分配，同时计算完工产品成本和月末在产品成本；另一类是先确定公式中的月末

在产品成本,再用前两项费用之和减去月末在产品成本,计算完工产品成本。

第二节 完工产品和在产品之间分配成本的方法

通过前面章节对各要素费用的归集和分配,应计入本月各种产品的费用都已记入了"基本生产成本"账户的借方,并按成本项目分别登记在各自的产品成本计算单(生产成本明细账)中。如果当月产品全部完工,则生产成本明细账中的生产成本总和即该产品的完工成本;如果当月全部没有完工,则产品生产成本明细账所归集的生产成本就是该产品的在产品成本。然而,本月投入生产的产品月末不一定全部完工或全部未完工,为了正确计算当期完工产品成本,就必须将生产成本的总和在完工产品和月末在产品之间进行合理分配。

如何简便、合理地将生产成本在完工产品与在产品之间进行分配,是成本计算工作又一个重要而复杂的问题。企业应当根据产品的生产特点并考虑成本管理的要求,如在产品数量的多少、各月末在产品数量变化的大小、各项费用在成本中所占的比重以及预算管理基础的好坏等具体条件选择适当的分配方法。分配方法一经确定,不得随意变更。预算即企业预先算定的目标,我们将在第十章中详细讨论。

生产成本在完工产品与在产品之间进行分配,常用的分配方法有以下几种:在产品忽略不计法、在产品按固定成本计价法、在产品按所耗原材料费用计算法、约当产量法、在产品按完工产品计算法。以下逐一详述。

一、在产品忽略不计法

在产品忽略不计法是指企业在月末虽有在产品,但不计算在产品成本,基本生产成本明细账中归集的全部生产成本全部由本月完工产品负担,月末在产品不分担生产成本。它适用于各月在产品数量很少且稳定的产品。因为,各月在产品数量很少,那么月初和月末在产品的成本就很小,月初在产品成本与月末在产品成本的差额更小,因而算不算各月在产品成本对于完工产品成本的影响也就很小。所以,在计算完工产品成本时,可以将期末在产品忽略不计。如采煤企业,由于工作面小,在产品数量很少,月末在产品就可以不计算成本。

二、在产品按固定成本计价法

在产品按固定成本计价法是指年内各月在产品成本都按年初在产品成本计算,各月发生的生产成本就是该月完工产品成本,但年末在产品成本必须根据实地盘点数重新计算,以免影响成本计算的正确性。这种方法适用于月末在产品数量虽大,但各月之间在产品数量变化不大的产品。如由固定容器装置的在产品。

三、在产品按所耗原材料费用计算法

在产品按所耗原材料费用计算法是指月末在产品成本只按所耗的原材料费用计算确认,人工成本和制造费用则全部由完工产品成本承担。它适用于各月末在产品数量较大,各月月末在产品数量变化也较大,同时原材料费用在产品成本中所占比重较大的产品。

四、约当产量法

约当产量法是生产成本在完工产品与在产品之间进行分配的最重要方法。约当产量法,就是按完工产品数量(即加工程度为100%的约当产量)和月末在产品约当产量的比例来分配生产成本,以确定完工产品成本和月末在产品实际成本的一种方法。在产品约当产量是指将月末在产品数量按其加工程度或投料程度,分别折算为相当于完工产品的数量。在产品约当产量加上完工产品产量就是约当总产量,简称约当产量。

约当产量法适用于月末在产品数量较多,各月在产品数量变化较大,同时产品成本中直接材料、直接人工及制造费用的比重相差不多的产品。

按约当产量法在完工产品和月末在产品之间分配生产成本的公式为:

月末在产品约当产量＝在产品数量×在产品完工程度(或投料程度)

$$某项成本的分配率 = \frac{月初在产品成本 + 本月生产成本}{完工产品数量 + 月末在产品约当产量}$$

完工产品成本＝完工产品数量×该项成本的分配率

月末在产品成本＝在产品约当产量×该项成本的分配率

或: 月末在产品成本＝全部生产成本－完工产品成本

可见,计算约当产量的关键是合理确定在产品的投料程度和完工程度,它对于正确计算在产品约当产量,从而准确地将生产成本在完工产品和在产品之间进行分配至关重要。

(一)投料程度的确定

投料程度是指在产品已投材料占完工产品应投材料的百分比。其计算分以下三种情况:

1. 原材料在生产开始时一次投入,在产品投料程度为100%,这时不论在产品完工程度如何,直接材料成本都可以直接按完工产品和月末在产品的数量进行分配。

2. 原材料在每道工序开始时一次投入,则在产品投料程度计算公式如下:

$$某工序在产品投料程度 = \frac{单位在产品上道工序累计投入原材料(数量)成本 + 单位在产品本道工序投入原材料(数量)成本}{单位完工产品原材料应投(数量)成本} \times 100\%$$

【例题5-1】 假定某企业生产的乙产品由两道工序加工而成,其原材料分两道工序在每道工序开始时一次投入。其每道工序的原材料为:第一道工序30千克,第二道工序20千克,则每道工序在产品投料程度计算如下:

第一道工序在产品的投料程度 $= \frac{30}{50} \times 100\% = 60\%$

第二道工序在产品的投料程度 $= \dfrac{30+20}{50} \times 100\% = 100\%$

3.原材料随着产品生产进度陆续投料时,在产品投料程度计算公式如下:

某工序在产品投料程度 $= \dfrac{\text{单位在产品上道工序累计投入原材料(数量)成本} + \text{单位在产品本道工序投入原材料(数量)成本} \times 50\%}{\text{单位完工产品原材料应投(数量)成本}} \times 100\%$

【例题 5-2】 仍以【例题 5-1】资料为例,如果原材料随产品生产进度陆续投料,则每道工序在产品投料程度计算如下:

第一道工序在产品的投料程度 $= \dfrac{30 \times 50\%}{50} \times 100\% = 30\%$

第二道工序在产品的投料程度 $= \dfrac{30+20 \times 50\%}{50} \times 100\% = 80\%$

(二)完工程度的确定

对于直接人工和制造费用,也称加工成本,通常是按完工程度计算约当产量。

各工序在产品的完工程度是指各工序在产品累计工时占完工产品工时的百分比。其计算公式分以下两种情况:

1.在生产进度比较均衡,各道工序在产品的加工数量相差不多的情况下,由于后面各道工序多加工的程度可以弥补前面各道工序少加工的程度,此时,全部在产品的加工程度均可以按 50% 平均计算。

2.如果各道工序的在产品数量和加工量差别较大时,后面各道工序多加工的程度不能弥补前面各工序少加工的程度,则应按工序分别计算在产品的加工程度。其计算公式如下:

某道工序在产品的完工程度 $= \dfrac{\text{前面各道工序的累计工时} + \text{本道工序的工时} \times 50\%}{\text{完工产品的工时}} \times 100\%$

【例题 5-3】 某企业生产 A 产品,其单件工时为 20 小时,经两道工序制成,各道工序的在产品数量差别较大。其中第一道工序的工时为 8 小时,第二道工序的工时为 12 小时,其加工程度计算如下:

第一道工序在产品的完工程度 $= \dfrac{8 \times 50\%}{20} = 20\%$

第二道工序在产品的完工程度 $= \dfrac{8 + 12 \times 50\%}{20} = 70\%$

> **请思考**
>
> 在计算在产品完工程度时前面各工序按 100% 计算,而本工序工时按 50% 计算,原因是什么?

【例题 5-4】 假定某企业生产的甲产品本月完工 280 件,月末在产品 40 件,在产品完工程度平均按 50% 计算,材料在生产开始时一次投入,甲产品月初在产品成本和本月生产成本合计为 29 700 元,其中:直接材料 19 200 元,直接人工 6 000 元,制造费用 4 500 元。

(1)直接材料成本的分配

直接材料成本分配率 $=\dfrac{19\ 200}{280+40}=60(元/件)$

完工产品应负担的直接材料成本 $=280\times 60=16\ 800(元)$

在产品应负担的直接材料成本 $=40\times 60=2\ 400(元)$

(2)直接人工成本的分配

直接人工成本分配率 $=\dfrac{6\ 000}{280+40\times 50\%}=20(元/件)$

完工产品应负担的直接人工成本 $=280\times 20=5\ 600(元)$

在产品应负担的直接人工成本 $=40\times 50\%\times 20=400(元)$

(3)制造费用的分配

制造费用分配率 $=\dfrac{4\ 500}{280+40\times 50\%}=15(元/件)$

完工产品应负担的制造费用 $=280\times 15=4\ 200(元)$

在产品应负担的制造费用 $=40\times 50\%\times 15=300(元)$

通过以上计算,可以汇总甲产品的完工产品成本和在产品成本。

甲产品完工产品成本 $=16\ 800+5\ 600+4\ 200=26\ 600(元)$

甲产品在产品成本 $=2\ 400+400+300=3\ 100(元)$

根据甲产品完工产品和在产品成本编制完工产品入库的会计分录:

借:库存商品——甲产品　　　　　　　　　　　　　　　　26 600
　　贷:基本生产成本——甲产品　　　　　　　　　　　　　　26 600

> **请思考**
>
> 采用约当产量比例法分配原材料费用时,原材料在生产开始时一次投入、原材料随加工进度陆续投入、原材料在每道工序开始时一次投入,在这三种情况下,原材料费用分配率在计算上有什么不同?

五、在产品按完工产品计算法

在产品按完工产品计算法是指在产品视同完工产品分配费用,即生产成本合计按照完工产品的数量和月末在产品的实际数量作为分配标准进行分配。它适用于月末在产品已经接近完工,或者已经加工完毕,但尚未验收入库的情况。采用这种方法可以简化成本计算工作,而且对完工产品成本计算的准确性影响不大。

> **请思考**
>
> 生产成本在完工产品和在产品之间进行分配有哪些方法?各种方法的特点和适用范围是什么?

> **请注意**
>
> 接下去我们补充两种按照定额进行成本核算的方法。那么什么是定额呢？定额是指国家规定的标准。我们知道物料能源的成本计算应等于其单价乘以消耗的数量。现今，在市场经济的环境下，物料能源的单位价格可从公开市场中获得，而另一方面，物料能源消耗的数量应为企业实际投入的数量。但是，有时我们在知道企业实际投入的数量之前，需要知道一般情况下的正常投入数量，以便进行诸如向客户提前报价等经营活动。因此，政府主管部门基于大部分国内企业在同样的生产过程中平均消耗的数量来规定一个平均额度，这个平均额度就是定额。由于我国的市场经济发达，目前大多数企业都不使用政府规定的定额，而直接使用行业的平均数量，即标准（或行业标准）来进行成本核算。定额法只在建筑施工、设备安装、农业等为数不多的行业中使用。
>
> 在本教材的第11章中我们将学习标准成本法，也就是上述的标准。其实定额法与标准成本法极为相似，甚至可以认为使用定额进行成本核算的方法就是一种标准成本法。

六、在产品按定额成本计价法

在产品按定额成本计价法是根据月末在产品实际结存数量和预先制定的单位定额成本计算月末在产品成本，即月末以在产品的定额成本代替其实际成本。在此方法下，产品的月初在产品费用（定额成本）＋本月生产费用－月末在产品的定额成本＝完工产品成本，月末实际生产费用脱离定额的超支或者节约差异全部由当月完工产品负担。因此，这种方法适用于定额管理基础较好，各项消耗定额或费用定额比较准确稳定，而且各月月末在产品数量变动不大的产品。

采用这种方法，应根据各种在产品有关定额资料，以及在产品月末结存数量，计算各种月末在产品的定额成本。

在产品定额成本的计算公式如下：

在产品直接材料定额成本＝在产品数量×单位在产品材料消耗定额×材料计划单价

在产品直接人工定额成本＝在产品数量×单位在产品工时定额×计划小时工资

在产品制造费用定额成本＝在产品数量×单位在产品工时定额×计划小时费用

或

在产品直接材料定额成本＝在产品约当产量×单位产品材料消耗定额×材料计划单价

在产品直接人工定额成本＝在产品约当产量×单位产品工时定额×计划小时工资

在产品制造费用定额成本＝在产品约当产量×单位产品工时定额×计划小时费用

【例题5-5】 某企业使用A、B两种材料经过两道工序生产甲产品，两种材料均在生产开始时一次投入。其中，A材料单位消耗定额为15千克，B材料单位消耗定额为24千克；A材料计划单价4.3元，B材料计划单价3.75元。第一道工序工时定额为120小时，第二道工序工时定额为80小时，计划小时工资率为0.76，计划小时制造费用率为0.53。

月末第一道工序在产品 30 件,第二道工序在产品 20 件,月初在产品成本和本月生产费用合计分别为:直接材料 25 000 元,直接人工 15 000 元,制造费用 8 500 元。完工产品数量为 100 件。

按定额成本计算在产品成本和完工产品成本的结果如下:

月末在产品直接材料定额成本 = (30+20)×(15×4.30+24×3.75) = 7 725(元)

月末在产品直接人工定额成本
= [30×120×50%+20×(120+80×50%)]×0.76 = 3 800(元)

或 = $\left(\dfrac{120\times50\%}{120+80}\times30+\dfrac{120+80\times50\%}{120+80}\times20\right)\times(120+80)\times0.76 = 3\ 800(元)$

月末在产品制造费用定额成本
= [30×120×50%+20×(120+80×50%)]×0.53 = 2 650(元)

或 = $\left(\dfrac{120\times50\%}{120+80}\times30+\dfrac{120+80\times50\%}{120+80}\times20\right)\times(120+80)\times0.53 = 2\ 650(元)$

月末在产品定额成本 = 7 725+3 800+2 650 = 14 175(元)
完工产品直接材料成本 = 25 000-7 725 = 17 275(元)
完工产品直接人工成本 = 15 000-3 800 = 11 200(元)
完工产品制造费用成本 = 8 500-2 650 = 5 850(元)
完工产品实际成本 = 17 275+11 200+5 850 = 34 325(元)

在产品按定额成本计价法下,由于在产品成本不负担实际成本与定额间的差异,当实际费用与定额差异较大时,会影响成本计算的准确性。

七、定额比例法

定额比例法是产品的生产费用在完工产品与月末在产品之间按照两者的定额消耗量或定额费用比例分配。其中直接材料成本,按直接材料的定额消耗量或直接材料定额费用比例分配;直接人工、制造费用等加工成本,既可按定额工时的比例分配,也可按定额费用比例分配。这种方法适用于定额管理基础较好,各项消耗定额和费用定额比较准确、稳定,各月末在产品数量变动较大的产品。采用此方法时将实际费用脱离定额的差异在完工和在产品之间分配,与在产品按定额成本计价的方法相比提高了核算的准确性。

定额比例法计算公式如下:

$$消耗量分配率 = \dfrac{月初在产品实际消耗量+本月实际消耗量}{完工产品定额消耗量+月末在产品定额消耗量}$$

完工产品实际消耗量 = 完工产品定额消耗量×消耗量分配率
完工产品费用 = 完工产品实际消耗量×费用单价
月末在产品实际消耗量 = 月末在产品定额消耗量×消耗量分配率
月末在产品费用 = 月末在产品实际消耗量×费用单价

按照上述公式分配,不仅可以提供完工产品和在产品的实际费用资料,也可提供实际消耗量资料,便于考核和分析各项消耗定额的执行情况。但是,这样分配工作量较大,这在所耗原材料的品种较多的情况下更明显。为了简化分配也可按照下列公式分配:

$$直接材料费用分配率=\frac{月初在产品实际材料费用+本月投入的实际材料费用}{完工产品定额材料费用+月末在产品定额材料费用}$$
$$(或定额消耗量)\quad\quad(或定额消耗量)$$

完工产品直接材料费用＝完工产品定额材料成本(或定额消耗量)×直接材料成本分配率

月末在产品直接材料费用＝月末在产品定额材料成本(或定额消耗量)×直接材料成本分配率

或　月末在产品直接材料费用＝月初在产品实际材料费用＋本月投入的实际材料费用－完工产品直接材料费用

$$某项加工费用分配率=\frac{月初在产品该项费用实际金额+本月投入该项费用实际金额}{完工产品定额工时+月末在产品定额工时}$$

完工产品应承担的人工(其他加工费用)＝完工产品定额工时×人工(其他加工费用)分配率

月末在产品应承担的人工(其他加工费用)＝月末在产品定额工时×人工(其他加工费用)分配率

或　月末在产品应承担的人工(其他加工费用)＝月初在产品该项加工费用实际金额＋本月投入该项加工费用实际金额－完工产品应承担的该项加工费用

【例题5-6】 B产品月初在产品费用为:直接材料96 800元;直接人工5 790元;制造费用22 040元。本月生产费用:直接材料115 300元;直接人工8 460元;制造费用29 710元。完工产品6000件,直接材料定额费用180 000元;定额工时12 000小时。月末在产品1000件,直接材料定额费用30 000元;定额工时3 000小时。完工产品与月末在产品之间,直接材料费用按直接材料定额费用比例分配,其他费用按定额工时比例分配。产品成本计算单见表5-2。

表5-2　　　　　　　　产品成本计算单

产品名称:B产品　　　　　　202×年×月　　　　　　　　　　单位:元

	成本项目		直接材料	直接人工	制造费用	合计
①	月初在产品费用		96 800	5 790	22 040	124 630
②	本月生产费用		115 300	8 460	29 710	153 470
③＝①＋②	生产费用累计212 100		14 250	51 750	278 100	
④＝③/(⑤＋⑦)	费用分配率		1.01	0.95	3.45	
⑤	完工产品费用	定额	180 000	12 000		
⑥＝⑤×④		实际	181 800	11 400	41 400	234 600
⑦	月末在产品费用	定额	30 000	3 000		
⑧＝⑦×④ 或＝③－⑥		实际	30 300	2 850	10 350	43 500

采用定额比例法计算完工产品和月末在产品成本时,必须取得完工产品和月末在产品的定额资料。但是,当产品种类及生产工序较多时,核算工作量很大。所以,有的企业月末在产品定额资料不根据月末在产品的数量具体计算,而是采用简化的倒挤方法计算。具体计算公式如下(以定额消耗量为例):

月末在产品定额消耗量＝月初在产品定额消耗量＋本月投入的定额消耗量－本月完工产品定额消耗量

用这一公式计算虽可简化核算工作量,但容易掩盖在产品盘盈、盘亏的情况,不能真实地反映产品成本的水平。因此,为了保证在产品账实相符,提高成本计算的准确性,采用这一方法必须每隔一定时期(每季或每半年)对在产品进行一次盘点,根据在产品的实存数量计算一次定额消耗量。

综上所述,生产费用在各种产品之间以及在完工产品与月末在产品之间,进行横向和纵向分配和归集后,即可计算出各种完工产品的实际成本,以其作为考核和分析各种产品成本计划执行情况的依据。

第三节　完工产品成本的结转

工业企业完工产品(包括产成品以及自制的材料、工具和模具等)经验收入产成品库以后,其成本应从"基本生产成本"科目和各种产品成本明细账的贷方转入各有关科目的借方,如图 5-1 所示。

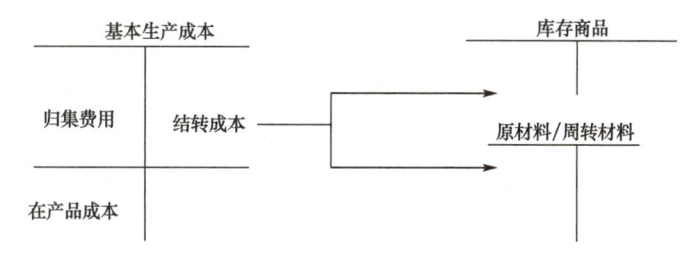

图 5-1

在产品的成本,也就是占用在基本生产过程中的生产资金,应与所属各种产品成本明细账中月末在产品成本之和核对相符。

本章小结

在产品是指企业已经投入生产,但尚未最后完工,不能作为商品销售的产品。在产品有广义和狭义之分。本章的在产品是指狭义在产品。

企业生产产品的各项生产成本,经过归集和分配,应计入本月各种产品的费用都已记入了"基本生产成本"账户的借方,并按成本项目分别登记在各自的产品成本计算单(生产成本明细账)中。如果当月产品全部完工,则生产成本明细账中的生产成本总和即该产品的完工成本;如果当月全部没有完工,则产品生产成本明细账所归集的生产成本就是该产品的在产品成本。然而,本月投入生产的产品月末不一定全部完工或全部未完工,为了正确计算当期完工产品成本,就必须将生产成本的总和在完工产品和月末在产品之间进行合理分配。

企业月末若有在产品,则存在将生产成本在完工产品和月末在产品之间如何分配的问题,生产成本在完工产品和在产品之间分配的方法有:在产品忽略不计法、在产品按固定成本计价法、在产品按所耗原材料费用计算法、约当产量法、在产品按完工产品计算法。企业应根据自身特点和管理要求,选择适合本单位的方法将生产成本在完工产品和在产品之间进行分配。

案例应用

中华公司生产的甲产品经过两道工序加工完成，202×年12月月末各工序在产品数量为：第一道工序200件，第二道工序300件，其中第二道工序在产品中有正在返修的废品40件。另外，在企业的半成品明细账中，有本月加工完成入库的第一道工序产品200件。第二道工序本月加工完成的产品有800件，其中有200件尽管完工，但尚未来得及办理入库手续，另外有20件在验收时发现质量有严重问题而未能入库等待返修。在月末分配生产费用确定在产品数量时，财务部小陈和小李意见不同，产生了分歧。小陈认为月末在产品数量为500件，小李却认为月末在产品应为720件。你认为他们的分歧原因在何处？从分配完工产品和月末在产品应负担生产费用角度看，你认为月末在产品应该为多少？

第六章 产品成本计算的基本方法

学习目标

1. 了解企业生产的类型。
2. 掌握企业生产类型及管理要求对产品成本计算方法的影响。
3. 了解企业成本计算的基本方法和辅助方法。
4. 掌握企业成本计算的品种法。
5. 掌握企业成本计算的分批法。
6. 掌握企业成本计算的分步法。

导入案例

某汽车生产企业是新成立的股份制企业,主要生产低排量的小汽车,汽车的所有零部件都是由自己生产,而且每一种零部件都是在一个独立的生产车间生产。所产零部件大多是企业自己使用,也有部分对外出售;各零部件由生产车间生产完成后都移交至半成品库,最后由装配部门从半成品库领取组装成产品对外出售。根据该企业的生产特点,可以采用哪一种或哪几种产品成本计算方法?

企业进行产品成本计算,有三种基本方法,分别是品种法、分批法和分步法。本章将进行详细讲述。学习过本章后,你能详细说明理由吗?

在课程思政方面,要以习近平新时代中国特色社会主义思想为指导,培养一丝不苟的工匠精神。本章学习产品成本计算的三个基本方法,然而在三个方法中,企业要决定选取哪种方法实施成本核算,首先就需要细致缜密地收集和完善企业的生产工艺流程、生产组织方式等资料。这是一个需要发扬习近平总书记所倡导的工匠精神的过程。

第一节 产品成本计算方法概述

一、生产特点与成本管理要求对成本计算方法的影响

(一)企业生产的分类

制造型企业生产按不同的生产标准,可以分为不同的生产类型。企业的生产类型可

以按生产工艺过程的特点和生产组织方式进行划分。

1. 生产按工艺过程的特点分类

企业的生产按照工艺过程是否间断划分,可分为单步骤生产和多步骤生产。

(1)单步骤生产。单步骤生产又称简单生产,是指生产工艺过程不能间断,或者不便于分散在不同地点进行的生产。这类生产工艺技术较简单,生产周期较短,产品品种不多且稳定,在产品数量较少,或者几乎没有,通常只能由一个企业整体进行,而不能由几个企业协作进行。如发电、采掘、铸造等企业的生产。

(2)多步骤生产。多步骤生产又称复杂生产,是指生产工艺过程由若干个可以间断的、分散在不同地点、分别在不同时间进行的生产步骤所组成的生产。这类生产工艺技术较复杂,生产周期较长,产品品种较多且不稳定。如纺织、机械、服装等企业的生产。多步骤生产按其产品的加工方式和各个生产步骤的内在联系划分为连续式生产和装配式生产。

①连续式多步骤生产。连续式多步骤生产是指原材料投入后按顺序经过若干步骤的连续加工制成产成品的生产。其特点是除了最后步骤生产出完工产品外,其他各步骤完工的产品都是自制半成品,而这些自制半成品往往又是后续步骤的加工对象,如纺织、冶金等企业的生产。在纺织生产过程中,棉花需经过清棉、梳棉、并条、粗纺、细纺等步骤制成棉纱,棉纱经过络筒、整经、浆纱、穿经、织造等步骤,织成棉布。

②装配式多步骤生产。装配式多步骤生产又称平行式生产,是指各种原材料平行投入到不同的加工部门(生产步骤),先在各个部门进行平行加工,制成产成品所需的各种零部件,再将零部件装配成产成品的生产,如自行车、手表等企业的生产。在自行车厂,金属材料分别经过冲压、切削、电焊、电镀等加工步骤,制成车架、前叉、车把等零部件,然后与其他材料构成的部件装配成自行车。

2. 生产按组织方式分类

生产组织方式是指生产的专业化程度,即一定时期内产品生产的重复性。生产按组织方式不同可以划分为大量生产、成批生产和单件生产。

(1)大量生产。大量生产是指企业不断地重复相同品种的产品生产。其特点是所生产的产品品种稳定,产量大,由于生产专业化程度高,可采用专用设备进行生产,如纺织、造纸等企业的生产。

(2)成批生产。成批生产是指企业按照事先规定的产品批别和数量进行的生产。其特点是产品的种类多,且各种产品的生产往往是成批地、轮番地、重复地进行。或者是企业产品种类不多,但零部件很多,而且是成批配套地进行生产,如服装、机械制造等企业都属于这种类型。成批生产按照产品批量的大小,又可以分为大批生产和小批生产。大批生产,由于产品批量大,往往在几个月内不断地重复生产一种或几种产品,因而大批生产的性质接近大量生产;小批生产,由于生产产品的批量小,一批产品一般可以同时完工,因而小批生产的性质接近单件生产。

(3)单件生产。单件生产是指根据购买单位订单制成的特定品种与规格的个别产品的生产。其主要特点是在单件生产的车间或企业里,产品种类较多,且很少重复生产,如重型机器制造和船舶制造等。

单步骤生产和连续式多步骤生产的生产组织方式多为大量生产。装配式多步骤生产的生产组织方式，则可细分为大量生产、成批生产和单件生产。

产品制造企业的生产类型如图 6-1 所示。

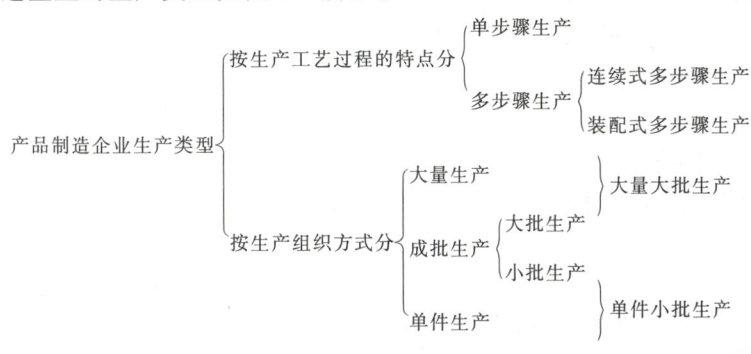

图 6-1　产品制造企业的生产类型

(二)生产类型及成本管理要求对产品成本计算方法的影响

企业为了正确计算产品成本，就必须正确确定成本计算方法。成本计算方法的确定，取决于企业的生产类型特点与成本管理要求。企业生产类型不同，对成本进行管理的要求也就不同，生产类型特点与成本管理要求必然影响产品成本计算方法的确定。这一影响主要表现在如何确定成本计算对象、如何确定成本计算期、生产成本在完工产品与期末在产品之间是否分配以及如何分配等方面。

1.对成本计算对象的影响

成本计算对象，是指为计算产品成本而确定的归集和分配生产成本的各个对象，即成本的承担者。不同的生产类型及成本管理要求，会产生不同的成本计算对象。

从产品生产工艺过程看，在单步骤生产中，因其生产工艺过程不能间断，因而不可能、也不需要按照生产步骤计算产品成本，只能按照生产产品的品种计算成本；在多步骤生产中由于其生产工艺过程是由若干个可以间断的、分布在多个地点进行的生产步骤构成，为了加强各个生产步骤的成本管理，不仅要按照产品的品种或批别计算成本，而且还要按照产品生产的步骤计算成本，以便检查和考核各生产步骤成本计划的实施和完成情况，从而有效地控制整个产品的生产成本。但是，如果企业规模较小，半成品不对外出售，且管理上不要求按照生产步骤考核生产成本、计算产品成本，也可以不按照生产步骤计算成本，而只按照产品品种或批别计算成本。

从产品生产组织特点看，在大量生产的情况下，产品生产连续不断地重复进行，一方面，同样的原材料不断投入；另一方面，相同的产品不断产出，因而管理上只要求，而且也只能按照产品的品种计算成本；在大批生产情况下，产品批量大，往往在一段时间内连续重复生产某些品质相同的产品，所以大批生产往往和大量生产一样，也只要求按照产品品种计算产品成本；在小批生产中，产品批量小，一批产品往往同时完工，因而可分批计算各批产品的成本；在单件生产的情况下，生产是按件组织的，则需要按产品件别归集费用，计算单件产品成本。同时，在确定小批、单件生产的成本计算对象时，应根据经济、合理的组织生产原则以及便于管理的需要，对客户的订单作适当合并或再划小批别，按重新组织后的批别作为成本计算对象。

因此,在产品成本计算工作中,有三种成本计算对象:以产品品种为成本计算对象;以产品批别为成本计算对象;以产品生产步骤为成本计算对象。

成本计算对象的确定,是正确设置产品成本明细账、归集生产成本、计算产品成本的前提,也是区分各种成本计算基本方法的主要标志。

> **请思考**
> 区分各种成本计算基本方法的主要标志是什么?

2.对成本计算期的影响

成本计算期,是指对生产成本计入产品成本所规定的起止日期,成本计算期主要取决于生产组织的特点。

在大量大批生产的情况下,由于生产活动连续不断地进行,在会计分期原则下,只能按月定期地计算产品成本,以满足分期计算盈亏的需要。因而成本计算期与会计报告期一致。

在单件小批生产的情况下,每月不一定都有产品完工,并且各批产品的生产周期往往也不同,产品成本有可能在某批或某件产品完工以后计算,因而产品成本的计算是不定期的,而与生产周期一致。产品的生产周期是指从原材料投入到产品制成并验收为止所经过的时间,它通常与日历月份不相吻合,因此,单件小批生产的成本计算期与会计报告期往往不一致。

3.对生产成本在完工产品与在产品之间分配的影响

生产类型不同还影响每月月末是否计算在产品成本,即生产成本是否需要在完工产品与在产品之间进行分配,应按以下情况进行:

(1)在单步骤生产中,生产过程不能间断,生产周期也短,一般没有在产品,或者在产品数量很少,计算产品成本时,生产成本不必在完工产品与在产品之间进行分配,产品成本明细账中所归集的生产成本,全部计入完工产品成本,不计算在产品成本。

(2)在多步骤生产中,生产成本是否需要在完工产品与在产品之间分配,在很大程度上取决于生产组织的特点,在大量大批生产中,由于生产连续不断地进行,月末经常存有在产品,在计算成本时,就需要采用适当的方法,将生产成本在完工产品与在产品之间进行分配,计算在产品成本。

(3)在单件小批生产中,以产品的批别和件别作为成本计算对象,如果成本计算期与生产周期一致,在每批、每件产品完工前,产品成本明细账中所汇集的生产成本就是在产品成本,完工后,其所归集的生产成本就是完工产品成本,因而不必将生产成本在完工产品与在产品之间进行分配。

二、产品成本的计算方法

产品成本计算方法有基本方法和辅助方法之分。

(一)产品成本计算的基本方法

成本计算方法的确定,取决于企业的生产类型特点和成本管理要求。根据前述内容,为了适应企业生产类型的特点和满足企业成本管理要求,在确定产品成本计算对象时,有三种不同的成本计算对象,即产品的品种、产品的批别和产品的生产步骤。而不同的成本计算对象,就形成了不同的以成本计算对象为主要标志(或以其命名)的成本计算方法:

1. 以产品品种为成本计算对象的产品成本计算方法,称为品种法。其适用于单步骤的大量大批生产企业,如发电、采掘等;也适用于不需要分步骤计算成本的多步骤的大量大批生产企业,如造纸、水泥等。

2. 以产品批别为成本计算对象的产品成本计算方法,称为分批法。其适用于单件小批生产或管理上不要求分步骤计算成本而要求按批别计算成本的多步骤生产企业,如船舶制造、重型机器制造、电梯制造等。

3. 以产品生产步骤为成本计算对象的产品成本计算方法,称为分步法。其适用于大量大批多步骤生产企业,如纺织、冶金、机器制造等。

下面将企业的生产类型、管理要求、成本计算对象和成本计算方法之间的关系列表说明,见表6-1。

表 6-1　　　　　　　　产品成本计算三种基本方法的特点

成本计算方法	成本计算对象	成本计算期	期末在产品成本的计算	适用范围	
				生产类型	成本管理要求
品种法	产品品种	定期按月计算	单步骤生产一般不需计算;多步骤生产一般需要计算	大量大批单步骤生产或大量大批多步骤生产	管理上不要求分步计算成本
分批法	每批或每件产品	与生产周期一致,一般不定期计算	一般不需要计算	单件小批单步骤生产或单件小批多步骤生产	管理上不要求分步计算成本
分步法	产品品种及其所经过的生产步骤	定期按月计算	需要计算	大量大批多步骤生产	管理上要求分步计算成本

上述这三种成本计算方法是以成本计算对象命名的,它们分别是品种法、分批法和分步法,由于这三种方法是计算产品实际成本必不可少的方法,因而是产品成本计算的基本方法。

企业应根据自身生产类型的特点及管理要求,选择正确的计算方法,计算产品生产成本。

> **请思考**
>
> 企业应如何选择正确的方法计算产品成本?

(二)产品成本计算的辅助方法

在实际工作中,在上述三种基本方法的基础上,还采用其他成本计算的辅助方法,主要有分类法,将在第七章详述。

在产品品种、规格繁多的企业,如果采用品种法计算成本工作量较大,为了简化成本计算工作,还可采用一种简便的产品成本计算方法——分类法。分类法是以产品类别为成本计算对象,将生产成本先按产品的类别进行归集,计算各类产品成本,然后再按照一定的分配标准在类内各种产品之间分配,以计算各种产品成本的方法。辅助方法一般与基本方法结合使用,而不能单独使用。

在制造型企业中,根据生产类型的特点和管理要求采用不同的成本计算方法,主要是为了正确提供成本核算资料以加强成本管理。但是,不论哪种类型企业,无论采用哪种成本计算方法,最终都必须按照产品品种计算出产品成本。因此,按照产品品种计算成本,是产品成本计算最一般、最起码的要求,在成本计算的基本方法中,品种法是最基本的成本计算方法。

第二节　品种法

一、品种法的特点及适用范围

产品成本计算的品种法,是按照产品品种归集生产成本,计算产品成本的一种方法。品种法是产品成本计算方法中最基本的方法,其他各种成本计算方法都是在品种法的基础上发展而来的。

(一)品种法的特点

品种法的特点,主要表现在以下几个方面:

1. 以生产的产品品种为成本计算对象

品种法的成本计算对象是所生产的每种产品,因此,在计算产品成本时,需要为每一品种产品开设成本计算单或设置生产成本明细账。如果企业只生产一种产品,该种产品就是成本计算对象,并为其设置生产成本明细账,按成本项目设专栏,归集生产成本,计算产品成本,所发生的各种生产成本,都是该种产品的直接费用,可以直接记入该种产品的成本明细账。

如果企业生产多种产品,则应按产品品种分别设置生产成本明细账,分别归集生产成本,计算产品成本。生产多种产品的直接费用,可以根据有关凭证或费用分配表,直接记入有关产品成本明细账;应由几件产品共同负担的间接费用,应采用适当的方法,在各种产品之间进行分配,并编制费用分配表,然后再记入各种产品成本明细账。

2. 成本计算期与会计期间一致

采用品种法计算产品成本的企业,其生产类型主要是大量大批生产,其生产是连续不断地进行的,其产品是陆续投入、陆续完工的,不可能等产品全部完工后再计算产品成本,而只能定期地在每月月末计算当月产出的完工产品成本,以满足管理的需要。因此品种法下成本计算期与会计期间一致,与产品生产周期不一致。

3. 生产成本在完工产品与在产品之间的分配要视具体情况而定

采用品种法月末计算产品成本时,在单步骤生产中,月末一般没有在产品或在产品数量很少,是否计算在产品成本,对产品成本影响不大,因而可以不计算在产品成本,在这种情况下,生产成本明细账中按成本项目归集的生产成本,就是该产品的总成本,用该产品的产量去除,就是该产品的平均单位成本。

在规模较小,而且管理上又不要求按照生产步骤计算成本的大量、大批的多步骤生产中,月末一般都有在产品,而且数量较多,这就需要将生产成本明细账中归集的生产成本,选择适当的分配方法,在完工产品与月末在产品之间进行分配,以计算完工产品成本和月末在产品成本。

(二)品种法的适用范围

1.品种法主要适用于大量、大批的单步骤生产,例如发电、采掘等生产,在单步骤生产企业中,其生产工艺过程不能间断,并不断地重复生产相同品种的产品,因而成本计算不可能按产品生产步骤、产品批别进行,只能按产品品种计算成本。

2.品种法还适用于大量、大批且管理上不要求分步骤计算产品成本的多步骤生产,如制砖、玻璃制品等生产,在这种多步骤生产中,企业或车间规模较小,或者车间是封闭的,从材料投入到产品完工都在一个车间内进行,或者生产是按流水线组织的,不需要按生产步骤计算产品成本,只要求按照产品品种计算成本。

二、品种法的成本核算程序

品种法是产品成本计算方法中最基本的方法,因而品种法的核算程序,体现了产品成本计算的一般程序。采用品种法计算产品成本时,应先按产品品种开设生产成本明细账,然后再按照以下步骤归集和分配费用,计算产品成本。

1.根据各项生产成本发生的原始凭证和其他有关资料,编制各要素费用分配表,分配各项要素费用。

2.根据各要素费用分配表及其他费用凭证,登记基本生产成本明细账、辅助生产成本明细账、制造费用明细账等有关明细账。

3.根据辅助生产成本明细账所归集的全部费用,编制辅助生产成本分配表,采用适当的分配方法,在各受益部门之间分配,并据以登记有关明细账。

4.根据制造费用明细账所归集的全部费用,编制制造费用分配表,在各种产品之间分配费用,并据以登记各产品生产成本明细账。

5.根据基本生产成本明细账所归集的全部生产成本,采用适当的方法,在本月完工产品和月末在产品之间进行分配,确定完工产品和月末在产品成本。编制完工产品成本汇总表,计算各种完工产品的总成本和单位成本。

品种法成本核算程序如图6-2所示。

品种法下的成本明细账应按所生产的产品品种设置,并按成本项目分别设置专栏。发生的生产成本中,能分清是哪种产品耗用的,可以直接记入各产品成本明细账的有关成本项目,分不清的则要采用适当的分配方法,在各种产品之间先进行分配,然后再分别记入各产品成本明细账的有关成本项目。月终,有月末在产品的,应将归集在各成本明细账

成本会计

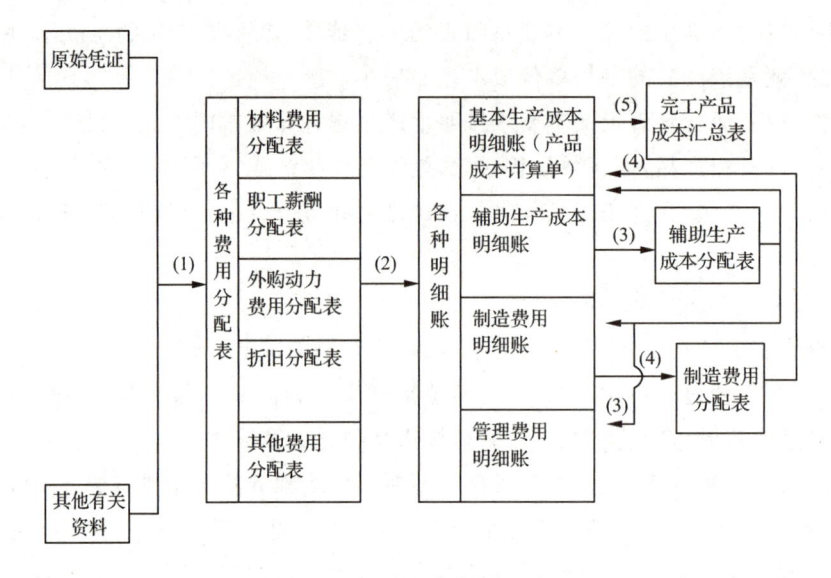

图 6-2 品种法成本核算程序

中的生产成本,采用适当的分配方法,在完工产品与在产品之间进行分配,计算出完工产品成本与在产品成本。

> **请思考**
>
> 为什么说品种法是最基本的成本核算方法?简述品种法的适用范围及其成本核算程序。

三、品种法举例

【例题6-1】 某制造型企业设有一个基本生产车间,大量生产甲、乙两种产品,其生产工艺过程属于单步骤生产。根据生产特点和成本管理要求,采用品种法计算产品成本。该企业还设有供水和锅炉两个辅助生产车间,辅助生产车间的制造费用通过"制造费用"账户核算,产品成本按"直接材料""燃料及动力""直接人工"和"制造费用"四个成本项目设专栏,用以计算产品成本。该企业202×年9月有关产品成本核算资料见表6-2、表6-3。

表6-2　　　　　　　　　　202×年9月产量和实际消耗工时

产品名称	完工产品数量(件)	在产品数量(件)	消耗工时(小时)
甲产品	180	40	25 000
乙产品	190		15 000

表 6-3　　　　　　　　202×年9月甲、乙产品的月初在产品成本　　　　　金额单位:元

产品名称	直接材料	燃料及动力	直接人工	制造费用	合　计
甲产品	8 800	3 650	6 300	505	19 255
乙产品	7 800	1 895	4 750	260	14 705

(一)要素费用的归集与分配

该企业202×年9月生产车间发生下列业务:

1. 根据按原材料用途归类的领、退料凭证和有关的费用分配标准,编制原材料费用分配表,见表6-4。

表 6-4　　　　　　　　　原材料费用分配表
　　　　　　　　　　　　202×年9月　　　　　　　　　金额单位:元

总账科目	明细科目	原料及主要材料	辅助材料	其他材料	合计
基本生产成本	甲产品	85 000	4 000	1 200	90 200
	乙产品	63 000	2 800	500	66 300
	小　计	148 000	6 800	1 700	156 500
辅助生产成本	供水车间	3 200	600	300	4 100
	锅炉车间	3 000	400	100	3 500
	小　计	6 200	1 000	400	7 600
制造费用	基本生产车间	1 800	200		2 000
	供水车间	400	100		500
	锅炉车间	300	50		350
	小　计	2 500	350		2 850
	管理费用	3 500			3 500
	合　计	160 200	8 150	2 100	170 450

根据表6-4,编制会计分录如下:

借:基本生产成本——甲产品　　　　　　　　　　　　　90 200
　　　　　　　　——乙产品　　　　　　　　　　　　　66 300
　　辅助生产成本——供水车间　　　　　　　　　　　　4 100
　　　　　　　　——锅炉车间　　　　　　　　　　　　3 500
　　制造费用——基本生产车间　　　　　　　　　　　　2 000
　　　　　　——供水车间　　　　　　　　　　　　　　500
　　　　　　——锅炉车间　　　　　　　　　　　　　　350
　　管理费用　　　　　　　　　　　　　　　　　　　　3 500
　　贷:原材料　　　　　　　　　　　　　　　　　　　　　　170 450

2. 根据各车间、部门耗电数量、电价和有关的费用分配标准(各种产品耗用的生产工时)编制外购动力费用(电费)分配表,见表 6-5。

表 6-5　　　　　　　　　　外购动力费用(电费)分配表

202×年9月　　　　　　　　　　　　　　　　　　金额单位:元

总账科目	明细科目	生产工时(小时)(分配率0.45)	耗电量(度)(单价0.4元/度)	金额
基本生产成本	甲产品	25 000		11 250
	乙产品	15 000		6 750
	小　计	40 000	45 000	18 000
辅助生产成本	供水车间		5 000	2 000
	锅炉车间		3 000	1 200
	小　计		8 000	3 200
制造费用	基本生产车间		2 000	800
	供水车间		600	240
	锅炉车间		500	200
	小　计		3 100	1 240
管理费用			3 000	1 200
合　计			59 100	23 640

根据表 6-5 编制会计分录如下:

借:基本生产成本——甲产品　　　　　　　　　　　　　　11 250
　　　　　　　　——乙产品　　　　　　　　　　　　　　 6 750
　　辅助生产成本——供水车间　　　　　　　　　　　　　 2 000
　　　　　　　　——锅炉车间　　　　　　　　　　　　　 1 200
　　制造费用——基本生产车间　　　　　　　　　　　　　　 800
　　　　　　——供水车间　　　　　　　　　　　　　　　　 240
　　　　　　——锅炉车间　　　　　　　　　　　　　　　　 200
　　管理费用　　　　　　　　　　　　　　　　　　　　　 1 200
　　贷:应付账款(或银行存款)　　　　　　　　　　　　　23 640

3. 根据各车间、部门的工资结算凭证和福利费的计提办法,编制职工薪酬分配表,见表 6-6。

表 6-6 职工薪酬分配表

202×年 9 月　　　　　　　　　　　　　　　　　金额单位：元

总账科目	明细科目	生产工时（小时）	工资 生产工人（分配率2.2）	管理人员	小计	其他职工薪酬(40%)	合计
基本生产成本	甲产品	25 000	55 000		55 000	22 000	77 000
	乙产品	15 000	33 000		33 000	13 200	46 200
	小　计	40 000	88 000		88 000	35 200	123 200
辅助生产成本	供水车间		1 400		1 400	560	1 960
	锅炉车间		1 100		1 100	440	1 540
	小　计		2 500		2 500	1 000	3 500
制造费用	基本生产车间			2 000	2 000	800	2 800
	供水车间			600	600	240	840
	锅炉车间			500	500	200	700
	小　计			3 100	3 100	1 240	4 340
管理费用				3 600	3 600	1 440	5 040
合　计			90 500	6 700	97 200	38 880	136 080

根据表 6-6 编制会计分录如下：
(1)编制工资分配的会计分录：
借：基本生产成本——甲产品　　　　　　　　　　　　　　　　55 000
　　　　　　　　——乙产品　　　　　　　　　　　　　　　　33 000
　　辅助生产成本——供水车间　　　　　　　　　　　　　　　 1 400
　　　　　　　　——锅炉车间　　　　　　　　　　　　　　　 1 100
　　制造费用——基本生产车间　　　　　　　　　　　　　　　 2 000
　　　　　　——供水车间　　　　　　　　　　　　　　　　　　 600
　　　　　　——锅炉车间　　　　　　　　　　　　　　　　　　 500
　　管理费用　　　　　　　　　　　　　　　　　　　　　　　 3 600
　　贷：应付职工薪酬——工资　　　　　　　　　　　　　　　97 200
(2)编制计提其他职工薪酬的会计分录：
借：基本生产成本——甲产品　　　　　　　　　　　　　　　　22 000
　　　　　　　　——乙产品　　　　　　　　　　　　　　　　13 200
　　辅助生产成本——供水车间　　　　　　　　　　　　　　　　560
　　　　　　　　——锅炉车间　　　　　　　　　　　　　　　　440
　　制造费用——基本生产车间　　　　　　　　　　　　　　　　800
　　　　　　——供水车间　　　　　　　　　　　　　　　　　　240

——锅炉车间　　　　　　　　　　　　　　　　　　　　　　　200
　　管理费用　　　　　　　　　　　　　　　　　　　　　　　　1 440
　　　贷：应付职工薪酬——其他职工薪酬　　　　　　　　　　　　　　38 880

4.根据本月应计折旧固定资产原值和月折旧率，计算本月应计提的固定资产折旧，编制折旧费用分配表，见表6-7。

表6-7　　　　　　　　　　折旧费用分配表
　　　　　　　　　　　　　202×年9月　　　　　　　　　　金额单位：元

总账科目	制造费用				管理费用	合计
明细科目	基本生产车间	供水车间	锅炉车间	小计	折旧费	
金额	2 150	340	356	2 846	400	3 246

根据表6-7编制会计分录如下：

　　借：制造费用——基本生产车间　　　　　　　　　　　　　　2 150
　　　　　　　　——供水车间　　　　　　　　　　　　　　　　　340
　　　　　　　　——锅炉车间　　　　　　　　　　　　　　　　　356
　　　　管理费用——折旧费　　　　　　　　　　　　　　　　　　400
　　　贷：累计折旧　　　　　　　　　　　　　　　　　　　　　3 246

5.根据有关付款凭证汇总，9月直接以银行存款支付的其他费用见表6-8。

表6-8　　　　　　　　　　其他费用分配表
　　　　　　　　　　　　　202×年9月　　　　　　　　　　金额单位：元

总账科目	明细科目	办公费	劳保费	其他	合计
制造费用	基本生产车间	500	400	500	1 400
	供水车间	80	160	200	440
	锅炉车间	60	100	110	270
	小计	640	660	810	2 110
管理费用		800	300	600	1 700
	合计	1 440	960	1 410	3 810

根据表6-8编制会计分录如下：

　　借：制造费用——基本生产车间　　　　　　　　　　　　　　1 400
　　　　　　　　——供水车间　　　　　　　　　　　　　　　　　440
　　　　　　　　——锅炉车间　　　　　　　　　　　　　　　　　270
　　　　管理费用　　　　　　　　　　　　　　　　　　　　　　1 700
　　　贷：银行存款　　　　　　　　　　　　　　　　　　　　　3 810

6.根据各项要素费用分配表和其他有关资料，登记供水车间和锅炉车间的辅助生产成本明细账（表6-9、表6-10）、辅助车间制造费用明细账（表6-11、表6-12）以及甲、乙产品生产成本明细账（表6-17、表6-18）。其他明细账的登记从略。

表 6-9 　　　　　　　　　　　　辅助生产成本明细账

车间名称：供水车间　　　　　　　202×年9月　　　　　　　　　　　　单位：元

202×年 月	日	摘　要	直接材料	燃料及动力	直接人工	制造费用	合计
9	略	根据原材料费用分配表	4 100				4 100
		根据外购动力费用分配表		2 000			2 000
		根据职工薪酬分配表			1 960		1 960
		转入制造费用				2 360	2 360
		合　计	4 100	2 000	1 960	2 360	10 420
		结转至各受益部门	4 100	2 000	1 960	2 360	10 420

表 6-10 　　　　　　　　　　　　辅助生产成本明细账

车间名称：锅炉车间　　　　　　　202×年9月　　　　　　　　　　　　单位：元

202×年 月	日	摘　要	直接材料	燃料及动力	直接人工	制造费用	合计
9	略	根据原材料费用分配表	3 500				3 500
		根据外购动力费用分配表		1 200			1 200
		根据职工薪酬分配表			1 540		1 540
		转入制造费用				1 876	1 876
		合　计	3 500	1 200	1 540	1 876	8 116
		结转至各受益部门	3 500	1 200	1 540	1 876	8 116

表 6-11 　　　　　　　　　　　　制造费用明细账

车间名称：供水车间　　　　　　　202×年9月　　　　　　　　　　　　单位：元

202×年 月	日	摘　要	机物料消耗	水电费	直接人工	折旧费	办公费	劳保费	其他	合计
9	略	根据原材料费用分配表	500							500
		根据外购动力费用分配表		240						240
		根据职工薪酬分配表			840					840
		根据折旧费用分配表				340				340
		根据其他费用分配表					80	160	200	440
		合　计	500	240	840	340	80	160	200	2 360
		结转至辅助生产成本明细账	500	240	840	340	80	160	200	2 360

表 6-12 　　　　　　　　　　　制造费用明细账
车间名称：锅炉车间　　　　　　202×年9月　　　　　　　　　　　　　　单位：元

202×年		摘　要	机物料消耗	水电费	直接人工	折旧费	办公费	劳保费	其他	合计
月	日									
9	略	根据原材料费用分配表	350							350
		根据外购动力费用分配表		200						200
		根据职工薪酬分配表			700					700
		根据折旧费用分配表				356				356
		根据其他费用分配表					60	100	110	270
		合　计	350	200	700	356	60	100	110	1 876
		结转至辅助生产成本明细账	350	200	700	356	60	100	110	1 876

(二) 辅助生产成本的归集和分配

1. 在各辅助生产车间的直接费用登记入账的情况下,将各辅助生产车间所属的制造费用明细账(表 6-11、表 6-12)汇集的制造费用总额,分别转入各该车间的辅助生产成本明细账,会计分录如下：

　　借：辅助生产成本——供水车间　　　　　　　　　　　2 360
　　　　贷：制造费用——供水车间　　　　　　　　　　　　　　2 360
　　借：辅助生产成本——锅炉车间　　　　　　　　　　　1 876
　　　　贷：制造费用——锅炉车间　　　　　　　　　　　　　　1 876

2. 根据各辅助生产成本明细账及其供应劳务量(表 6-13),采用直接分配法分配辅助生产成本,编制辅助生产成本分配表(表 6-14),并登记有关明细账。

表 6-13 　　　　　　　　辅助生产车间劳务供应量汇总表
　　　　　　　　　　　　202×年9月　　　　　　　　　　　　　　　单位：吨

受益单位	供水量	供气量
供水车间		203
锅炉车间	200	
基本生产车间一般消耗	1 000	100
厂部管理部门耗用	5 000	400
专设销售部门耗用	500	100
基建部门施工耗用	5 875	400
合　计	12 575	1 203

表 6-14　　　　　　　　　　　　辅助生产成本分配表
　　　　　　　　　　　　　　　　　（直接分配法）
　　　　　　　　　　　　　　　　　202×年9月　　　　　　　　　　　金额单位：元

项　目		供水车间	锅炉车间	合计
待分配费用		10 420	8 116	18 536
供应辅助生产车间以外单位的劳务数量（吨）		12 375	1 000	
费用分配率		0.84	8.116	
基本生产车间	耗用数量（吨）	1 000	100	
	分配金额	840	811.6	1 651.6
厂部管理部门	耗用数量（吨）	5 000	400	
	分配金额	4 200	3 246.4	7 446.4
专设销售机构	耗用数量（吨）	500	100	
	分配金额	420	811.6	1 231.6
基建部门（施工用）	耗用数量（吨）	5 875	400	
	分配金额	4 960	3 246.4	8 206.4
合　计		10 420	8 116	18 536

根据表 6-14 编制会计分录如下：
　　借：制造费用——基本生产车间　　　　　　　　　　1 651.6
　　　　管理费用　　　　　　　　　　　　　　　　　　7 446.4
　　　　销售费用　　　　　　　　　　　　　　　　　　1 231.6
　　　　在建工程　　　　　　　　　　　　　　　　　　8 206.4
　　　　贷：辅助生产成本——供水车间　　　　　　　　　10 420
　　　　　　　　　　　　——锅炉车间　　　　　　　　　8 116

（三）制造费用的归集与分配

根据基本生产车间制造费用明细账归集的制造费用总额（表 6-15）及各种产品耗用工时，编制制造费用分配表（表 6-16）并登记甲、乙产品生产成本明细账。

表 6-15　　　　　　　　　　　　制造费用明细账
车间名称：基本生产车间　　　　　202×年9月　　　　　　　　　　　金额单位：元

202×年		摘　要	机物料消耗	水电费	直接人工	折旧费	办公费	劳保费	蒸汽费	其他	合计
月	日										
9	略	根据原材料费用分配表	2 000								2 000
		根据外购动力费分配表		800							800
		根据职工薪酬分配表			2 800						2 800
		根据折旧费用分配表				2 150					2 150
		根据其他费用分配表					500	400		500	1 400
		根据辅助生产成本分配表		840					811.6		1 651.6
		合　计	2 000	1 640	2 800	2 150	500	400	811.6	500	10 801.6
		期末分配转出	2 000	1 640	2 800	2 150	500	400	811.6	500	10 801.6

表 6-16　　　　　　　　　　制造费用分配表
车间名称：基本生产车间　　　　202×年9月　　　　　　　　金额单位：元

总账科目	明细科目	生产工时（小时）	分配率	分配金额
基本生产成本	甲产品	25 000	0.270 04	6 751
	乙产品	15 000	0.270 04	4 050.6
合　计		40 000		10 801.6

根据表6-16编制会计分录如下：

借：基本生产成本——甲产品　　　　　　　　　　　　6 751
　　　　　　　　——乙产品　　　　　　　　　　　　4 050.6
　　贷：制造费用——基本生产车间　　　　　　　　　10 801.6

（四）全部生产成本在完工产品与在产品之间分配

1.将甲产品生产成本明细账所归集的全部生产成本，采用约当产量法进行分配，计算完工产品成本和在产品成本（表6-17）。甲产品所用材料于生产开始时一次投入，月末在产品加工程度为50%。乙产品本月全部完工（表6-18）。

表 6-17　　　　　　　　　　生产成本明细账　　　　　　完工数量：180件
产品名称：甲产品　　　　　　202×年9月　　　　　　　　在产品数量：40件

202×年 月	日	摘　要	直接材料	燃料及动力	直接人工	制造费用	合计
9	略	月初在产品成本	8 800	3 650	6 300	505	19 255
		根据原材料费用分配表	90 200				90 200
		根据外购动力费用分配表		11 250			11 250
		根据职工薪酬分配表			77 000		77 000
		根据制造费用分配表				6 751	6 751
		合　计	99 000	14 900	83 300	7 256	204 456
产品产量		完工产品数量（件）	180	180	180	180	
		在产品约当产量（件）	40	20	20	20	
		合　计	220	200	200	200	
		完工产品单位成本（元/件）	450	74.50	416.5	36.28	977.28
		完工产品总成本	81 000	13 410	74 970	6 530.4	175 910.4
		月末在产品成本	18 000	1 490	8 330	725.6	28 545.6

表 6-18　　　　　　　　　生产成本明细账　　　　　完工数量:190 件
产品名称:乙产品　　　　　　　202×年 9 月　　　　　　　在产品数量:0

202×年		摘 要	直接材料	燃料及动力	直接人工	制造费用	合计
月	日						
9	略	月初在产品成本	7 800	1 895	4 750	260	14 705
		根据原材料费用分配表	66 300				66 300
		根据外购动力费用分配表		6 750			6 750
		根据职工薪酬分配表			46 200		46 200
		根据制造费用分配表				4 050.6	4 050.6
		合　计	74 100	8 645	50 950	4 310.6	138 005.6
	产品产量	完工产品数量(件)	190	190	190	190	
		在产品约当产量(件)	0	0	0	0	
		合　计	190	190	190	190	
		完工产品单位成本(元/件)	390	268.16	223	22.69	726.35
		完工产品总成本	74 100	50 950	42 370	4 310.6	138 005.6
		月末在产品成本	0	0	0	0	0

2. 根据甲、乙产品生产成本明细账中的完工产品成本,编制完工产品成本汇总表(表 6-19)并结转完工产品成本。会计分录为:

　　借:库存商品——甲产品　　　　　　　　　　　　　　175 910.4
　　　　贷:基本生产成本——甲产品　　　　　　　　　　　　　175 910.4
　　借:库存商品——乙产品　　　　　　　　　　　　　　138 005.6
　　　　贷:基本生产成本——乙产品　　　　　　　　　　　　　138 005.6

表 6-19　　　　　　　　完工产品成本汇总表
　　　　　　　　　　　　　202×年 9 月　　　　　　　　　　　单位:元

成本项目	甲产品(产量:180 件)		乙产品(产量:190 件)	
	总成本	单位成本	总成本	单位成本
直接材料	81 000	450	74 100	390
燃料及动力	13 410	74.50	8 645	45.50
直接人工	74 970	416.5	50 950	268.16
制造费用	6 530.42	36.28	4 310.6	22.69
合　计	175 910.4	977.28	138 005.6	726.35

第三节　分批法

一、分批法的特点及适用范围

(一)分批法的特点

产品成本计算的分批法,是按照产品的批别归集生产成本,计算产品成本的一种方法。分批法的特点,主要表现在以下几个方面:

1. 以产品的批次为成本计算对象

分批法是以产品的批次(订单、生产任务通知单)为成本计算对象,开设产品成本计算单或设置生产成本明细账。一般情况下,分批法是按用户的订单划分批别、组织生产并计算成本的。但也有特殊情况,如果在一张订单中规定的产品有几个品种,为了分别计算不同产品的生产成本和便于生产管理,则应按产品的品种划分为若干批别,按批别组织生产,计算成本;如果在一张订单中规定的产品只有一种,但这种产品数量较大,不便于集中一次投入生产,或者需按用户单位要求分批交货,也可以按照一定数量分为若干批别,按批别分次投入生产,计算成本;如果在一张订单中只规定一件产品,但其属于大型复杂的产品,生产周期长、价值较大、结构复杂,如大型船舶制造,则可按照产品的组成部分,分批组织生产,计算成本;如果在同一时期内,企业收到的不同订单中有相同的产品,为了经济、合理地组织生产,则应将不同订单的相同产品合并为一批组织生产,并计算成本。这样,分批法的成本计算对象就不是购货单位原来的订单,而是生产计划部门下达的生产任务通知单。

2. 以产品生产周期为成本计算期

采用分批法计算产品成本,产品成本要在产品完工后才能计算,因此,成本计算是不定期的,其成本计算期与产品生产周期一致,可能与会计报告期不一致。

3. 不存在生产成本在完工产品与在产品之间分配的问题

在单件生产中,产品完工前,其产品成本明细账所归集的生产成本,均为在产品成本;产品完工后,其产品成本明细账所归集的生产成本,就是完工产品的成本,因而在月末计算成本时,不存在生产成本在完工产品与在产品之间分配的问题。

在小批生产中,由于产品批量较小,批内产品一般都能同时完工,或者在短期内全部完工。月末计算成本时,或者全部已经完工,或者全部没有完工,因而一般也不存在生产成本在完工产品与在产品之间分配的问题。但在批内产品跨月陆续完工的情况下,月末计算成本时,一部分产品已完工,另一部分尚未完工,这时就要在完工产品与在产品之间分配生产成本,以便计算完工产品成本和月末在产品成本。如果跨月陆续完工的情况不多,月末完工产品数量占批量比重较小时,可以采用按计划单位成本、预算单位成本或近期相同产品的实际单位成本计算完工产品成本,从产品成本明细账中转出,剩余金额即在产品成本。这种分配方法核算工作虽简单,但分配结果不甚准确。因而,在批内产品跨月陆续完工情况较多,月末完工产品数量占批量比重较大时,为了提高成本计算的正确性,就应采用其他适当的方法,将生产成本在完工产品与月末在产品之间进行分配,计算完工产品成本与月末在产品成本。

> **请思考**
> 什么是产品成本计算的分批法?其特点有哪些?

(二)分批法的适用范围

分批法适用于单件小批的单步骤生产,或管理上不要求分步计算各步骤半成品的多步骤生产。如重型机器制造、船舶制造、服装、印刷工业等。

二、分批法的成本核算程序

分批法成本核算程序与品种法基本相同,不同的是成本明细账是按产品的批别开设的。其成本核算程序为:

(一)根据生产批别设置基本生产成本明细账(产品成本计算单)

会计部门根据用户的订单或生产任务通知单所确定的批别,为每批产品设置生产成本明细账,并按规定的成本项目设置专栏,用以归集和分配生产成本,计算各批产品的成本。

(二)按产品批别归集和分配本月发生的各项费用

对于当月发生的各项生产成本,应根据有关的原始凭证等资料,能够按照批次划分的直接计入费用,包括直接材料费用、直接人工费用等,要在费用原始凭证上注明产品批号(或工作令号),以便据以直接记入各批产品生产成本明细账(产品成本计算单);对于多批产品共同发生的直接材料和直接人工等间接计入费用,则应在费用原始凭证上注明费用的用途,以便按费用项目归集、按照企业确定的费用分配方法,编制各种费用分配表在各批产品(各受益对象)之间进行分配之后,再分别记入各批产品生产成本明细账(产品成本计算单)。

(三)分配辅助生产成本

在设有辅助生产单位的企业,月末将汇集的辅助生产成本分配给各受益对象,记入各批次产品的基本生产成本明细账、制造费用明细账和其他期间费用明细账。

(四)分配基本生产车间的制造费用

基本生产车间的制造费用应由该生产车间所生产的各批次产品成本负担,月末需要将归集的制造费用分配给各受益对象,记入相应批别的生产成本明细账。

(五)计算完工产品成本

如果月份内该批次产品全部完工,则该批次产品生产成本明细账中所归集的生产成本都是完工产品成本;如果该批次产品全部没有完工,则该批次产品生产成本明细账中所归集的生产成本都是在产品成本;如果该批次产品部分完工,根据月末完工产品数量的多少,可采用计划成本、预算成本、预算比例、约当产量等方法,将生产成本在完工产品和在产品之间进行分配,分别确定完工产品成本与月末在产品成本。

成本会计

分批法成本核算程序如图 6-3 所示：

（要素费用）　　　　　　（综合费用）　　　　　　（成本计算对象）

图 6-3　分批法成本核算程序

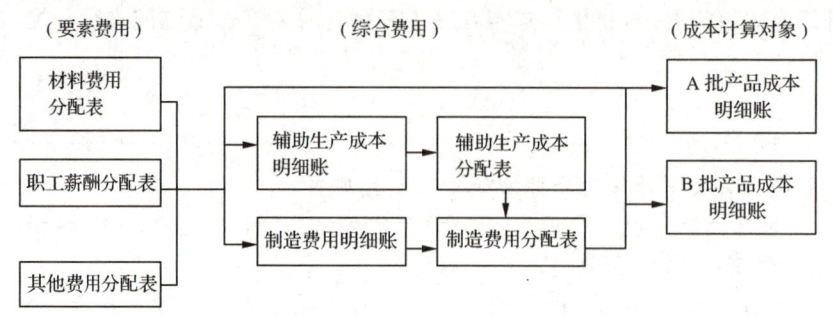

> **请思考**
> 分批法成本核算程序与品种法成本核算程序有何不同？

三、分批法举例

【例题 6-2】某制造型企业根据购买单位订货单要求，小批生产甲、乙、丙三种产品，采用分批法计算产品成本，该企业 202×年 7 月有关生产情况和生产成本支出情况的资料如下：

1. 生产情况

601 号甲产品 40 件，6 月投产，本月全部完工。

602 号乙产品 50 件，6 月投产，计划 8 月全部完工，本月完工 30 件，未完工 20 件。

701 号丙产品 60 件，7 月投产，计划 8 月完工，本月提前完工 5 件。

2. 本月份的成本核算资料

（1）各批产品的月初在产品成本，见表 6-20。

表 6-20　　　　　　　　　　　　　　　　　　　　　　　　　　　单位：元

批号	直接材料	燃料及动力	直接人工	制造费用	合　计
601	12 620	510	2 450	1 556	17 136
602	12 315	477	1 124	984	14 900

（2）根据本月各种分配表（略），汇总各批产品本月发生的生产成本，见表 6-21。

表 6-21　　　　　　　　　　　　　　　　　　　　　　　　　　　单位：元

批号	直接材料	燃料及动力	直接人工	制造费用	合　计
601	2 212	430	1 254	820	4 716
602	5 010	381.40	860	480	6 731.40
701	23 120	738	3 180	1 680	28 718

3. 期末各批号产品完成情况

602批号乙产品,本月未完工产品数量较大,采用约当产量法计算完工产品成本与在产品成本,原材料于生产开始时一次投入,在产品完工程度为50%。

701批号丙产品,本月完工5件,数量较少,为简化核算,完工产品按计划成本转出,每件计划成本为:直接材料365元,燃料及动力25元,直接人工54元,制造费用45元。合计489元。

4. 根据上述各项资料,登记各批次产品成本明细账,见表6-22、表6-23、表6-24(金额单位均为元)。

表6-22　　　　　　　　　　　　生产成本明细账

产品批号:601
产品名称:甲产品　　　　　　　　　　　　　　　　　　　　　　　　投产日期:6月
批量:40件　　　　　　　　　　202×年7月　　　　　　　　　　　完工日期:7月

202×年 月	日	摘要	直接材料	燃料及动力	直接人工	制造费用	合计
6	30	在产品成本余额	12 620	510	2 450	1 556	17 136
7	31	根据材料费用分配表	2 212				2 212
	31	根据动力费用分配表		430			430
	31	根据职工薪酬分配表			1 254		1 254
	31	根据制造费用分配表				820	820
	31	累计	14 832	940	3 704	2 376	21 852
	31	转出完工产品(40件)总成本	14 832	940	3 704	2 376	21 852
	31	完工产品单位成本	370.80	23.50	92.60	59.40	546.30

表6-23　　　　　　　　　　　　生产成本明细账

产品批号:602
产品名称:乙产品　　　　　　　　　　　　　　　　　　　　　　　　投产日期:6月
批量:50件　　　　　　　　　　202×年7月　　　　　　　　　（本月完工30件）完工日期:8月

202×年 月	日	摘要	直接材料	燃料及动力	直接人工	制造费用	合计
6	30	在产品成本余额	12 315	477	1 124	984	14 900
7	31	根据材料费用分配表	5 010				5 010
	31	根据动力费用分配表		381.40			381.40
	31	根据职工薪酬分配表			860		860
	31	根据制造费用分配表				480	480
	31	累计	17 325	858.40	1 984	1 464	21 631.40
	31	完工产品数量	30	30	30	30	
	31	在产品约当产量	20	10	10	10	
	31	分配率(完工产品单位成本)	346.50	21.46	49.60	36.60	
	31	完工产品成本	10 395	643.80	1 488	1 098	13 624.80
	31	月末在产品成本	6 930	214.60	496	366	8 006.60

在表6-23中,相关数据计算过程如下:

完工产品直接材料费用 $=\dfrac{17\,325}{30+20}\times 30=10\,395$(元)

月末在产品直接材料费用 $=\dfrac{17\,325}{30+20}\times 20=6\,930$(元)

完工产品燃料及动力费用 $=\dfrac{858.40}{30+20\times 50\%}\times 30=643.80$(元)

月末在产品燃料及动力费用 $=\dfrac{858.40}{30+20\times 50\%}\times 20\times 50\%=214.60$(元)

完工产品直接人工费用 $=\dfrac{1\,984}{30+20\times 50\%}\times 30=1\,488$(元)

月末在产品直接人工费用 $=\dfrac{1\,984}{30+20\times 50\%}\times 20\times 50\%=496$(元)

完工产品制造费用 $=\dfrac{1\,464}{30+20\times 50\%}\times 30=1\,098$(元)

月末在产品制造费用 $=\dfrac{1\,464}{30+20\times 50\%}\times 20\times 50\%=366$(元)

表6-24　　　　　　　　　　生产成本明细账

产品批号:701　　　　　　　　　　　　　　　　投产日期:7月
产品名称:丙产品　　　　　　　　　　　　　　　完工日期:8月
批量:60件　　　　　　　　202×年7月　　　　(本月完工5件)

202×年		摘　要	直接材料	燃料及动力	直接人工	制造费用	合　计
月	日						
7	31	根据材料费用分配表	23 120				23 120
	31	根据动力费用分配表		738			738
	31	根据职工薪酬分配表			3 180		3 180
	31	根据制造费用分配表				1 680	1 680
	31	累　计	23 120	738	3 180	1 680	28 718
	31	单位产品计划成本	365	25	54	45	489
	31	完工产品(5件)总成本	1 825	125	270	225	2 445
	31	月末在产品成本	21 295	613	2 910	1 455	26 273

四、简化的分批法

在小批单件生产的企业或车间中,如果同一月份投产的产品批数很多,且月末在产品批数较多,而每月完工批数不多,例如机械制造厂或修配厂就属于这种情况。在这种情况下,如果将当月发生的间接费用在各批产品之间进行分配,而不管各批产品是否已经完工,这样,间接费用的分配工作就会非常繁重,为了简化核算工作,可采用简化的不分批计算在产品成本的简化分批法。

(一)简化分批法的特点

1. 需设置基本生产成本二级账。账中按成本项目登记全部产品的月初在产品生产成本、本月发生生产成本和累计的生产成本,同时还登记全部产品的月初在产品生产工时、本月生产工时和累计的生产工时。在有完工产品的月份,根据累计间接费用(一般为除原材料之外的各项费用)和累计生产工时,计算累计间接费用分配率。

$$全部产品某项累计间接费用分配率 = \frac{分配产品该项间接费用累计额}{全部产品累计生产工时}$$

2. 按照产品批别开设生产成本明细账(产品成本计算单)。每一批别产品在完工以前,账内只按月登记该批产品的直接费用(如直接材料费用)和生产工时,而不按月分配、登记各项间接费用,因而也就不能计算各该批产品的在产品成本。只在有完工产品的月份,才按完工产品的累计生产工时和累计间接费用分配率,计算完工产品应负担的各项间接费用并登记转出,月末在产品仍不登记间接费用。间接费用仍留在基本生产成本二级账中。完工产品应负担的各项间接费用的公式为:

$$某批完工产品应负担的某项间接费用 = 该批完工产品累计生产工时 \times 该项累计间接费用分配率$$

(二)简化分批法的成本核算程序

1. 根据"生产任务通知单"设立各批别产品的生产成本明细账和一张基本生产成本二级账,根据材料费用分配表和生产工时记录等将各批别产品耗用的材料费用和耗用的工时记入各批产品生产成本明细账和基本生产成本二级账。

2. 根据"其他要素费用分配表",将人工费用和制造费用等记入"基本生产成本"二级账。

3. 月终,将基本生产成本二级账中的直接材料费用和生产工时与各批产品生产成本明细账中的直接材料费用和生产工时进行核对。

4. 月终,如有完工产品,计算累计间接费用分配率,并据此分配间接费用,登记完工产品批别的"生产成本明细账",计算完工产品成本。

简化分批法成本核算程序如图 6-4 所示:

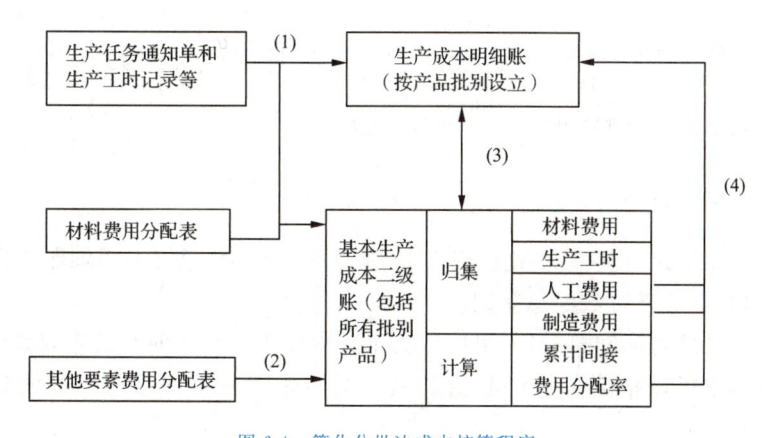

图 6-4 简化分批法成本核算程序

> **请思考**
> 简化分批法的适用条件和特点是什么？

(三)简化分批法举例

【例题 6-3】 某企业小批生产多种产品,由于产品批数多,为了简化成本计算工作,采用简化分批法计算成本。该企业202×年6月的产品信息如下:

4046 号	A产品9件	4月投产	本月全部完工
5041 号	B产品8件	5月投产	本月完工4件
5049 号	C产品7件	5月投产	尚未完工
6009 号	D产品6件	本月投产	尚未完工
6015 号	E产品6件	本月投产	尚未完工

该企业基本生产成本二级账及各批产品生产成本明细账见表6-25至表6-30。

表 6-25 基本生产成本二级账

（各批产品总成本） 金额单位:元

202×年 月	日	摘 要	直接材料	生产工时（小时）	燃料及动力	直接人工	制造费用	合 计
5	31	余 额	67 110	20 500	9 860	43 000	24 700	144 670
6	30	本月发生费用	48 890	19 500	4 140	23 000	12 100	88 130
	30	累 计	116 000	40 000	14 000	66 000	36 800	232 800
	30	累计间接费用分配率			0.35	1.65	0.92	
	30	完工转出成本	45 330	17 600	6 160	29 040	16 192	96 722
	30	余 额	70 670	22 400	7 840	36 960	20 608	136 078

表 6-25 中各成本项目计算如下:

(1)燃料及动力累计分配率 $= \dfrac{14\ 000}{40\ 000} = 0.35$(元/小时)

直接人工累计分配率 $= \dfrac{66\ 000}{40\ 000} = 1.65$(元/小时)

制造费用累计分配率 $= \dfrac{36\ 800}{40\ 000} = 0.92$(元/小时)

(2)完工产品直接材料费用和生产工时根据各批产品生产成本明细账中完工产品的直接材料费用和生产工时数汇总登记。

(3)完工产品的各项间接费用,可以根据本账内完工产品工时与各项累计间接费用分配率相乘求得;也可以根据各批产品生产成本明细账中完工产品的各项间接费用汇总登记。

表 6-26 　　　　　　　　　　生产成本明细账

产品批号:4046　　　　　　　　　　　　　　　　　　　　　　　投产日期:4 月
产品名称:A 产品　　　　　　　　　　　　　　　　　　　　　　完工日期:6 月
产品批量:9 件　　　　　　　　　202×年 6 月　　　　　　　　　金额单位:元

202×年		摘　要	直接材料	生产工时（小时）	燃料及动力	直接人工	制造费用	合　计
月	日							
4	30	本月发生费用	18 970	5 780				
5	31	本月发生费用	9 880	5 400				
6	30	本月发生费用	4 000	1 420				
	30	累计数及累计间接费用分配率	32 850	12 600	0.35	1.65	0.92	
	30	完工转出成本	32 850	12 600	4 410	20 790	11 592	69 642
	30	完工产品单位成本	3 650	1 400	490	2 310	1 288	7 738

注:累计间接费用分配率根据基本生产成本二级账登记。

表 6-27 　　　　　　　　　　生产成本明细账

产品批别:5041　　　　　　　　　　　　　　　　　　　　　　　投产日期:5 月
产品名称:B 产品　　　　　　　　　　　　　　　　　　　　　　完工日期:6 月
　　　　　　　　　　　　　　　　　　　　　　　　　　　　　　（本月完工 4 件）
产品批量:8 件　　　　　　　　　202×年 6 月　　　　　　　　　金额单位:元

202×年		摘　要	直接材料	生产工时（小时）	燃料及动力	直接人工	制造费用	合　计
月	日							
5	31	本月发生费用	19 860	4 500				
6	30	本月发生费用	5 100	3 700				
		累计数及累计间接费用分配率	24 960	8 200	0.35	1.65	0.92	
		完工产品(4 件)转出成本	12 480	5 000	1 750	8 250	4 600	27 080
		完工产品单位成本	3 120	1 250	437.50	2 062.50	1 150	6 770
		在产品成本	12 480	3 200				

表 6-28 　　　　　　　　　　生产成本明细账

产品批号:5049　　　　　　　　　　　　　　　　　　　　　　　投产日期:5 月
产品名称:C 产品　　　　　　　　　　　　　　　　　　　　　　完工日期:
产品批量:7 件　　　　　　　　　202×年 6 月　　　　　　　　　金额单位:元

202×年		摘　要	直接材料	生产工时（小时）	燃料及动力	直接人工	制造费用	合　计
月	日							
5	31	本月发生费用	18 400	4 820				
6	30	本月发生费用	2 100	3 780				

表 6-29　　　　　　　　　　生产成本明细账

产品批号:6009　　　　　　　　　　　　　　　　　　投产日期:6月
产品名称:D产品　　　　　　　　　　　　　　　　　　完工日期:
产品批量:6件　　　　　　　202×年6月　　　　　　金额单位:元

202×年		摘要	直接材料	生产工时（小时）	燃料及动力	直接人工	制造费用	合计
月	日							
6	30	本月发生费用	18 000	7 100				

表 6-30　　　　　　　　　　生产成本明细账

产品批号:6015　　　　　　　　　　　　　　　　　　投产日期:6月
产品名称:E产品　　　　　　　　　　　　　　　　　　完工日期:
产品批量:6件　　　　　　　202×年6月　　　　　　金额单位:元

202×年		摘要	直接材料	生产工时（小时）	燃料及动力	直接人工	制造费用	合计
月	日							
6	30	本月发生费用	19 690	3 500				

采用简化分批法计算产品成本,虽有利于简化成本核算工作,但是,在这种方法下,各未完工批别的生产成本明细账不能完整地反映各批产品的在产品成本,并且只能在适当的条件下,才能采用这种方法,否则会影响成本计算工作的正确性。首先,这种方法只能在各月间接费用的水平相差不大的情况下采用,因累计间接费用分配率是根据本月及以前几个月份的累积间接费用计算的,如本月份间接费用水平与前几个月份间接费用水平相差悬殊,按累计平均的间接费用分配率计算本月投产、本月完工的产品成本,将脱离实际。其次,这种方法只应在同一月份投产的产品批数很多,但月末完工批数较少,月末未完工批数较多的情况下采用。这样,才会简化核算工作,否则仍要按批数在大多数完工产品生产成本明细账中分配登记各项间接费用,不能起到简化核算工作的作用。

第四节　分步法

一、分步法的特点及适用范围

(一)分步法的特点

产品成本计算的分步法,是指以产品的品种及其所经过的生产步骤作为成本计算对象归集生产成本,计算产品成本的方法。这种方法的主要特点表现在以下几个方面:

1.以生产步骤为成本计算对象

采用分步法计算产品成本,如果只生产一种产品,成本计算对象就是该种产品及其所经过的各生产步骤的半成品。生产成本明细账应分别按产品品种及其所经过的各个生产步骤的半成品设置,计算各步骤的半成品成本和完工产品成本;如果生产多种产品,其成本计算对象就是各种完工产品的成本及其所经过的各个生产步骤的半成品成本,生产成本明细账应分别按每种产品及其各个生产步骤的半成品设置,计算各种产品及其半成品成本。

在实际工作中,采用分步法计算产品成本,产品成本计算方法上的分步与产品实际生产步骤的口径有时一致,有时并不一致。例如,在按生产步骤设立车间的企业中,一般情况下,分步计算成本也就是分车间计算成本;如果企业生产规模很大,车间内又分成几个生产步骤,而管理上又要求分步计算成本时,也可以在车间内按要求分步计算成本;相反,如果企业生产规模很小,管理上也不要求分车间计算成本,也可将几个车间合并为一个步骤计算成本。总之,企业应根据管理要求,本着简化核算工作的原则,确定成本计算对象。

2. 以会计期间为成本计算期

在大量、大批的多步骤生产中,由于生产过程较长,可以间断,而且往往都是跨月陆续完工,因此,成本计算一般都是按月、定期地进行,而与生产周期不一致。

3. 生产成本需要在完工产品与在产品之间进行分配

在月末计算产品成本时,各步骤一般都存在未完工的在产品,这样,为了计算完工产品成本和月末在产品成本,还需要采用适当的分配方法,将汇集在生产成本明细账中的生产成本,在完工产品与在产品之间采用适当方法进行分配。

4. 上一步骤半成品是下一步骤的加工对象

在大量、大批多步骤生产中,由于产品的生产是分步骤进行的,上一步骤生产的半成品是下一步骤的加工对象,因此,要计算各种产品的完工产品成本,还需要按照产品品种结转各步骤成本,这是分步法与其他成本计算方法的不同之处,也是分步法的一个重要特点。

(二)分步法的适用范围

产品成本计算的分步法适用于大量、大批的多步骤生产,因为在这些企业中,产品生产可以分为若干步骤进行,例如,钢铁企业可分为炼铁、炼钢、轧钢等步骤;纺织企业可分为纺纱、织布等步骤;机械企业可分为铸造、加工、装配等步骤。为了加强各生产步骤的成本管理,不仅要求按照产品品种归集生产成本,计算产品成本,而且要求按照产品的生产步骤归集生产成本,计算各步骤产品成本,提供反映各种产品及其各生产步骤成本计划执行情况的资料。

在实际工作中,出于成本管理对各生产步骤成本资料的不同要求(即是否需要计算各生产步骤的半成品成本)和简化成本计算工作的考虑,各生产步骤成本的计算和结转,又分为逐步结转和平行结转两种方法,因此分步法相应地分为逐步结转分步法和平行结转分步法两种。其中,逐步结转分步法,按照半成品成本在下一步骤产品生产成本明细账中的反映方法,又可分为综合结转分步法和分项结转分步法两种方法。下面分别介绍下这四种分步法。

> **请思考**
> 什么是产品成本计算的分步法?简述其特点及适用范围。

二、逐步结转分步法

(一)逐步结转分步法的特点及适用范围

1. 逐步结转分步法的特点

逐步结转分步法,是指按各加工步骤归集生产成本、计算各加工步骤半成品成本,而且半成品成本随着半成品的实物转移而在各加工步骤之间顺序结转,最后计算出产成品成本的一种成本计算方法。逐步结转分步法也称计算半成品成本的分步法或顺序结转分步法。逐步结转分步法主要有以下几个特点:

(1)各生产步骤半成品成本的结转同实物的结转相一致,即半成品实物转入哪一个生产步骤,半成品成本也随之转入该生产步骤。

(2)除第一个生产步骤外,其余各生产步骤的生产成本均包括两部分,即上步骤转入的半成品成本和本步骤所发生的生产成本。

(3)各生产步骤的完工产品,除最后的步骤为产成品外,其余各步骤均为半成品,同时,各步骤的在产品均为狭义在产品,即各生产步骤正在加工尚未完工的在制品,在产品成本是按在产品实物所在地反映的,各步骤产品生产成本明细账的期末余额,就是结存在该步骤在产品的全部成本。

2. 逐步结转分步法的适用范围

逐步结转分步法主要适用于成本管理中需要提供各个生产步骤半成品成本资料的企业。尤其是大量、大批连续式多步骤生产企业。在这些企业中,从原材料投入生产到产成品制成,中间要按顺序经过几个生产步骤的逐步加工,前面各生产步骤所生产的都是半成品,只有最后一个步骤生产的才是产成品。各生产步骤所生产的半成品,既可以转交给下一个生产步骤继续加工,耗用在不同产品上,还可以作为商品对外销售。例如,纺织企业生产的棉纱,既可以为企业自用,继续加工织成各种布匹,又可以作为商品,直接对外出售。为此,除了需要计算各种产成品成本外,还必须计算各生产步骤所产半成品成本。同时,为了加强成本管理及降低成本,考核成本计划执行情况等,也需要计算半成品成本。

> **请思考**
>
> 简述逐步结转分步法的优缺点和适用范围。

(二)逐步结转分步法的成本核算程序

逐步结转分步法的成本核算程序取决于半成品实物的流转程序,半成品实物的流转程序有两种,一种是半成品不通过仓库收发,另一种是半成品通过仓库收发。

1. 半成品不通过仓库收发

半成品不通过仓库收发的情况下,逐步结转分步法的产品成本核算程序是:先计算第一步骤所产半成品成本,然后随半成品实物转移,将其半成品成本从第一步骤产品生产成本明细账转入第二步骤相同产品的产品生产成本明细账中,再加上第二步骤所发生的生产成本,计算出第二步骤所产半成品成本,并将其转入第三步骤,这样,按照生产步骤逐步计算（累计）并结转半成品成本，直到最后一个步骤计算出产成品成本。其成本核算程序如图 6-5 所示。

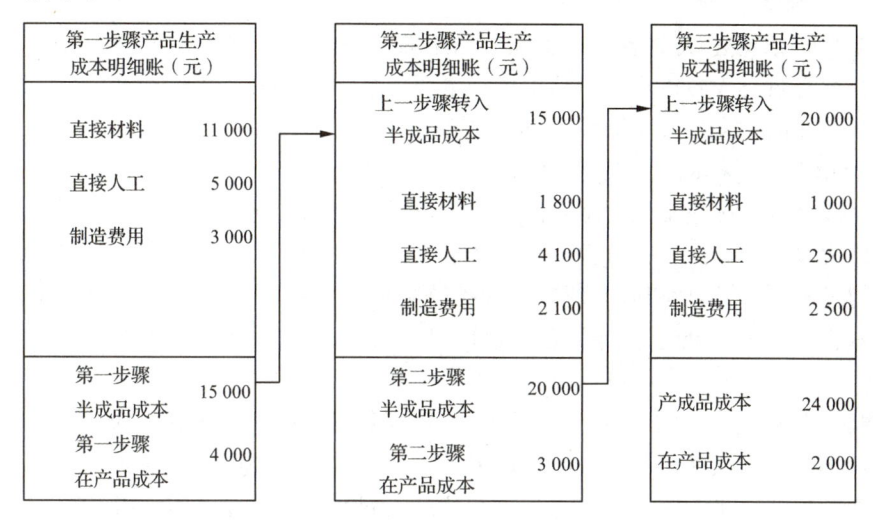

第一步骤产品生产成本明细账（元）		第二步骤产品生产成本明细账（元）		第三步骤产品生产成本明细账（元）	
直接材料	11 000	上一步骤转入半成品成本	15 000	上一步骤转入半成品成本	20 000
直接人工	5 000	直接材料	1 800	直接材料	1 000
制造费用	3 000	直接人工	4 100	直接人工	2 500
		制造费用	2 100	制造费用	2 500
第一步骤半成品成本	15 000	第二步骤半成品成本	20 000	产成品成本	24 000
第一步骤在产品成本	4 000	第二步骤在产品成本	3 000	在产品成本	2 000

图 6-5　逐步结转分步法成本核算程序(1)

2. 半成品通过仓库收发

如果各步骤半成品完工后需通过仓库收发，那么应设置自制半成品明细账进行核算，逐步结转分步法的核算程序如图 6-6 所示。

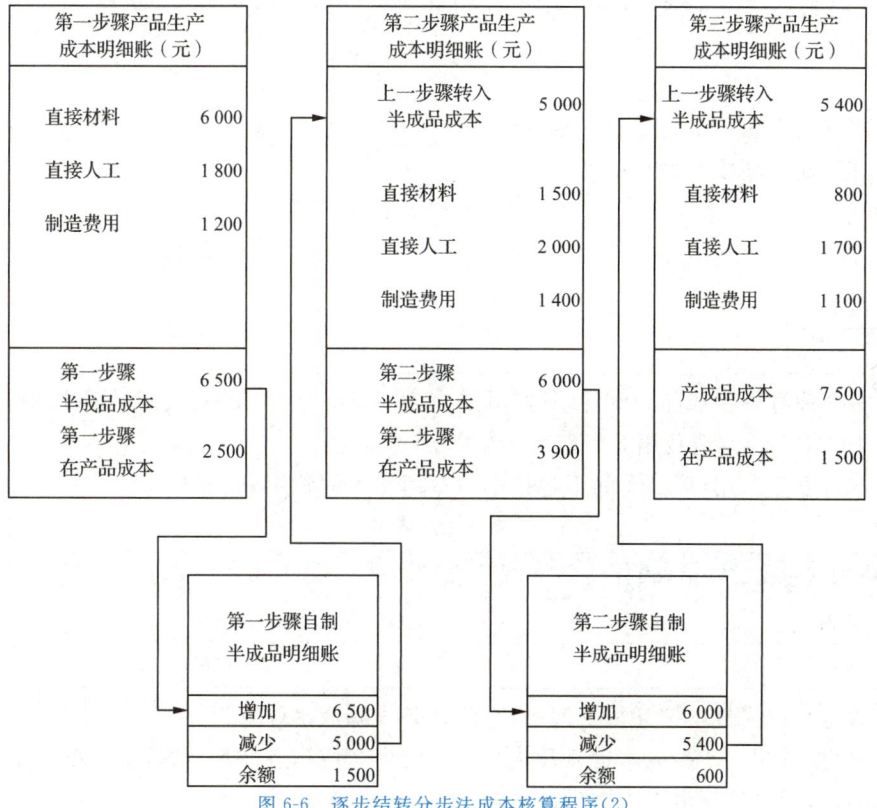

第一步骤产品生产成本明细账（元）		第二步骤产品生产成本明细账（元）		第三步骤产品生产成本明细账（元）	
直接材料	6 000	上一步骤转入半成品成本	5 000	上一步骤转入半成品成本	5 400
直接人工	1 800	直接材料	1 500	直接材料	800
制造费用	1 200	直接人工	2 000	直接人工	1 700
		制造费用	1 400	制造费用	1 100
第一步骤半成品成本	6 500	第二步骤半成品成本	6 000	产成品成本	7 500
第一步骤在产品成本	2 500	第二步骤在产品成本	3 900	在产品成本	1 500

第一步骤自制半成品明细账		第二步骤自制半成品明细账	
增加	6 500	增加	6 000
减少	5 000	减少	5 400
余额	1 500	余额	600

图 6-6　逐步结转分步法成本核算程序(2)

三、综合结转分步法

综合结转分步法,是将各生产步骤所耗用的上一步骤半成品成本,不分成本项目,而是以一个综合数记入各该步骤产品生产成本明细账中的"半成品"成本项目中。综合结转可以按照半成品的实际成本结转,也可以按照半成品的计划成本结转。

(一)半成品按实际成本综合结转

在半成品按实际成本综合结转的情况下,如果半成品实物不通过仓库收发,上一步骤的半成品成本等额转入下一步骤产品生产成本明细账中的"半成品"成本项目;半成品实物如果通过仓库收发,由于各月所产半成品的实际单位成本往往不同,因而所耗半成品的单位成本也有一个计价问题,半成品可以同材料核算一样,采用先进先出法或加权平均法等方法计算。

【例题 6-4】 假定某企业的甲产品生产分两个步骤在两个车间内进行,第一车间为第二车间提供甲半成品。第一车间生产甲半成品,交半成品库验收,第二车间按需要量向半成品库领用。各步骤完工产品与月末在产品之间费用的分配采用约当产量法。该企业202×年5月有关成本计算资料如下:

1. 产量资料见表6-31。

表6-31　　　　　　　　　　产量资料　　　　　　　　　　单位:件

项　目	月初在产品	本月投入	本月完工	月末在产品
第一车间	90	350	360	80
第二车间	110	420	370	160

假定材料在第一车间生产开始时一次投入,各加工步骤的在产品完工程度为50%。

2. 月初在产品成本资料见表6-32。

表6-32　　　　　　　　　月初在产品成本　　　　　　　　　单位:元

项　目	直接材料	半成品	直接人工	制造费用	合计
第一车间	7 830		980	640	9 450
第二车间		14 170	1 375	486	16 031

3. 月初库存甲半成品500件,其实际成本为61 280元。其中,直接材料42 468元,直接人工13 742元,制造费用5 070元。

4. 本月发生费用(第二车间不包括第一车间转入的费用)见表6-33。

表6-33　　　　　　　　　本月生产成本　　　　　　　　　单位:元

项　目	直接材料	直接人工	制造费用	合计
第一车间	30 450	10 220	3 760	44 430
第二车间		9 875	3 789	13 664

5. 假定半成品成本按加权平均法计算,其各步骤成本计算为:

(1)根据月初在产品成本资料及本月发生的生产成本及产量资料,登记第一车间生产成本明细账,即可计算出甲半成品成本,见表6-34(金额单位:元)。

表 6-34　　　　　　　　　　第一车间生产成本明细账　　　　　完工:360 件
产品名称:甲半成品　　　　　　　202×年 5 月　　　　　　　　　在产品:80 件

项　目		直接材料	直接人工	制造费用	合计
月初在产品成本		7 830	980	640	9 450
本月生产成本		30 450	10 220	3 760	44 430
生产成本合计		38 280	11 200	4 400	53 880
产品产量	完工产品数量	360	360	360	
	在产品约当产量	80	40	40	
	合　计	440	400	400	
分配率(单位成本)		87	28	11	126
完工半成品成本		31 320	10 080	3 960	45 360
月末在产品成本		6 960	1 120	440	8 520

根据第一车间的半成品交库单所列交库数量及成本,编制会计分录如下:

借:自制半成品——甲半成品　　　　　　　　　　　　　45 360
　　贷:基本生产成本——第一车间　　　　　　　　　　　　　45 360

(2)根据第一车间所生产的甲半成品交库单及第二车间领用半成品的领用单,登记自制半成品明细账,见表 6-35。

表 6-35　　　　　　　　　　　自制半成品明细账　　　　　　　金额单位:元
产品名称:甲半成品　　　　　　　202×年 5 月　　　　　　　　　数量单位:件

月份	月初结存		本月增加		合　计			本月减少	
	数量	实际成本	数量	实际成本	数量	实际成本	加权平均单位成本	数量	实际成本
5	500	61 280	360	45 360	860	106 640	124	420	52 080
6	440	54 560							

表 6-35 中甲半成品加权平均单位成本 $=\dfrac{106\ 640}{860}=124$(元/件)

发出甲半成品成本$=420×124=52\ 080$(元)

根据第二车间半成品领用单,编制会计分录如下:

借:基本生产成本——第二车间　　　　　　　　　　　　　52 080
　　贷:自制半成品——甲半成品　　　　　　　　　　　　　52 080

(3)根据月初在产品成本资料、本月发生生产成本及产量资料、第二车间半成品领用单,登记第二车间生产成本明细账,计算完工产品成本,见表 6-36(金额单位:元)。

成本会计

表 6-36　　　　　　　　　　第二车间生产成本明细账　　　　　　　　完工：370 件
产品名称：甲产品　　　　　　　　　　202×年 5 月　　　　　　　　　　在产品：160 件

项　目		半成品	直接人工	制造费用	合计
月初在产品成本		14 170	1 375	486	16 031
本月生产成本		52 080	9 875	3 789	65 744
生产成本合计		66 250	11 250	4 275	81 775
产品产量	完工产品数量	370	370	370	
	在产品约当产量	160	80	80	
	合　计	530	450	450	
分配率(单位成本)		125	25	9.50	159.50
完工产品成本		46 250	9 250	3 515	59 015
月末在产品成本		20 000	2 000	760	22 760

在表 6-36 第二车间生产成本明细账中,增设了"半成品"成本项目栏,其目的就是为了综合登记所耗用第一车间半成品的成本。其中本月半成品费用,应根据计价后的第二车间半成品领用单登记。

根据第二车间的产成品交库单所列产成品交库数量和第二车间生产成本明细账中完工转出产成品成本,编制会计分录如下：

借：库存商品——甲产品　　　　　　　　　　　　　　　59 015
　　贷：基本生产成本——第二车间　　　　　　　　　　　　59 015

(二)半成品按计划成本综合结转

在半成品按计划成本综合结转的情况下,半成品日常收发的明细核算均按计划成本计价；在半成品实际成本计算出来后,再计算半成品成本差异额和差异率,调整领用半成品的计划成本。

1.半成品按计划成本综合结转所用账表的特点

(1)自制半成品明细账不仅要反映半成品收发和结存的数量及实际成本,而且要反映半成品收发和结存的计划成本、成本差异额及成本差异率。

(2)在产品生产成本明细账中,对于所耗用半成品的成本,可以直接按照调整成本差异后的实际成本登记；也可以按照计划成本和成本差异率分别登记,以便于分析上一步骤半成品成本差异对本步骤成本的影响,如采用后一种做法,产品生产成本明细账中的"半成品"项目,应分设"计划成本""成本差异""实际成本"三栏,其格式见表 6-37。

表 6-37　　　　　　　　　　产品生产成本明细账
产品名称：

摘要	产量(件)	半成品			直接人工	制造费用	成本合计
		计划成本	成本差异	实际成本			

以上【例题 6-4】的企业资料来列示半成品按计划成本综合结转的方法,见表 6-38。

表 6-38　　　　　　　　自制半成品明细账
产品名称：甲半成品　　　　　202×年5月　　　　　　计划单位成本：128元/件

月份	月初余额			本月增加			合　计					本月减少		
	数量	计划成本	实际成本	数量	计划成本	实际成本	数量	计划成本	实际成本	成本差异	成本差异率	数量	计划成本	实际成本
	①	②	③	④	⑤	⑥	⑦=①+④	⑧=②+⑤	⑨=③+⑥	⑩=⑨-⑧	⑪=⑩÷⑧	⑫	⑬	⑭=⑬+⑬×⑪
5	500	64 000	61 280	360	46 080	45 360	860	110 080	106 640	-3 440	-3.125%	420	53 760	52 080
6	440	56 320	54 560											

半成品成本差异率 = $\dfrac{\text{月初结存半成品成本差异}+\text{本月收入半成品成本差异}}{\text{月初结存半成品计划成本}+\text{本月收入半成品计划成本}}\times 100\%$

　　　　　　　= $\dfrac{(-2\,720)+(-720)}{64\,000+46\,080}\times 100\%$

　　　　　　　= $\dfrac{-3\,440}{110\,080}\times 100\%$

　　　　　　　= -3.125%

发出半成品成本差异 = 发出半成品计划成本 × 半成品成本差异率
　　　　　　　　= 53 760 × (-3.125%)
　　　　　　　　= -1 680(元)

发出半成品实际成本 = 发出半成品计划成本 + 发出半成品成本差异
　　　　　　　　= 53 760 - 1 680
　　　　　　　　= 52 080(元)

2.按计划成本综合结转半成品成本的优点

按计划成本综合结转半成品成本具有以下优点：

(1)能简化和加速半成品核算和产品成本计算工作

按计划成本结转半成品成本，可以简化和加速半成品收发的凭证计价和记账工作；半成品成本差异率如果不是按半成品品种，而是按类别计算，可以省去大量计算工作；如果月初半成品库存量较大，本月耗用的半成品大部分甚至全部是以前月份生产的，本月所耗半成品成本差异调整也可以根据上月半成品成本差异率计算，这样，不仅简化了计算工作，并且各步骤的成本计算也可以同时进行，从而加速产品成本的计算工作。

(2)便于对各步骤成本进行考核和分析

按计划成本结转半成品成本，可以在各步骤的生产成本明细账中分别反映所耗半成品的计划成本和成本差异，因而在考核和分析各步骤产品成本时，可以剔除上一步骤半成品成本节约或超支的影响，正确地反映各生产步骤的成本超支或节约情况，便于成本考核和分析工作的进行。

> **请思考**
> 按计划成本综合结转半成品成本具有哪些优点？

(三)综合结转分步法的成本还原

1. 成本还原的含义

采用综合结转分步法结转半成品成本时,上一生产步骤转入的自制半成品成本,综合记入"半成品"成本项目,这样,简化了成本计算手续。但是,在最后的生产步骤计算出的产品成本中,除了本步骤发生的生产成本是按原始成本项目反映外,前面各个生产步骤发生的各项费用,都集中在"半成品"成本项目中,这样的计算结果不能反映出直接材料、燃料及动力、直接人工、制造费用等成本项目在全部成本中所占的比重,即不能提供按成本项目反映的成本资料。因此,当成本管理要求按照规定成本项目考核和分析企业产品成本计划的完成情况时,就需要进行成本还原,即将产成品所耗半成品的综合成本分解还原为按原始成本项目反映的成本,以满足企业考核和分析产成品成本构成的需要。

2. 成本还原的方法

通常采用的成本还原方法是:从最后一个生产步骤开始,将产成品所耗上一生产步骤自制半成品的综合成本,按照上一生产步骤本月所产该种半成品的成本结构进行还原,依次从后往前逐步分解,直至第一加工步骤为止,还原为直接材料、燃料及动力、直接人工、制造费用,然后,再汇总各加工步骤相同成本项目的金额,从而计算出按原始成本项目反映的产成品成本。

【例题 6-5】 仍以【例题 6-4】的资料为例,说明产成品的还原方法。表 6-36 中产成品成本为 59 015 元,其中所耗用的自制半成品成本为 46 250 元,按其占第一步骤(车间)生产成本明细账中本月所产该种自制半成品总成本 45 360 元的比例,分解还原成按原始成本项目反映的产成品成本,其计算公式为:

$$成本还原分配率 = \frac{本月产成品所耗上一步骤自制半成品成本}{本月所产该种自制半成品总成本} = \frac{46\ 250}{45\ 360} \approx 1.019\ 6$$

所耗用的自制半成品成本还原为各成本项目金额 = 本月所产该自制半成品成本中的各该成本项目金额 × 成本还原分配率

所耗自制半成品成本还原为直接材料 = 31 320 × 1.019 6 = 31 933.87(元)

所耗自制半成品成本还原为直接人工 = 10 080 × 1.019 6 = 10 277.57(元)

所耗自制半成品成本还原为制造费用 = 46 250 − 31 933.87 − 10 277.57 = 4 038.56(元)

还原后各成本项目之和为 46 250 元,与产成品所耗自制半成品成本抵消。然后,将还原前产成品成本与产成品中自制半成品成本的还原额,按照相同的成本项目汇总,计算出还原后产成品成本。还原后产成品成本为:

直接材料 =   31 933.87(元)
直接人工 = 9 250 + 10 277.57 = 19 527.57(元)
制造费用 = 3 515 + 4 038.56 = 7 553.56(元)
───────────────────────────────
　　　合计　　　　　59 015(元)

在实际工作中,成本还原一般是通过成本还原计算表进行的,成本还原计算表见表 6-39。

表 6-39　　　　　　　　　产品成本还原计算表

产品名称：甲产品　　　　　　　202×年5月　　　　　　　金额单位：元

行次	项目	还原率	半成品	直接材料	直接人工	制造费用	合计
①	还原前产成品成本		46 250		9 250	3 515	59 015
②	本月所产半产品成本			31 320	10 080	3 960	45 360
③	产成品中半成品成本还原	$\frac{46\ 250}{45\ 360}=1.019\ 6$	−46 250	31 933.87	10 277.57	4 038.56	0
④=①+③	还原后产成品成本			31 933.87	19 527.57	7 553.56	59 015

如果产品的生产步骤不只两步，那么在进行一次还原后，还会有自制半成品成本项目，则应继续还原，直到自制半成品成本项目全部分解成按原始成本项目反映为止。

以上采用的成本还原方法是"按本月所产该半成品的成本结构进行还原的方法"。这种方法相对来说比较简单，但由于没有考虑以前月份所产半成品成本结构的影响，在各月所产半成品的成本结构变化较大情况下，采用这种方法进行成本还原会产生误差。因为本月产成品所耗用的半成品不一定都是本月生产的，一般还包括月初结存的半成品，而月初结存的半成品与本月所生产的半成品，其成本结构往往是不同的，还原结果的正确性必然会受到影响。因此如果各月半成品的成本结构变化较大，对还原结果的正确性就会产生较大影响。如果半成品的计划成本比较准确，为了提高还原结果的正确性，产成品所耗半成品费用可以按计划成本的结构进行还原。为此，上述产品成本还原计算表（表6-39）中第②行按成本项目分列的本月所产半成品的总成本，应改为按成本项目分列的半成品的计划单位成本。

> **请思考**
> 什么是成本还原？怎样进行成本还原？

（四）综合结转分步法的优缺点

综上所述，采用综合结转分步法结转半成品成本时，从各步骤的产品生产成本明细账中，可以看出各步骤产品所耗上一步骤半成品费用和本步骤加工费用的水平，从而有利于各生产步骤的管理。其不足之处是：如果从管理上要求提供按原始成本项目反映的产成品资料，就需要进行成本还原，成本还原工作繁重，会增加核算工作。因此，这种结转方法只适宜在管理上要求计算各步骤完工产品所耗半成品费用，而不要求进行成本还原的情况下采用。

> **请思考**
> 综合结转分步法的优缺点和适用范围是什么？

四、分项结转分步法

分项结转分步法,是将各生产步骤所耗用的上一步骤半成品成本,按照成本项目分项转入各该步骤产品成本明细账的各个成本项目中,如果半成品通过半成品库收发,在自制半成品明细账中登记半成品成本时,也要按照成本项目分别登记。

采用分项结转分步法时,可以按照半成品的实际成本结转,也可以按照半成品的计划成本结转,然后再按成本项目分项调整成本差异。但按计划成本结转时,因分项调整成本差异的工作量较大,因此,在实际工作中大多采用按实际成本分项结转的方法。

【例题 6-6】 仍以【例题 6-4】的相关资料为例,说明采用分项结转分步法的成本计算程序。根据第一车间生产成本明细账、第一车间半成品交库单及第二车间半成品领用单,登记自制半成品明细账,见表 6-40。

表 6-40　　　　　　　　　自制半成品明细账
产品名称:甲半成品　　　　　　　202×年 5 月　　　　　　　　　金额单位:元

月份	项目	产量(件)	实际成本			
			直接材料	直接人工	制造费用	成本合计
5	月初余额	500	42 468	13 742	5 070	61 280
	本月增加	360	31 320	10 080	3 960	45 360
	合　计	860	73 788	23 822	9 030	106 640
	单位成本		85.80	27.70	10.50	124
	本月减少	420	36 036	11 634	4 410	52 080
6	月初余额	440	37 752	12 188	4 620	54 560

根据月初在产品成本资料、本月发生生产成本及产量资料、第二车间半成品领用单及自制半成品明细账,即可计算出完工产品成本,见表 6-41。

表 6-41　　　　　　　　第二车间生产成本明细账　　　　　　　完工:370 件
产品名称:甲产品　　　　　　　　202×年 5 月　　　　　　　　　在产品:160 件

摘要		直接材料		直接人工		制造费用		合计
		上步骤转入	本步骤发生	上步骤转入	本步骤发生	上步骤转入	本步骤发生	
月初在产品成本	上步骤转入	9 784		3 149		1 237		14 170
	本步骤发生				1 375		486	1 861
本月发生费用	上步骤转入	36 036		11 634		4 410		52 080
	本步骤发生				9 875		3 789	13 664
生产成本合计		45 820	14 783	11 250	5 647	4 275	81 775	

(续表)

摘要		直接材料		直接人工		制造费用		合计
		上步骤转入	本步骤发生	上步骤转入	本步骤发生	上步骤转入	本步骤发生	
产品产量	完工产品数量	370		370	370	370	370	
	在产品约当产量	160		160	80	160	80	
	合计	530		530	450	530	450	
分配率		86.453		27.892	25	10.655	9.50	159.50
完工产成品成本		31 987.61		10 320.04	9 250	3 942.35	3 515	59 015
月末在产品成本		13 832.39		4 462.96	2 000	1 704.65	760	22 760

通过表 6-41 可以看出,表中"月初在产品成本"和"本月发生费用"等项目,都要分设"上步骤转入"和"本步骤发生"两个栏目,这是因为采用约当产量法计算产品成本时,对这两部分费用的处理方法是不同的,对于月末在产品成本来说,上步骤转入的半成品各成本项目的费用,在转入本步骤加工时就已经全部投入,可以直接按本月完工产品(指本步骤完工半成品或产成品)数量和在产品数量进行分配;对于本月本步骤发生的生产成本,除生产开始时一次投入的原材料费用外,其余项目的费用尚未全部投入,一般都是随着生产进度陆续发生,需要按照完工产品数量和在产品约当产量进行分配,这样,成本计算结果才会准确;否则成本计算的正确性就会受到影响。半成品成本分项结转,采用约当产量法计算在产品成本的工作量比较大。为简化成本核算工作,在预算管理基础较好,各项消耗预算或费用预算比较准确、稳定的企业,月末在产品成本可以采用预算比例法或预算成本法计算,这样各成本项目就不必分设"上步骤转入"和"本步骤发生"两个栏目,而是直接以成本项目列示。

根据第二车间甲产品生产成本明细账(表 6-41),编制完工产品成本汇总表,见表 6-42。

表 6-42 　　　　　　　　　　**完工产品成本汇总表** 　　　　　　　　完工:370 件
产品名称:甲产品　　　　　　　　202×年 5 月　　　　　　　　　　金额单位:元

项目	直接材料	直接人工	制造费用	合计
完工产品总成本	31 987.61	19 570.04	7 457.35	59 015
完工产品单位成本	86.453	52.892	20.155	159.50

表 6-42 的计算结果表明,本月完工甲产品 370 件的总成本为 59 015 元,这与前面甲产品成本还原计算表(表 6-39)中的还原后产成品总成本 59 015 元及单位成本 159.50(59 015÷370)元完全相同,但是两者的成本结构并不相同。这是因为产品成本还原计算表中产成品所耗半成品的各项费用,是按本月所产半成品的成本结构还原计算出来的,没有考虑以前月份所产半成品成本,即月初结存半成品成本结构的影响。而上列第二车间生产成本明细账(表 6-41)中产成品所耗半成品的各项费用,不是按本月所产半成品的成本结构算出的,而是按其原始成本项目分项逐步转入的,包括了以前月份所产半成品成本结构的影响,比较准确。

成本会计

> **请思考**
> 综合结转分步法和分项结转分步法有何不同？

综上所述，采用分项结转分步法结转半成品成本，可以直接、正确地提供按原始成本项目反映的企业产品成本资料，便于从整个企业的角度考核和分析产品成本计划的执行情况，不需要进行成本还原。但是，这一方法的成本结转工作比较复杂，自制半成品成本明细账也要分成本项目进行登记，成本的计算、结转和登记的工作量比较大。因此，分项结转法一般适用于在管理上不要求计算各步骤完工产品所耗半成品费用和本步骤加工费用，而要求按原始成本项目计算产品成本的企业。

五、平行结转分步法

（一）平行结转分步法的特点

平行结转分步法，是指各生产步骤不计算所耗上一步骤的半成品成本，只计算本步骤发生的生产成本，以及生产成本中应计入产成品成本的份额，即将各步骤应计入产成品成本的份额，从各步骤生产成本明细账中平行结转出来，汇总计算产成品成本的一种成本计算方法。因此，平行结转分步法也称为不计算半成品成本的分步法。平行结转分步法主要有以下特点：

1.不设置半成品成本账户。采用平行结转分步法，由于各生产步骤不计算、也不逐步结转半成品成本。所以，无论半成品实物是否通过半成品仓库收发，都不需要设置"自制半成品"账户和"自制半成品明细账"进行核算，也不需要编制半成品结转的会计分录；各生产步骤明细账仅归集本步骤所发生的生产成本，不需设置"半成品"成本项目，并且各步骤半成品成本也不需随半成品实物的转移而转移，而是留在原各步骤生产成本明细账中，半成品成本的核算与实物相脱节。

2.各步骤的完工产品要视最后完工产品而定。采用平行结转分步法，各生产步骤所归集的生产成本也需在完工产品与月末在产品之间分配，但与逐步结转分步法不同的是，平行结转分步法下的完工产品是指最终完工的产成品，不是指各步骤完工的半成品，因而某步骤生产成本明细账中转出的完工产品成本，只是指该步骤生产成本中应由产成品负担的份额。

3.在产品是广义的。平行结转分步法下的在产品，既包括本步骤正在加工的在制品，又包括本步骤已加工完毕交给各半成品仓库的半成品或本步骤已完工但正在以后步骤进一步加工并尚未最终完工的半成品，只要产品尚未最后完工，无论停留在哪个步骤都只能算在产品。因此，平行结转分步法下的在产品是广义的在产品，其成本也是广义在产品成本，即在产品成本按其发生地点分散记录和反映在各加工步骤生产成本明细账中，所以，各步骤生产成本的分配是在产成品与广义在产品之间进行的。

（二）平行结转分步法的适用范围

平行结转分步法主要适用于成本管理上不要求计算半成品成本的企业，尤其是半成品不对外销售的大量大批装配式多步骤生产企业。在这类企业中，从原材料投入生产到产成品制成的过程中,首先是对各种原材料平行地进行加工,加工成各种零件和部件(半成品),然后再由装配车间装配成各种产成品。若这类企业各生产步骤半成品的种类很多,但半成品对外销售的情况却很少,在管理上不需计算半成品成本,采用平行结转分步法可以简化和加速成本计算工作。在某些连续式多步骤生产企业,如果各生产步骤所生产的半成品仅供本企业下一步骤继续加工,不准备对外出售,也可以采用平行结转分步法计算产品成本。

(三)平行结转分步法的成本核算程序

1. 按所生产的产品的品种及其所经过的生产步骤设置产品生产成本明细账,按各生产步骤归集生产成本,计算出每一步骤所发生的生产成本。

2. 月末,采用一定的方法将各生产步骤所归集的生产成本在产成品和广义在产品之间分配,计算出各生产步骤应计入产成品成本的份额。

3. 将各生产步骤生产成本中应计入产成品成本的份额平行结转、汇总,计算出产成品成本。其成本核算程序如图6-7所示。

第一步骤 甲产品生产成本明细账	第二步骤 甲产品生产成本明细账	第三步骤 甲产品生产成本明细账
直接材料 12 000 直接人工 3 600 制造费用 1 800	直接人工 4 100 制造费用 2 000	直接人工 3 200 制造费用 2 100
应计入产成品 成本的份额 14 000	在产品成本 3 400	应计入产成品 成本的份额 4 200	在产品成本 1 900	应计入产成品 成本的份额 3 500	在产品成本 1 800

产成品成本 21 700

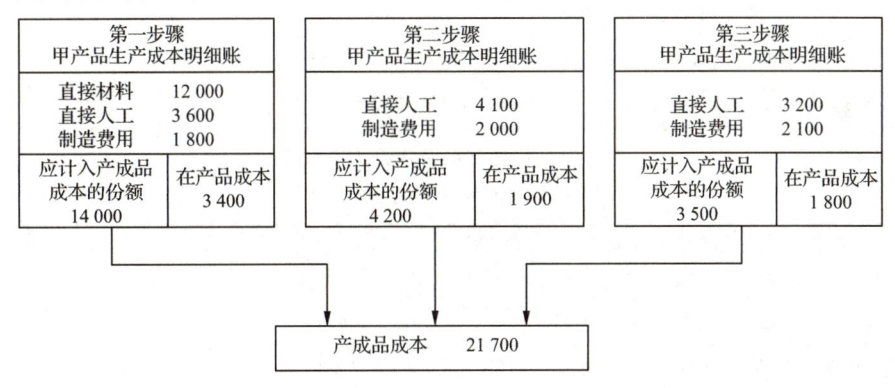

图6-7 平行结转分步法成本核算程序

(四)产成品成本份额的计算

在采用平行结转分步法计算产品成本时,各步骤应计入产成品成本的份额应按下列公式计算:

$$\text{某步骤应计入产成品成本的份额} = \text{产成品数量} \times \frac{\text{单位产成品耗用该步骤半成品数量}}{} \times \text{该步骤半成品单位成本}$$

$$\text{某步骤半成品单位成本} = \frac{\text{该步骤月初在产品成本} + \text{该步骤本月发生的生产费用}}{\text{该步骤完工产品数量(约当产量)}}$$

$$\text{某步骤完工产品数量(约当产量)} = \text{该步骤狭义月末在产品约当产量} + \text{本月完工产成品所耗用该步骤半成品数量} + \text{该步骤已完工留存在半成品库和转至以后步骤的月末半成品数量}$$

$$= \text{该步骤的月初半成品数量} + \text{本月完工半成品数量} + \text{该步骤狭义月末在产品约当产量}$$

式中"该步骤的月初半成品数量"是指月初已经过该步骤加工完毕而留存在半成品库的半成品数量和已转至后续各步骤需继续加工的在产品(半成品)数量之和。由于这部分半成品在该步骤加工的费用已归集在该步骤月初在产品成本中,因而其数量应计入该步骤分配成本的约当产量中。

(五)平行结转分步法举例

【例题 6-7】 某企业生产的 A 产品,需分三个步骤分别由三个基本生产车间进行加工,半成品不经过半成品库收发,第一车间生产的半成品直接转至第二车间继续加工,加工成第二车间的半成品再直接转至第三车间,然后加工成产成品,该企业202×年4月有关产量和成本资料见表6-43、表6-44。

表 6-43　　　　　　　　　　　产量资料　　　　　　　　　　　单位:件

摘　要		第一车间	第二车间	第三车间
半成品数量转移情况	月初在产品数量	90	130	170
	本月投产或上步转入数量	310	280	270
	本月完工数量	280	270	340
	月末在产品数量	120	140	100
各车间总产量计算	该车间本月完工半成品数量	280	270	340
	本车间月初半成品数量	300(130+170)	170	
	本车间月末狭义在产品约当产量	原材料120 其他60	70	50
	约当产量	原材料700 其他640	510	390

表 6-44　　　　　各车间月初在产品及本月生产成本
202×年4月　　　　　　　　　　　　　　　　　单位:元

项　目	第一车间				第二车间			第三车间		
	直接材料	直接人工	制造费用	合计	直接人工	制造费用	合计	直接人工	制造费用	合计
月初在产品成本	28 600	5 170	4 950	38 720	7 130	3 105	10 235	1 488	840	2 328
本月生产费用	29 500	8 910	5 290	43 700	8 680	3 780	12 460	5 766	2 865	8 631
生产成本合计	58 100	14 080	10 240	82 420	15 810	6 885	22 695	7 254	3 705	10 959

假定各车间的月末在产品的加工程度为50%,原材料在第一车间生产开始时一次投入,计算各车间应计入最终产品(产成品)成本的份额,见表6-45、表6-46、表6-47。

表 6-45　　　　　　第一车间生产成本明细账
202×年4月　　　　　　　　　　　　　　　单位:元

项　目	直接材料	直接人工	制造费用	合计
月初在产品成本	28 600	5 170	4 950	38 720
本月生产成本	29 500	8 910	5 290	43 700
生产成本合计	58 100	14 080	10 240	82 420
约当产量	700	640	640	
分配率(单位成本)	83	22	16	121
应计入产成品成本份额	28 220	7 480	5 440	41 140
月末在产品成本	29 880	6 600	4 800	41 280

表6-45中应计入产成品成本份额的计算方法:

直接材料约当产量:120+280+130+170=700(件)

或:340+120+140+100=700(件)

直接人工约当产量:120×50%+280+130+170=640(件)

或:340+120×50%+140+100=640(件)

制造费用约当产量:120×50%+280+130+170=640(件)

或:340+120×50%+140+100=640（件）

应计入产成品成本份额,应根据前列公式计算:

直接材料 $=\dfrac{58\ 100}{700}\times 340=28\ 220$(元)

直接人工 $=\dfrac{14\ 080}{640}\times 340=7\ 480$(元)

制造费用 $=\dfrac{10\ 240}{640}\times 340=5\ 440$(元)

表 6-46　　　　　　　　　第二车间生产成本明细账

202×年4月　　　　　　　　　　　　　　　　　　单位:元

项　目	直接材料	直接人工	制造费用	合计
月初在产品成本		7 130	3 105	10 235
本月生产成本		8 680	3 780	12 460
生产成本合计		15 810	6 885	22 695
约当产量		510	510	
分配率(单位成本)		31	13.50	44.50
应计入产成品成本份额		10 540	4 590	15 130
月末在产品成本		5 270	2 295	7 565

表 6-46 中应计入产成品成本份额的计算方法:

直接人工约当产量=140×50%+270+170=510(件)

或:340+140×50%+100=510(件)

制造费用约当产量与直接人工约当产量计算方法相同(略)。

应计入产成品成本份额:

直接人工 $=\dfrac{15\ 810}{510}\times 340=10\ 540$(元)

制造费用 $=\dfrac{6\ 885}{510}\times 340=4\ 590$(元)

表 6-47　　　　　　　　　第三车间生产成本明细账

202×年4月　　　　　　　　　　　　　　　　　　单位:元

项　目	直接材料	直接人工	制造费用	合计
月初在产品成本		1 488	840	2 328
本月生产成本		5 766	2 865	8 631
生产成本合计		7 254	3 705	10 959
约当产量		390	390	
分配率(单位成本)		18.60	9.50	28.10
应计入产成品成本份额		6 324	3 230	9 554
月末在产品成本		930	475	1 405

表 6-47 中应计入产成品成本份额的计算方法：

直接人工约当产量＝340＋100×50％＝390(件)

制造费用约当产量＝340＋100×50％＝390(件)

应计入产成品成本份额：

直接人工＝$\dfrac{7\,254}{390}$×340＝6 324(元)

制造费用＝$\dfrac{3\,705}{390}$×340＝3 230(元)

最后汇总各车间应计入产成品成本的份额，计算产成品成本，见表 6-48。

表 6-48　　　　　　　　A 产品成本汇总计算表

完工数量：340 件

产品名称：A 产品　　　　　202×年 4 月　　　　　　　　　　单位：元

项　目	直接材料	直接人工	制造费用	合计
第一车间计入产成品成本的份额	28 220	7 480	5 440	41 140
第二车间计入产成品成本的份额		10 540	4 590	15 130
第三车间计入产成品成本的份额		6 324	3 230	9 554
完工产品（340 件）总成本	28 220	24 344	13 260	65 824
完工产品单位成本	83	71.60	39	193.60

根据产成品入库单，编制会计分录如下：

借：库存商品——A 产品　　　　　　　　　　　　　65 824
　　贷：基本生产成本——第一车间　　　　　　　　41 140
　　　　　　　　　　　——第二车间　　　　　　　　15 130
　　　　　　　　　　　——第三车间　　　　　　　　9 554

> **请思考**
> 平行结转分步法的在产品是广义的还是狭义的？

(六)平行结转分步法的优缺点

1. 平行结转分步法的优点

平行结转分步法的优点有：第一，由于各步骤不计算所耗上一步骤半成品的成本，只计算本步骤所发生的生产成本应计入产成品成本中的份额，将这一份额平行汇总即可计算出产成品成本。因此，各生产步骤月末可以同时进行成本计算，不必等上一步骤半成品成本的结转，从而加速了成本计算工作，缩短了成本计算的时间。第二，可以直接提供按规定成本项目反映的产品成本资料，不需要进行成本还原。第三，由于各步骤成本水平不受上一步骤的影响，因而有利于控制和分析各步骤成本水平。

2. 平行结转分步法的缺点

平行结转分步法的缺点有：第一，由于各步骤不计算半成品成本，因而不能提供各步骤半成品成本资料。第二，由于各步骤只核算本步骤发生的生产成本，各步骤产品成本，不包括所耗半成品成本,不能提供各步骤产品所耗上一步骤半成品成本资料,因此,除第一步骤外,各步骤不能全面反映包括所耗半成品在内的生产耗费水平。第三,由于各步骤的半成品成本不随半成品实物的转移而同步转移,各步骤的半成品实物虽已向下一步骤转移,但在没有最后完工之前,其金额仍保留在原步骤的账上,这种在产品成本与它的实物相分离的情况,不利于在产品的实物管理和资金管理。

> **请思考**
> 平行结转分步法的优缺点和适用范围是什么?

六、逐步结转分步法与平行结转分步法的比较

(一)成本管理要求不同

逐步结转分步法是计算半成品成本的分步法,平行结转分步法是不计算半成品成本的分步法。是否需要计算半成品成本,取决于成本管理的需要。这两种计算方法的区别体现了不同的成本管理要求。

如果企业自制半成品可以加工成多种产成品,或者对外销售,或者需要进行半成品成本控制和同行业半成品成本进行比较,在成本管理上就需要计算自制半成品成本,成本计算就应该采用逐步结转分步法。这样就可以提供半成品和在产品实物管理和资金管理的数据,有利于各个生产步骤的成本管理,为分析和考核各生产步骤半成品成本计划的执行情况及正确计算自制半成品的销售成本提供资料。

如果企业自制半成品种类较多,且不对外销售,在成本管理上可以不要求计算半成品成本,成本计算就采用平行结转分步法,这样,各生产步骤可以同时计算应计入产成品成本的份额,无须逐步计算和结转半成品成本,可以简化和加速成本计算工作。

(二)成本计算对象不同

作为成本计算方法,逐步结转分步法和平行结转分步法虽然最终都是计算产成品成本,但是逐步结转分步法还需要以企业所生产的半成品作为成本计算对象,计算各步骤所生产的半成品成本;而平行结转分步法则是以各步骤应计入产成品成本的"份额"作为成本计算对象,计算各步骤应计入产成品成本"份额"的成本。

(三)成本计算程序不同

在逐步结转分步法中,产成品成本的计算是从第一步骤开始的,先计算出完工半成品的成本,并且转入下一步骤中,然后再计算第二步骤完工半成品的成本,再往下一步骤结转,依此类推,直至计算出完工产成品的成本;平行结转分步法是先计算出各步骤应计入产成品成本的"份额",然后将其汇总,最后可以计算出产成品的成本。

(四)成本与实物的关系不同

在逐步结转分步法下,成本的结转与实物的转移是一致的,即半成品实物转移到哪,其成本也随之转移到哪;而在平行结转分步法下,成本的结转与实物的转移是脱节的,当半成品转移到下一步骤或自制半成品库时,其成本并不转移,还留在原生产步骤的生产成本明细账中。

(五)完工产品的含义不同

逐步结转分步法下的完工产品不仅包括最后步骤的完工产成品,而且还包括各步骤完工的半成品;平行结转分步法下的完工产品只包括最后步骤完工的产成品。

(六)在产品的含义不同

在逐步结转分步法下,月末在产品是狭义的在产品,仅仅是指月末正在本步骤加工的产品;而在平行结转分步法下,月末在产品是广义的在产品,它不仅包括月末本步骤正在加工的产品,而且还包括本步骤已完工转入半成品库的半成品和已从半成品库转到以后各步骤进一步加工、尚未最后制成产成品的在产品。

> **请思考**
> 比较逐步结转分步法和平行结转分步法,二者有何不同?

本章小结

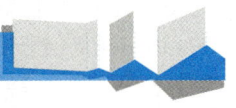

成本计算方法,是指按一定的成本计算对象归集和分配生产成本,并计算其总成本和单位成本的方法。成本计算方法的确定,取决于企业的生产类型特点和成本管理要求。生产特点和成本管理要求对产品成本计算方法的影响主要表现在以下三个方面:一是影响成本计算对象;二是影响成本计算期;三是影响生产成本在完工产品与在产品之间的分配。

为了适应生产类型的特点和满足成本管理要求,在确定产品成本计算对象时,有三种成本计算基本方法:品种法、分批法和分步法。成本计算的辅助方法主要有分类法。企业应根据本企业产品的生产特点和成本管理要求来确定适当的成本计算方法。

产品成本计算的品种法,是按照产品品种归集生产成本,计算产品成本的一种方法。品种法是产品成本计算方法中最基本的方法,其他各种成本计算方法都是在品种法的基础上发展而来的。

产品成本计算的分批法,是按照产品的批别归集生产成本,计算产品成本的一种方法。

分批法的成本核算程序与品种法基本相同,不同的是成本明细账是按产品的批别开设的,会计部门根据用户的订单或生产任务通知单所确定的批别,为每批产品设置生产成本明细账,并按规定的成本项目设置专栏,计算各批产品成本。

在小批单件生产的企业或车间中,如果同一月份投产的产品批数很多,且月末在产品批数较多,而每月完工批数不多的情况下,为了简化核算工作,可采用简化的分批法计算产品成本。

产品成本计算的分步法,是以产品的生产步骤为成本计算对象归集生产成本,计算产品成本的一种方法。分步法的成本计算对象是产品及其所经过的生产步骤,成本计算定期于月末进行,月末一般需要将生产成本在完工产品与在产品之间进行分配。分步法下按半成品成本结转的方式可分为逐步结转分步法和平行结转分步法两种,分步法的分类如图6-8所示。

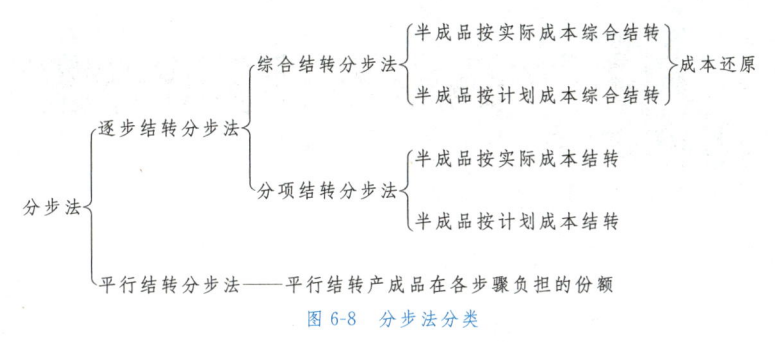

```
                              ┌ 半成品按实际成本综合结转 ┐
             ┌ 综合结转分步法 ┤                          ├ 成本还原
             │                └ 半成品按计划成本综合结转 ┘
 ┌ 逐步结转分步法 ┤
 │           │                ┌ 半成品按实际成本结转
分步法┤       └ 分项结转分步法 ┤
 │                            └ 半成品按计划成本结转
 │
 └ 平行结转分步法——平行结转产成品在各步骤负担的份额
```

图 6-8　分步法分类

逐步结转分步法和平行结转分步法、综合结转分步法和分项结转分步法、半成品按实际成本综合结转和半成品按计划成本综合结转可以相互对比来帮助理解。

第七章 产品成本计算的辅助方法

学习目标

1. 了解分类法的特点。
2. 掌握分类法的适用条件。
3. 掌握分类法的成本核算程序。
4. 掌握分类法的具体应用。
5. 掌握联产品、副产品及等级产品的成本计算。

导入案例

中国铝业股份有限公司（以下简称中铝）成立于2001年2月，是我国有色金属行业国有企业中的龙头企业，分别在纽交所、港交所和沪市三地挂牌上市。根据其2015年年报，总资产和销售收入分别达到1 893亿元和1 234亿元，两项均达到当年行业最高值。

中铝隶属于国资委，国资委通过中铝的母公司持有38.56%的股份。在我国出台了一系列的环保规范之后，中国工业经济联合会要求国有企业率先编制并披露社会责任报告，隶属于国资委的中铝成为我国首批履行环保等社会责任，编制和披露"企业社会责任报告"的企业。中铝首先对企业战略进行了修订，把未来长期范围内关注环保和员工福祉的可持续发展作为企业的首要战略目标。为配合可持续发展战略，2014年中铝开始导入并实施"SHE"管理体系，即由工厂安全（S）、员工健康（H）和环境管理（E）构成的履行企业社会责任的可持续发展的管理体系。它具体包括4项活动：第一项是废弃物处理的研发活动，如赤泥再提炼和矿石的回采、在废矿石废渣中提取和提纯有价元素，以及水和水蒸气的循环采集再利用技术；第二项是投资新型的环保设备或对旧设备进行环保升级和改进；第三项是区分出正"＋"或负"－"的产品或服务，即采用物料和能源流量成本计算法实施成本会计；第四项是在生产环节中关注负产出的循环利用和再利用。这里特别关注水资源循环利用和废矿废料的提炼精炼。这四项活动均反映在企业的生产流程之中。

中铝的铸造铝制品生产流程极为复杂，我们将其简化为从开采铝矿石开始，经由氧化铝工厂和电解铝工厂，直至铸造工厂制成铝制品的四大流程。在第一生产流程"铝矿石开采"中，企业投入的物料包括开采和提取铝矿石所需的化学原料等，属于直接材料成本；投入的能源包括电力和水资源，属于直接燃料和动力成本，再加上劳动力人工的操作，最终产生正产出铝矿石，投入下一个氧化铝的生产流程。与此同时，还会产生出大量负产出，即废矿（石）废渣等物料损失，以及废水和电力损失等能源损失。此时中铝启动SHE管理体系,对废矿进行回采、在废矿石废渣中提取和提纯有价元素,同时对水和水蒸气进行循环采集再利用,从而实现了对物料和能源损失的双重管控,把损失降低到最低水平。同时,将正产出铝矿石则作为物料流入第二生产流程。第二生产流程中再投入能源,包括水蒸气和电力,再投入人工操作之后产生正产出氧化铝和负产出赤泥等物料损失,以及废水和电力等能源损失。此时中铝再次对物料和能源的损失进行循环采集和再利用,通过双重管控把这道流程中的损失成本降到最低水平。同时,正产出氧化铝则成为流入第三道生产流程的物料,再投入能源和人工生产操作之后再度产生"正"和"负"两种产出。正产出成为流入最后一道生产流程的物料,而负产出中物料和能源再度进行双重管控,循环采集和再利用,使损失成本降到最低。以此类推直至最终完成全部生产流程。

企业排放的废弃物其实全部来自生产制造环节中物料和能源的流动。于是在企业内部,如何对投入的物料和能源成本进行追踪、核算、管理和控制,成为企业成本会计的重要课题。我国于2014年1月1日起正式实施财政部发布的《企业产品成本核算制度(试行)》。它明确了制造企业一般应设置直接材料、燃料和动力、直接人工和制造费用等成本项目(第三章第二十二条)。很显然,这些成本项目就是企业为生产制造而发生的投入,除去人工的投入以外,企业投入的都是物料和能源。而人工是不会产生排放的,排放都来自企业投入的物料和能源。因而,只要企业的成本会计能对物料和能源进行有效的管理和控制,那么就完全能够达到节能减排的目的。[1]

中铝的案例说明了企业中不仅有成本计算的基本方法,同时也有很多辅助方法用于辅助企业达到经营目标。本章将介绍制造企业中最为常见的成本技术的辅助方法。

习近平总书记教导我们,科技创新是增强综合国力的决定性因素。创新的科学技术是第一生产力,创新是一个民族进步的灵魂,发展经济和改善民生都需要依靠科学技术的不断进步和创新。

本章在课程思政方面,提倡运用开阔的视野和创新意识学习分类法,联产品、副产品和等级品成本计算的方法。在一个企业或车间中,可以同时应用几种成本计算方法,通过创新意识,灵活应用本章所学习的成本核算的辅助方法。

第一节 分类法概述

一、分类法的定义及特点

企业生产的产品如果品种、规格繁多,为了简化成本核算工作,应采用分类法进行成本计算。

产品成本计算的分类法,是按产品的类别作为成本计算对象,开设生产成本明细账,归集各类产品的生产成本,并将各类产品归集的生产成本在该类完工产品与在产品之间进行分配,计算出该类产成品的总成本,再按照一定的方法或标准在该类内各品种、规格

---

[1] 案例来源:许丹.论物料能源双重管控的管理会计及其应用.财会月刊,2017年7月上。

产品之间进行分配,计算出该类内各种产品的总成本和单位成本的一种方法。分类法的特点主要有:

(一)成本计算对象

分类法以产品的类别作为成本计算对象,归集各类产品的生产成本。归集时,直接费用直接计入,间接费用采用一定的分配标准分配计入。

(二)成本计算期

在分类法下,成本计算期取决于生产特点及成本管理要求。如果是大批量生产,应结合品种法或分步法定期在月末进行成本计算;如果与分批法结合运用,成本计算期可不固定,而与生产周期一致。

(三)生产成本在完工产品与在产品之间的分配

在分类法下,月末一般要将各类产品生产成本总额在完工产品和月末在产品之间进行分配。分类法并不是一种独立的成本计算方法,它要根据各类产品的生产工艺特点和成本管理要求,与品种法、分步法和分批法结合运用。

二、分类法的成本核算程序

1. 按产品类别设置产品成本明细账,计算各类产品的实际总成本。采用分类法计算成本时,首先,应根据产品结构、所用原材料和工艺技术过程的不同,将产品划分为若干类别,按照产品的类别设置产品成本明细账,归集产品的生产成本,计算各类产品的成本。

2. 选择合理的分配标准,在类内各种产品之间进行费用分配,计算出类内各种产品的实际总成本和单位成本。

分类法的成本核算程序如图 7-1 所示。

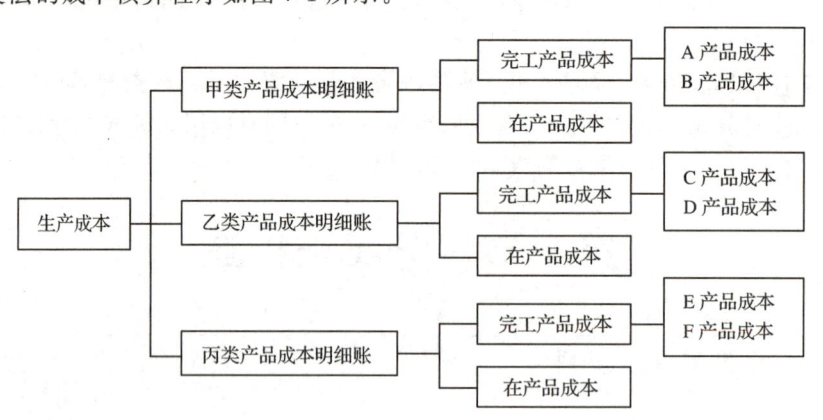

图 7-1 分类法的成本核算程序

三、产品类别的划分与费用分配方法

(一)产品类别的划分

分类法的成本计算对象是产品的类别,采用分类法进行产品成本核算,可以大大简化成本核算工作。但采用这种方法时,产品分类一定要准确,否则将直接影响成本计算结果的准确性。企业应将产品的性质、结构、用途、耗用原材料及工艺过程相同或相近的归为一类。

在类内各种规格的产品之间分配费用时,应遵循相关性原则,考虑分配标准与产品成本的关系是否密切,即要选择与产品各项耗用有密切联系的分配标准进行分配,分配的标准通常有材料预算消耗量、工时预算、费用预算以及产品的售价、重量或体积等。

> **请思考**
> 如何对产品进行分类？在类内各产品之间分配费用时应遵循什么原则？

(二)成本费用的分配方法

在类内各种产品之间分配费用时,各成本项目可以按同一个分配标准进行分配,也可以按照各成本项目的性质,分别采用不同的分配标准进行分配,以使分配结构更趋于合理。例如,直接材料费用可以按照材料预算消耗量或材料预算费用比例进行分配,直接人工等其他费用则可以按照预算工时比例进行分配。

在实际工作中,为了简化成本核算工作,类内不同规格产品成本的分配经常采用系数分配法,即在类内选择一种产量较大、生产稳定、规格适中的产品作为标准产品,将其分配标准定为"1",然后将类内其他各种产品的分配标准与标准产品的分配标准进行比较,分别求出其他产品与标准产品的比例,即系数。在每一种产品的系数确定以后,再将类内各种产品的实际产量,分别乘以该种产品的系数,折算为总系数。总系数又称为标准产量,它是系数分配法的分配标准。最后将该类完工产品总成本除以标准产量,得出费用分配率,从而计算出类内各种产品的实际总成本和单位成本。采用系数分配法的计算公式为

$$某产品系数 = \frac{该产品的分配标准}{标准产品的分配标准}$$

$$某产品总系数(标准产量) = 该产品实际产量 \times 该产品系数$$

$$费用分配率 = \frac{应分配成本总额}{\sum 各种产品总系数}$$

$$某产品应分配费用 = 该产品总系数 \times 费用分配率$$

第二节　分类法的实际应用

一、分类法举例

【例题 7-1】 某企业生产的产品品种、规格较多,根据产品结构特点和所耗用的原材料、工艺技术过程的不同可以将它们分为甲、乙两大类,甲类产品包括 A、B、C 三种不同规格的产品。该企业根据产品的生产特点和成本管理要求,先采用品种法计算出甲、乙两大类产品的完工产品实际总成本,然后再采用系数分配法将各类完工产品总成本在类内各种产品之间进行分配。

202×年 8 月甲类完工产品总成本与在产品成本资料、产量资料及消耗资料见表 7-1 至表 7-3。

表 7-1　产品成本计算单

产品类别：甲类产品　　202×年 8 月　　单位：元

项　目	直接材料	直接人工	制造费用	合　计
月初在产品成本	6 000	1 000	900	7 900
本月发生费用	23 000	12 000	11 000	46 000
生产成本合计	29 000	13 000	11 900	53 900
完工产品成本	21 400	11 940	9 950	43 290
月末在产品成本	7 600	1 060	1 950	10 610

表 7-2　产量资料

产品类别：甲类产品　　202×年 8 月

项　目	计量单位	A 产品	B 产品	C 产品
实际产量	件	700	1 100	800

表 7-3　原材料和人工消耗资料

产品类别：甲类产品　　202×年 8 月

产品名称	计量单位	原材料消耗量（千克）	工时消耗量（小时）
A 产品	件	64	7
B 产品	件	80	10
C 产品	件	48	5

根据上述资料，采用系数分配法分配费用，其中：直接材料费用按原材料消耗系数分配，其他费用按工时系数分配，甲类产品内 A、B、C 产品成本计算过程如下：

1. 选定标准产品

甲类产品以生产比较稳定，产量较大，规格适中的 B 产品为标准产品，将其系数定为 1。

2. 确定类内各种产品的系数

确定类内各种产品的系数，其计算过程见表 7-4。

表 7-4　产品系数计算表

产品类别：甲类产品　　202×年 8 月

产品名称	原材料消耗量（千克）	系数	工时消耗量（小时）	系数
A 产品	64	0.8	7	0.7
B 产品	80	1	10	1
C 产品	48	0.6	5	0.5

3. 计算类内各种产品本月总系数

生产成本在类内各种产品之间的分配，分配标准是总系数（标准产量）。根据表 7-4 所列各种产品的系数和本月各种产品产量资料，编制产品总系数计算表见表 7-5。

表 7-5　　　　　　　　　　　产品总系数(标准产量)计算表
产品类别:甲类产品　　　　　　　202×年 8 月

产品名称	产品产量(件)	原材料 系数	原材料 总系数	工时 系数	工时 总系数
A 产品	700	0.8	560	0.7	490
B 产品	1 100	1	1 100	1	1 100
C 产品	800	0.6	480	0.5	400
合计	—	—	2 140	—	1 990

4.计算类内各种产品的总成本和单位成本

根据表 7-1 所列甲类完工产品总成本,以及表 7-5 所列 A、B、C 产品总系数,计算 A、B、C 三种产品成本,见表 7-6。

表 7-6　　　　　　　　　　　产品成本计算单
产品类别:甲类产品　　　　　　　202×年 8 月　　　　　　　　　　金额单位:元

产品名称	产品产量(件)	原材料总系数	直接材料 分配率	直接材料 分配金额	工时总系数	直接人工 分配率	直接人工 分配金额	制造费用 分配率	制造费用 分配金额	产成品总成本	产成品单位成本
A 产品	700	560		5 600	490		2 940		2 450	10 990	15.70
B 产品	1 100	1 100		11 000	1 100		6 600		5 500	23 100	21.00
C 产品	800	480		4 800	400		2 400		2 000	9 200	11.50
合计	—	2 140	10	21 400	1 990	6	11 940	5	9 950	43 290	—

注:直接材料分配率＝21 400/2 140＝10
　　直接人工分配率＝11 940/1 990＝6
　　制造费用分配率＝9 950/1 990＝5

二、分类法的优缺点及适用范围

(一)分类法的优缺点

采用分类法,按产品类别归集费用、计算成本,不仅可以简化成本核算工作,而且能够在产品品种、规格繁多的情况下,分类考核分析产品成本的水平;但是由于类内各产品成本是按一定标准分配计算出来的,因而计算结果带有一定的假设性。因此,在分类法下,分配标准的选择成为成本计算正确性的关键,企业应选择与成本水平有直接关系的分配标准来分配费用,并随时根据实际情况的变化修订或变更分配标准,以保证分类法下成本计算结果的准确性。

(二)分类法的适用范围

分类法与生产类型没有直接关系,可以在各种类型的生产中应用。分类法的应用范围很广,凡是生产的产品品种、规格繁多,又可以按一定标准划分为若干类别的企业或车间,均可采用分类法计算成本。如钢铁厂生产的各种型号和规格的生铁、钢锭和钢材,食品厂生产的各种味道的饼干、面包、点心,灯泡厂生产的各种类别和瓦数的灯泡等,都可以采用分类法计算成本。

第三节　联产品、副产品和等级品成本计算

一、联产品的成本计算

(一)联产品的含义

联产品是指使用同种原材料,经过同一加工过程而同时生产出两种或两种以上的主要产品。联产品虽然在性质、用途上有所不同,但它们都是企业的主要产品,例如炼油厂以原油为原料,经过一定的生产工艺过程,可以生产出汽油、柴油和煤油等。

联产品与同类产品不同,同类产品是指在产品品种、规格繁多的企业或车间,按一定的标准归类的产品,其目的是便于采用分类法简化产品成本计算工作。而联产品的生产是联合生产,其特点是:

1. 联产品是制造活动的主要目标。
2. 联产品比其他相伴生的副产品售价高。
3. 只要生产出联产品中的一种,就必须同时生产出所有的产品。
4. 对产出的各种产品的相对产量,生产者无法控制。

(二)联产品成本的计算

联产品是使用相同的原材料,经过同一生产过程生产出来的。有的联产品一般要到生产过程终了才能分离出来;有的联产品也可能在生产过程的某一个生产步骤分离出来,这个分离时的生产步骤称为"分离点"。在分离前发生的加工成本称为联合成本。基于上述特点,联产品的成本计算,可以分三个部分进行。

1. 联产品分离点前联合成本的计算

联产品分离前,无法按每种产品作为成本计算对象、归集生产成本并计算其成本,而只能将同一生产过程的联产品,视为一类产品,采用分类法计算分离前的联合成本。

2. 联产品分离点的联合成本分配

在联产品分离时,将联合成本再采用适当的分配标准,在联产品之间进行分配,求出各联产品应负担的联合成本。

3. 联产品分离点后加工成本的计算

有些联产品分离后还需要进一步加工才能出售,这时,应采用适当的方法计算分离后的加工成本。分离后发生的加工成本,因可以分辨其承担主体,所以称为可归属成本。联产品应负担的联合成本与可归属成本之和,就是该联产品的成本。

联产品的生产过程如图 7-2 所示。

(三)联产品的联合成本的分配方法

联产品成本计算的关键是联合成本的分配,常用的联合成本分配方法是系数分配法、实物量分配法和相对销售收入分配法。

1. 系数分配法

系数分配法是将各种联产品的实际产量按照事先规定的系数折合为标准产量,然后

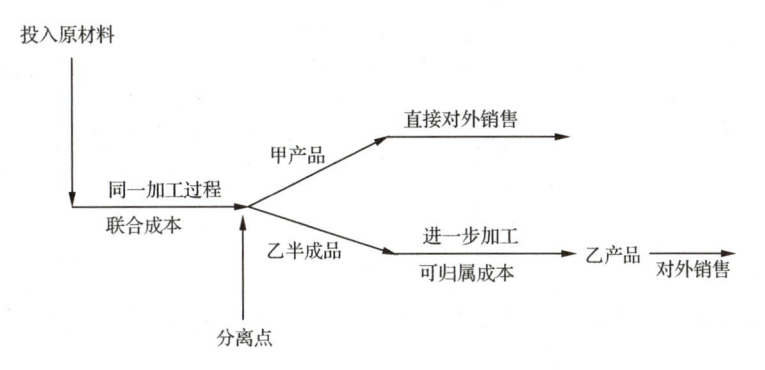

图 7-2　联产品生产的过程及产品成本构成

将联合成本按照各种联产品的标准产量比例进行分配的方法。系数分配法是联产品成本计算中使用较多的一种分配方法,采用这种方法分摊联产品的联合成本,其正确性取决于系数的确定。决定系数的两个主要因素是分配标准和标准产品的确定。由于某些因素的影响,有些企业应用系数分配法可能存在一定困难,这时可考虑其他较简便的分配方法,如实物量分配法。

2. 实物量分配法

实物量分配法是按分离点上各种联产品的重量、容积或其他实物量度比例来分配联合成本的方法。采用这种方法计算出的各种产品单位成本是一致的,且是平均单位成本,因此,这种方法的优点是简便易行。但这种方法也存在缺陷,主要是由于产品成本与实物量并不都是直接相关且成正比例变动的,在这种情况下采用此方法容易导致成本计算与实际相脱节。因此,实物量分配法应在联产品的成本与实物量密切相关且成正比例变动的情况下使用。

3. 相对销售收入分配法

相对销售收入分配法是指用各种联产品的销售收入比例来分配联合成本的方法。这种分配法是基于售价较高的联产品应该成比例地负担较高份额的联合成本这一理论,它是将联合成本按各联产品的销售价值比例来分摊,其结果是各联产品可取得一致的毛利率。这种方法克服了实物量分配法的不足,但其本身也存在缺陷,主要表现在以下方面:

(1)并非所有的成本都与售价有关,价格较高的产品不一定要负担较高的成本。
(2)并非所有的联产品都具有同样的获利能力。

若不区分具体情况而盲目采用这种方法,则会对产品生产决策带来不利影响。这种方法一般适用于分离后不再继续加工,而且价格波动不大的联产品的成本计算。

(四)联产品成本计算举例

【例题 7-2】 某企业用某种原材料经过同一生产过程同时生产出 A、B 两种联产品,202×年9月共生产 A 产品 2 000 千克,B 产品 1 000 千克。期初、期末没有在产品。该月生产 A、B 联产品发生的联合成本分别为:直接材料 60 000 元;直接人工 9 000 元;制造费用 21 000 元。A 产品每千克售价 200 元,B 产品每千克售价 240 元,假设全部产品均已售出。根据所给资料,分别用系数分配法、实物量分配法、相对销售收入分配法计算 A、B 产品的成本,见表 7-7、表 7-8、表 7-9。

表 7-7　　　　　　　　　　联产品成本计算单(系数分配法)

202×年9月　　　　　　　　　　　　金额单位:元

产品名称	产量（千克）	系数①	标准产量	分配比例（%）	应负担的成本			
					直接材料	直接人工	制造费用	合计
A产品	2 000	1	2 000	62.5	37 500	5 625	13 125	56 250
B产品	1 000	1.2	1 200	37.5	22 500	3 375	7 875	33 750
合　计	3 000	—	3 200	100	60 000	9 000	21 000	90 000

注：① 以售价为标准确定系数，选择 A 产品为标准产品，其系数为 1，B 产品的系数为 240/200＝1.2。

表 7-8　　　　　　　　　　联产品成本计算单(实物量分配法)

202×年9月　　　　　　　　　　　　金额单位:元

产品名称	产量（千克）	联合成本				综合分配率	应负担的成本			
		直接材料	直接人工	制造费用	合计		直接材料	直接人工	制造费用	合计
A产品	2 000						40 000	6 000	14 000	60 000
B产品	1 000						20 000	3 000	7 000	30 000
合　计	3 000	60 000	9 000	21 000	90 000	30	60 000	9 000	21 000	90 000

注：综合分配率＝90 000/3 000＝30

直接材料分配率＝60 000/3 000＝20

直接人工分配率＝9 000/3 000＝3

制造费用分配率＝21 000/3 000＝7

表 7-9　　　　　　　　　　联产品成本计算单(相对销售收入分配法)

202×年9月　　　　　　　　　　　　金额单位:元

产品名称	产量（千克）	销售单价	销售价值	分配比例（%）	应负担的成本			
					直接材料	直接人工	制造费用	合计
A产品	2 000	200	400 000	62.5	37 500	5 625	13 125	56 250
B产品	1 000	240	240 000	37.5	22 500	3 375	7 875	33 750
合　计	3 000	—	640 000	100	60 000	9 000	21 000	90 000

二、副产品的成本计算

(一)副产品的含义

副产品是指使用同种原材料在同一生产过程中生产主要产品的同时，附带生产出一些非主要产品，或利用生产中的废料加工而成的产品，如肥皂厂生产出来的甘油；炼油厂生产出来的渣油、石焦油，酿酒厂生产出来的酒糟等。

副产品和联产品都是投入同一种原材料，经过同一生产过程同时生产出来的，它们之间的主要区别在于价值、产量、生产目的以及对生产经营的影响程度等方面。联产品全部是主要产品，其产品价值都比较高，关系到企业的生产经营得失；副产品不是企业生产的主要目的，是伴随着主要产品的生产而同时生产出来的次要产品，其价值与主要产品相比较低，产量较少，属于附带产品，但它仍具有一定的经济价值，能满足一定的社会需要，而且客观上也发生耗费,因此,需要采取一定的成本计算方法计算其成本。

企业的联产品和副产品并非一成不变,随着技术的提高、经济的发展和企业生产工艺的改进,联产品和副产品还可以相互转变,副产品可能转变为联产品,联产品也可能转变为副产品。

(二)副产品成本的计算

由于副产品和主产品是使用同一原材料经同一生产过程生产出来的,所投入的生产成本很难划分。所以,在实际工作中,先将主、副产品作为一类产品归集生产成本,计算该类全部主、副产品的总成本,然后将联合成本在主、副产品之间进行分配,副产品的成本计算就是确定其应负担分离点前的联合成本。由于副产品的经济价值较小,在企业全部产品中所占的比重也较小,因此在计算成本时,可采用简单的计算方法,确定副产品成本,然后从分离前的联合成本中扣除,其余额就是主要产品成本。

副产品的成本计算方法通常有以下几种:

1. 对分离后不再加工且价值不大(与主要产品相比)的副产品,可不负担分离前的联合成本,或以预算单位成本计算其成本。

2. 对分离后不再加工但价值较高的副产品,往往以其销售价格作为计算的依据,将销售价格扣除销售税金、销售费用和一定的利润后作为副产品的成本。

3. 对分离后仍需进一步加工才能出售的副产品,如价值较低,不负担联合成本,则可只计算归属于本产品的成本;如价值较高,则需同时负担分离前的联合成本和可归属成本,以保证主要产品成本计算的合理性。

副产品若负担联合成本,其负担的联合成本确定后,将其从联合成本中扣除的方法有两种:一是将副产品成本从联合成本的"直接材料"项目中扣除;二是将副产品成本按比例从联合成本的各个成本项目中扣除。

(三)副产品成本计算举例

【例题 7-3】 某企业在生产甲主产品的同时,还附带生产出了乙副产品,202×年10月,甲、乙产品的联合成本为100 000元,其中,直接材料为66 000元,直接人工为21 000元,制造费用为13 000元。甲、乙产品分离后可直接出售,本月甲产品的产量为2 600千克,乙产品的产量为400千克,乙产品销售单价扣除销售费用、销售税金及相关利润后为3元每千克,乙产品按比例从联合成本的各成本项目中扣除,计算甲、乙产品的总成本和单位成本。

根据以上资料,计算过程见表7-10。

表 7-10　　　　　　　　　　产品成本计算单

202×年10月　　　　　　　　　　　　　　　　　金额单位:元

项　目		直接材料	直接人工	制造费用	合　计
联合成本		66 000	21 000	13 000	100 000
费用项目比重(%)		66	21	13	100
乙产品	总成本	792	252	156	1 200
	单位成本	1.98	0.63	0.39	3.00
甲产品	总成本	65 208	20 748	12 844	98 800
	单位成本	25.08	7.98	4.94	38.00

乙产品总成本＝400×3＝1 200(元)
其中：直接材料成本＝1 200×66％＝792(元)
　　　直接人工成本＝1 200×21％＝252(元)
　　　制造费用＝1 200×13％＝156(元)
甲产品总成本＝100 000－1 200＝98 800(元)
其中：直接材料成本＝66 000－792＝65 208(元)
　　　直接人工成本＝21 000－252＝20 748(元)
　　　制造费用＝13 000－156＝12 844(元)

三、等级品的成本计算

(一)等级品的含义

等级品是指使用原材料相同，经过相同加工过程生产出来的品种相同但质量有所差别的产品。如搪瓷器皿、电子元件、针纺织品等的生产，经常会出现一等品、二等品、三等品和等外品。

等级品与联产品、副产品是不同的概念，等级品与联产品、副产品的相同之处在于，它们都是使用同种原材料，经过同一生产过程而产生的。它们的不同之处在于，等级品是同一品种不同质量的产品，联产品、副产品则是指不同品种的产品；在每种联产品和副产品中，其质量比较一致，因而销售单价相同，而各等级品因质量存在差异，所以销售单价相应地分为不同等级。

等级品与废品是两个不同的概念，等级品质量上的差异一般是在允许的设计范围之内，这些差异一般不影响产品的使用寿命，是合格品。废品是指等级品以下级别的产品，其质量标准达不到设计要求，废品属于非合格品。

(二)等级品的成本计算

等级品成本的计算方法，应视等级品产生的原因而定。等级品产生的原因通常有两种：一是由于生产工人操作不当，技术不熟练或企业经营管理不善造成的；二是由于所用材料质量不同或受目前技术水平限制等原因造成的。对于第一种原因造成的等级品，其各种等级产品的单位成本应是相同的，应按等级品的实际产量比例分配各等级产品应负担的联合成本。次品由于降价销售而导致的损失，说明企业在生产经营管理上存在缺陷，这在一定程度上可以促使企业不断改善经营管理，提高产品质量。对于第二种原因造成的等级品，企业应采用适当的方法计算等级品的成本，通常是把等级品归为一类，计算联合成本，再以等级品的单位售价为标准制定系数，按系数比例分配各等级产品应负担的联合成本，其计算结果是售价高的产品负担较多的联合成本。

> **请思考**
> 联产品、副产品和等级品是一回事吗？它们的区别何在？

(三)等级品成本计算举例

【例题7-4】某企业202×年11月生产丙产品，在生产中出现不同等级质量的产品。

该企业本月生产的丙产品实际产量为250件,其中:一等品150件,二等品60件,三等品40件。各等级品的单位市场售价分别为:一等品10元,二等品6元,三等品3.50元,本月丙产品的联合成本为9 600元,其中:直接材料为6 200元,直接人工为2 300元,制造费用为1 100元。计算丙产品各等级产品的总成本和单位成本。

根据以上资料,丙产品各等级产品成本的计算如下:

1.假设不同质量等级的丙产品,是由于企业经营管理不善造成的,采用实物量分配法计算各等级产品成本。成本计算过程见表7-11。

表7-11 等级品成本计算单
202×年11月 金额单位:元

产品等级	实际产量（件）	分配比例（%）	应负担的成本				单位成本
			直接材料	直接人工	制造费用	合计	
一等品	150	60	3 720	1 380	660	5 760	38.40
二等品	60	24	1 488	552	264	2 304	38.40
三等品	40	16	992	368	176	1 536	38.40
合计	250	100	6 200	2 300	1 100	9 600	

2.假设不同质量等级的丙产品,是由于材料质量的原因造成的,采用系数分配法计算各等级产品成本。成本计算过程见表7-12。

表7-12 等级品成本计算单
202×年11月 金额单位:元

产品等级	实际产量（件）	售价	系数	总系数	分配比例（%）	应负担的成本				单位成本
						直接材料	直接人工	制造费用	合计	
一等品	150	10.00	1.00	150	75	4 650	1 725	825	7 200	48.00
二等品	60	6.00	0.60	36	18	1 116	414	198	1 728	28.80
三等品	40	3.50	0.35	14	7	434	161	77	672	16.80
合计	250			200	100	6 200	2 300	1 100	9 600	

第四节　成本计算方法的综合运用

制造型企业产品生产类型和成本管理要求的多样性,决定了成本计算的多样性。前面章节介绍了产品成本计算的三种基本方法——品种法、分批法和分步法,以及在基本方法的基础上为了简化成本核算工作而采用的分类法和为加强预算管理而采用的预算法,是几种典型的成本计算方法。在实际工作中,一个企业通常会将这几种方法同时应用或结合应用。

一、在一个企业或车间中几种成本计算方法的同时应用

一个企业可能有若干个生产车间,各个生产车间的生产特点和成本管理要求并不一定相同;同一个生产车间所生产的各种产品的生产特点和成本管理要求也不一定相同,因此在一个企业或企业的生产车间中,往往同时应用几种不同的产品成本计算方法。

在一个企业,其基本生产车间与辅助生产车间的生产特点和成本管理要求不同,可能会同时采用多种成本计算方法,基本生产车间可能采用品种法、分批法、分步法和分类法等多种方法计算产品成本;辅助生产车间的供水、供电、供气和机修等车间采用品种法计算产品成本,自制设备等车间可以采用分批法计算产品成本。

在企业一个生产车间内部,由于产品的生产组织方式不同,也可以同时采用多种成本计算方法。大量大批生产的产品可以按实际情况灵活采用品种法、分步法或分类法;单件小批生产的产品则应采用分批法计算产品成本。

二、在一种产品中几种成本计算方法的结合应用

一个企业或企业的生产车间,除了可能同时采用几种成本计算方法以外,在计算某一种产品成本时,还可以以一种成本计算方法为主,结合采用几种成本计算方法。原因是即使是同一种产品,由于该产品所经过的生产步骤不同,其生产特点和成本管理要求也不同,所以采用的成本计算方法也就不同。

例如,在小批单件生产的机械制造企业,产品的生产需要经过铸造、机械加工和装配等相互关联阶段的不同操作才能完成。从产品生产的某个阶段来看,铸造车间可以采用品种法计算各种铸件的成本。从铸造与机械加工两个阶段的成本结转来看,可以采用逐步结转分步法将铸造成本从铸造车间结转到机械加工车间。装配车间则采用分批法计算产品成本。这样,该企业就是在采用分批法的基础上结合采用了品种法与分步法来进行产品成本计算,以满足企业加强成本管理的需要。

在构成一种产品的不同零部件(半成品)之间,可以采用不同的成本计算方法;在一种产品的各个成本项目之间,也可以采用不同的成本计算方法。

企业采用分类法计算产品成本时,因为它是成本计算的辅助方法,所以应结合品种法、分批法和分步法等成本计算的基本方法加以应用。

总之,企业的实际情况复杂多样,管理要求又各不相同,因而采用的成本计算方法也是多种多样。应根据企业的生产特点和成本管理要求,并结合企业生产规模的大小及管理水平的高低等实际情况,从实际出发,将成本计算的各种方法灵活地加以应用。

本章小结

本章主要介绍了成本计算的辅助方法——分类法。其特点是不能单独运用于企业的成本计算,必须与产品成本计算的基本方法结合起来应用。

分类法适用于产品品种、规格繁多的企业,可以简化成本计算工作。它是先按照产品

的类别归集生产成本,计算各类别产品成本,然后再选择合理的分配标准,在类内各种产品之间分配费用,计算类内各种产品的成本。

联产品是指使用同种原材料,经过同一加工过程而同时生产出两种或两种以上的主要产品;副产品是指使用同种原材料在同一生产过程中生产主要产品的同时,附带生产出一些非主要产品,或利用生产中的废料加工而成的产品;等级品是指使用的原材料相同,经过相同加工过程生产出来的品种相同但质量有所差别的产品。无论是联产品、副产品还是等级品,都要注意联合成本分配的准确性。

在实际工作中,企业应根据自身的生产特点和成本管理要求,选择适合本企业的成本计算方法,使各种成本计算方法有机结合,以保证企业成本核算的顺利进行。

第八章 作业成本法与作业成本管理

学习目标

1. 了解间接成本分配的难题。
2. 掌握作业成本法的概念和实施要点。
3. 掌握作业成本法的计算过程。
4. 学会比较简单法和作业成本法的不同。
5. 学会将作业成本法运用到作业成本管理中去。

导入案例

韩国电子制造业巨头LG电子是世界最大的平板电视机屏幕和手机屏幕制造商之一[①]。仅2009年LG电子就销售了1 600万块电视机液晶面板和1亿零1 700万块手机液晶面板。然而不为人所知的是,LG电子每年要花费400亿美元的供应成本用于采购原材料和零配件。在2008年到2009年间,LG电子的供应部门采取的是分散供应的形态,从而导致供应效率低下并且浪费巨大。

由于供应成本在其年度销售收入中所占的比例过大,LG电子决定采取措施降低该成本。LG电子对其供应体系的分析表明,公司的大多数供应资源都投入到了烦琐的管理性手续之中而并非战略性的工作。而且许多手续仍为人工操作导致了高成本。LG电子决定在供应部门导入作业成本法,重构其供应程序以提高效率,重点投入高附加价值的供应工作,例如监控日常供应的成本,以及加强与供应商的谈判等。

导入作业成本法一年时间LG电子就削减了大约16%的原材料采购成本,并有望在三年之内进一步削减50亿美元。

众所周知,从事成本会计工作,世界观、人生观、价值观和职业道德非常重要,它们会直接影响成本会计人员处理问题的思路和方法。

本章在课程思政方面,要求在学习作业成本法这一专业知识技能的同时,兼具细心和缜密的态度。在现实的工作中,任何一个小错误都可能会使财务部门甚至整个企业的工作功亏一篑。牢记思想政治要求,才能成为既掌握专业技能,又符合思想道德要求的德才兼修的新时代接班人。

[①] 案例来源:Carbone,James. 2009. LG Electronics centralizes purchasing to save. Purchasing,Apr.

第一节 解决间接成本分配的难题

在制造型企业的产品成本计算之中,在生产工厂或车间发生的直接生产成本比较容易计量。因为直接成本都直接与企业的某种产品相关,可以直接追迹到该种产品的成本中去。然而,较为困难的是生产环节中发生的间接成本(例如制造费用),由于间接成本都与多种产品相关,因此无法直接追迹到某种特定的产品,而需要进行成本分配。于是,企业为简化成本分配手续,通常采取一般平均法分配间接成本,也就是将间接成本统一按照单一"成本分配基础"平摊给几种相关产品,而不考虑各种产品实际耗费的成本是多少。这个分配基础有时是机械工时、有时是人工工时、有时是直接材料耗用量等。这样,一般平均法就必然会带来成本分配误差,导致一些产品的成本被高估,而另一些产品的成本被低估了。

成本高估是指企业对于耗费较少资源生产出来的某种产品,计算并报告为单位成本较高的产品,从而歪曲了该产品的真实成本。

成本低估是指企业对于耗费较多资源生产出来的某种产品,计算并报告为单位成本较低的产品,从而歪曲了该产品的真实成本。

为了使间接成本的分配更加精确,本章讲述一种专门针对间接成本的分配,能解决间接成本分配难题的方法——作业成本法(Activity Based Costing,简称 ABC)。概括地说,作业成本法包含三个步骤:首先将企业中存在的间接成本找出,将相同类型的间接成本归集到同一个成本库(Cost Pool)中,由于企业可能存在不同类型的成本,因此企业一般需要设置多个成本库,用以归集几种不同类型的成本。然后再把各个成本库中的间接成本按照实际生产经营活动的成本动因来计算成本分配率。最后依据不同的成本分配率将不同成本库中的成本分配到产品中去,从而计算出应该分配给每种产品的间接成本。作业成本法于 20 世纪 80 年代在美国企业中导入并发展,现已普及并应用于全球各领先企业之中。

第二节 作业成本法的定义和原理

一、作业成本法的定义

作业成本法是较为精确的计算成本的有效方法。它通过明确生产经营活动与成本计算对象之间的"因果关系"来更准确地寻找成本动因,以达到更精确地计算成本的目的。作业(Activity)是指一项工作、事项或具有特定目的的一项操作活动。例如,设计产品、调试设备、运转设备、运输或配送产品等都是作业,也就是企业为生产经营而进行的各种活动事项。作业成本法,顾名思义,就是在企业价值链的各个环节上,都能清楚地找到与成本的发生有因果关系的作业活动,计算每项作业的成本,然后把作业成本按照与作业存在因果关系的成本动因分配到各成本计算对象(产品或服务等),从而计算出成本计算对象的相应成本。

二、为何需要用作业成本法计算单位产品成本

使用作业成本法的原因主要有三点：

第一，现代企业的产品多样化程度越来越高。现代社会中人们对商品多样化的要求越来越高，迫使企业必须更快、更多地研发新产品，所以现代企业的产品也越来越多样化。而产品的多样化又使得企业要想准确地计算产品成本变得愈发困难。然而，准确地计算产品成本是企业的经营基础，于是企业就需要用更科学的成本计算方法来应对产品多样化的现状。纵观全世界，知名企业大多都生产或提供一系列的产品或服务，以满足市场的需求。例如，德国西门子公司以生产家用或工业电子产品为主，其产品种类数以万计。全球最大的多元化生产企业美国通用电气公司（GE）的产品涉及世界的各个角落，小到家庭卫生用品，大到核反应发电机组，无所不及。即使是一般的银行等金融服务性企业，也尽可能多地提供各式各样的金融服务。例如，我国的任何一家商业银行都提供多种金融产品。除了日常的存贷款业务之外，ATM业务、信用卡业务、网上银行业务以及各种理财、投资产品数不胜数。在产品如此多元化的时代，计算单一产品的成本显得越来越困难，也就越发需要作业成本法来精确计算产品的成本。

第二，企业间接成本不断增加。现代企业的间接成本日益增加，企业要有更准确的方法分配间接成本。比如，随着电子计算机技术的普及、电脑整合生产体系和弹性生产体系的普及，大量员工从原来的一线生产岗位转移到管理岗位，这使企业发生的直接成本越来越少，而间接成本却越来越多。因此，如何更精确地分配间接成本成为企业成本会计的一大课题。作业成本法就是专门针对间接成本的准确分配而开发出来的成本计算方法。

第三，是源自企业对产品合理定价决策和产品混合决策的要求。由于市场的竞争越来越激烈，微小的价格差别可能直接导致产品的旺销或滞销，因此产品合理定价的重要性不言而喻。而合理定价的基础是精确的成本计算，这就对企业的产品成本计算提出了更高的要求。另外，产品混合是指当企业生产多种多样的产品时，企业应该如何把主要资源（例如设计、生产或促销的资源）投入到高利润的产品中去。所以，产品混合决策对于企业的盈利能力以及在市场上的竞争能力来说极为重要。消费者对企业投入市场的产品做出怎样的反应，决定了企业的成败。正确的产品混合决策能为企业带来更高的利润，反之则可能导致企业亏损。

三、作业成本法的要点

作业成本法有三项要点，需要在运用过程中认真把握。

第一，对于直接成本要直接追迹，而无须分配，只有间接成本才需要分配。实施作业成本法的过程中应该尽可能多地发掘直接成本，尽量避免分配成本。只要是与特定的成本对象（产品或服务等）直接相关的成本，就应该直接计入该成本对象，而无须与间接成本一起分配。只有无法与特定的成本对象相关的成本，即间接成本，才需要进行分配。

第二，建立多个间接成本库，用于归集不同种类的间接成本。对于类同的间接成本建立一个成本库。所谓类同的间接成本是指这些成本都存在同样的成本动因。而该成本动

因就是用来计算间接成本分配率的分配基础。例如,所有的间接运输成本可归类到同一个间接成本库,因为它们的成本动因都是运输的立方米数。运输的立方米数越多,该成本就越高。因此应该使用运输的立方米数作为该间接成本库的成本分配基础,计算运输成本的分配率。计算方法如下:用该成本库中的总成本金额,除以总运输立方米数就得到了运输成本分配率。再把计算好的运输成本分配率分别乘以不同产品的实际运输立方米数,就将该成本库中的间接运输成本分配给不同产品了。

第三,根据成本动因确定成本分配基础。每个成本库中的间接成本都有一个最合适的成本动因。这个成本动因就是最合适的成本分配基础。确定成本动因和成本分配基础非常重要,它决定了作业成本法的有效性。

第三节 简单法和作业成本法的比较

一、用简单法分配间接成本

制造费用作为典型的间接成本,需要被分配到产品成本中去。在第四章第一节制造费用的归集与分配中所学的方法主要有四种:生产工时比例法、机械工时比例法、年度计划分配率分配法、累计分配率法。这四种方法有着共同的特点,即它们都是按照同一个分配基础来分配制造费用的。这些方法相对于本章要学的作业成本法来说较为简单,暂且给它们起一个共同的名字,称为"简单法"。

下面就通过【例题8-1】来说明如何使用简单法分配制造费用。然后再将简单法与作业成本法进行比较,以区别两种方法的不同之处,理解作业成本法为何能更精确地分配间接成本。

【例题8-1】 福光车灯股份有限公司(简称福光车灯)专门生产卡车前照灯。主打产品有两种:一种是普通型卡车前照灯X3型,另一种是高级型卡车前照灯A5型。凯兴卡车集团是该公司最主要的大客户,对该公司的两种主打产品X3型和A5型车灯均有大量订购,2012年各车灯的订购价格为X3型460元/个,A5型660元/个。然而在签订2013年订购合同时,大客户凯兴卡车集团的采购部王经理要求福光车灯降低普通型车灯X3型的价格,理由是国内的另外一家车灯企业愿意以400元/个的价格向他们供应完全相同的X3型车灯。凯兴卡车集团对福光车灯的高级型A5型车灯的价格没有提出任何要求,可以维持以前的订购合同价格不变。

很显然,这时的福光车灯面临着巨大的竞争压力。除非该公司能将普通型车灯X3型的价格降至400元/个或以下,不然该公司将毫无疑问地失去凯兴卡车这个大客户。但是另一方面,福光车灯又不能盲目地降低价格,因为盲目地降低价格必然会导致该型号产品的亏损。福光车灯必须有的放矢,在清楚地计算出产品准确的生产成本之后,再决定是否应该降价销售。因此,福光车灯目前最为紧迫的任务是如何更精确地计算出普通型车灯X3型的生产成本。计算结果如果低于竞争对手的价格400元/个,那么该公司完全可以降价至等于或低于竞争对手的价格,以保住凯兴卡车这个大客户,争取薄利多销。但是，如果经过精确计算之后，生产成本已经超过了竞争对手的价格，那么为了保住大客户凯兴卡车，该公司唯一的办法就只能是大动干戈，改良并重塑生产流程，进一步压缩成本至 400 元/个以下。而改良重塑生产流程并非眼前就能做到的，这往往要花费数月甚至数年的时间，能否留住大客户不得而知。

好在福光车灯对其普通型车灯 X3 型产品的生产流程非常自信。因为 X3 型产品是该公司最早研发生产的产品之一，长期以来，该产品经过了无数次的改良和优化，该公司对其生产流程有着充分的自信，确信自身的生产流程能达到最低成本和最高效率。所以该公司的管理层认为，定价高于竞争对手的问题根源应该在成本计算上。

于是，福光车灯首先对其现有的生产成本的计算方法进行了重新审视。经过仔细检查，该公司确信其直接成本，即直接材料、直接人工成本已经达到行业最低，并不存在进一步降低的空间。然而其最主要的间接成本，即制造费用的分配，目前采用的是统一以机械工时为分配基础的简单分配方法。

福光车灯的成本会计经理经过认真统计，得出该企业年度间接成本总额为 13 800 000 元，年度机械总工时为 276 000 小时。其中，X3 型车灯耗费 220 000 小时，A5 型车灯耗费 56 000 小时。目前该公司采取如下的简单法计算 X3 型和 A5 型产品的单位成本。

步骤 1：确定成本计算对象是 X3 型和 A5 型产品。2012 年 X3 型普通车灯的年产量为 50 000 个，A5 型高级车灯的年产量为 10 000 个。福光车灯的目标是先计算总成本，再计算单位产品的成本。直接成本直接追迹计算到单位产品中去，而间接成本通过分配计算到产品中去。

步骤 2：计算产品的直接成本。福光车灯明确其两项直接成本是直接材料和直接人工成本。已知 2012 年度投入直接材料成本共计 6 900 000 元，其中投入生产 X3 型车灯的直接材料成本是 5 000 000 元，投入生产 A5 型车灯的直接材料成本是 1 900 000 元。另外，已知 2012 年度投入直接人工成本共计 5 700 000 元，其中投入生产 X3 型车灯的直接人工成本是 4 500 000 元，投入生产 A5 型车灯的直接人工成本是 1 200 000 元。将这两项直接成本分别除以两种产品的年产量，就得到了每种产品的单位直接成本。具体计算过程见表 8-1。

表 8-1　　　　　　　　福光车灯的单位产品成本（简单法）　　　　　　　金额单位：元

项目	普通型车灯 X3 型 年产量 50 000 个 总成本 (1)	单位成本 (2)=(1)÷50 000	高级型车灯 A5 型 年产量 10 000 个 总成本 (3)	单位成本 (4)=(3)÷10 000	总额 (5)=(1)+(3)
直接材料	5 000 000	100	1 900 000	190	6 900 000
直接人工	4 500 000	90	1 200 000	120	5 700 000
直接成本总额	9 500 000	190	3 100 000	310	12 600 000
间接成本的分配金额	11 000 000	220	2 800 000	280	13 800 000
总成本	20 500 000	410	5 900 000	590	26 400 000

步骤3：决定间接成本分配基础，计算间接成本分配率。

2012年度，福光车灯共发生了13 800 000元的间接成本。就是说，不管是车间租金也好，管理人员的工资也好，无论间接成本的性质如何，把这些间接成本全部都合计在一起，视为一个大成本库，库里面的间接成本一共有13 800 000元。然后决定如何分配这个大成本库里面的成本。也就是统一使用单一的分配基础，这里以机械工时来进行分配。这样，就可以计算出单一的间接成本分配率了。

$$间接成本分配率=\frac{间接成本总额}{分配基础总量}=\frac{年度间接成本总额}{年度机械总工时数}=\frac{13\ 800\ 000}{276\ 000}=50(元/小时)$$

步骤4：根据间接成本分配率，把间接成本分配给两种产品：X3型车灯和A5型车灯。

2012年度，福光车灯为生产X3型普通车灯，共耗费机械工时220 000小时；为生产A5型高级车灯共耗费机械工时56 000小时。因此，X3型车灯分配到的间接成本为11 000 000(220 000×50)元；A5型车灯分配到的间接成本为2 800 000(56 000×50)元。

步骤5：将直接成本和间接成本相加，即可计算出每种产品的总成本。然后分别除以X3型车灯和A5型车灯的年产量，即可计算出单位产品的成本。具体计算过程如表8-1所示。

根据简单法计算得出的单位产品的生产成本分别是：X3型车灯为410元/个，A5型车灯为590元/个。目前销售给大客户凯兴卡车的价格分别是X3型车灯460元/个，A5型车灯660元/个。而大客户凯兴卡车的要求是，要该公司把普通型X3型车灯的价格降至竞争对手提供的价格400元/个或以下，很显然，如果依照简单法计算得出的结果，降价至400元/个就会造成每个X3型车灯亏损10元。因此，如果福光车灯根据简单法计算出的单位产品成本410元/个来进行是否降价的决策，那么其结果必然是该公司无法接受大客户的降价要求，又无法在短期内实现生产优化以降低成本，这样福光车灯将在X3型产品上失去凯兴卡车这个大客户。

然而此时，福光车灯的成本会计经理突然发现，用简单法计算单位产品成本的过程中其实存在不合理之处，导致单位产品成本计算存在误差。他发现，该公司在生产过程中发生的间接成本大多数是由于设计、模具准备、搬运和配送等作业活动所导致的，与间接成本的分配基础"机械工时"并无太大关系。这样，在简单法成本计算中，统一采用"机械工时"作为间接成本的分配基础，"一刀切"地计算间接成本分配率，必然会导致较大的误差。这样计算出来的产品单位成本显示，X3型产品的成本高于竞争对手的定价。他想，如果能克服这一不合理之处，更精确地计算出X3型产品的单位成本，说不定就能找到降价的空间。于是，福光车灯的成本会计部门决定更换成本计算方法，导入作业成本法，以期更精确地计算出X3型产品的单位成本。

二、用作业成本法分配间接成本

【例题8-1】所述的福光车灯股份有限公司，如果采用作业成本法对公司的现有产品普通型车灯X3型和高级型车灯A5型计算单位产品成本，会有怎样不同的结果呢？因为作业成本法主要用于更精确地分配间接成本，因此，公司首先要对间接成本进行分析，确定导致间接成本发生的作业活动是什么，下面就详细说明。

步骤1：根据企业的作业活动来细化间接成本库。在福光车灯的例子里，如果使用简单法，那么所有的间接成本都归入一个大成本库(共13 800 000元)里，按照单一的分配基础"机械工时"进行分配。然而，使用作业成本法，则需要找出导致间接成本发生的作业活动。福光车灯的管理层组织生产部门骨干工程师和会计部门骨干开了一个联席会议，明确了是由以下七项作业活动导致了共计13 800 000元的间接成本的发生：

(1)设计产品和工序。
(2)生产模具的准备，以确保生产设备的位置准确。
(3)调试模具机械，以确保车灯外壳的生产。
(4)车灯生产结束后逐一清洁完工产品。
(5)分批把完工产品包装入纸箱准备运输。
(6)将包装完好的完工产品运输给客户。
(7)公司内部对各道生产工序进行管理。

细心的成本会计部门经理忽然发现，上述的七项作业活动所导致的并非都是间接成本，还包含一项直接成本。也就是，第(4)项作业活动"车灯生产结束后逐一清洁完工产品"其实是对每一个产成品实施的清扫活动。这项作业所产生的成本完全可以直接追迹计入相关产品的单位成本中，很明显这是一项直接成本。这样，根据直接成本直接计入产品成本而无须分配的原则，应该把这项成本从间接成本库中剔除出去。结果就剩下六项作业活动了，详细情况如图8-1所示。

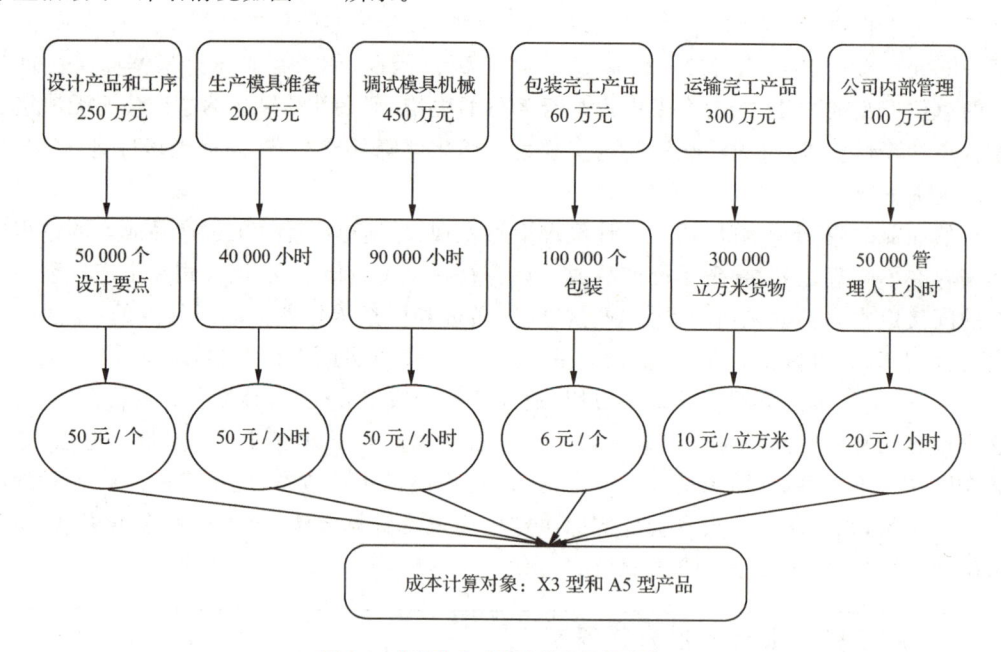

图8-1 使用作业成本法分配间接成本

每项作业的单位作业成本及作业量如图8-1所示，用作业成本法分配间接成本具体见表8-2。

表 8-2　　　　　　　　作业成本法分配间接成本　　　　　　　金额单位:元

成本项目	普通型车灯 X3 型 年产量 50 000 个 总成本 (1)	单位成本 (2)=(1)÷50 000	高级型车灯 A5 型 年产量 10 000 个 总成本 (3)	单位成本 (4)=(3)÷10 000	总额 (5)=(1)+(3)
一、直接成本					
直接材料	5 000 000	100	1 900 000	190	6 900 000
直接人工	4 500 000	90	1 200 000	120	5 700 000
清洁完工产品	150 000	3	50 000	5	200 000
直接成本总额	9 650 000	193	3 150 000	315	12 800 000
二、间接成本					
1.设计产品和工序					
X3:3 万个	1 500 000	30			2 500 000
A5:2 万个			1 000 000	100	
2.生产模具准备					
X3:3 万小时	1 500 000	30			2 000 000
A5:1 万小时			500 000	50	
3.调试模具机械					
X3:8 万小时	4 000 000	80			4 500 000
A5:1 万小时			500 000	50	
4.包装完工产品					
X3:5 万个	300 000	6			600 000
A5:5 万个			300 000	30	
5.运输完工产品					
X3:20 万立方米	2 000 000	40			3 000 000
A5:10 万立方米			1 000 000	100	
6.公司内部管理					
X3:3 万小时	600 000	12			1 000 000
A5:2 万小时			400 000	40	
被分配的间接成本	9 900 000	198	3 700 000	370	13 600 000
三、总成本	19 550 000	391	6 850 000	685	26 400 000

从表 8-2 可知,对于普通型车灯 X3 型产品,采用作业成本法计算出来的单位产品成本是 391 元/个。也就是说,相对于竞争对手提供给大客户凯兴卡车的价格 400 元/个,福光车灯的成本其实是具有降价空间的,完全可以降价销售。通过作业成本法计算得到的结果显然更为精确而合理,同时也给予了公司管理层降价决策的依据。

然而,上述作业成本计算也给福光车灯带来了出乎意料的情况。情况发生在高级型车灯 A5 型车灯上。对于 A5 型车灯来说,根据作业成本法计算出来的单位成本是 685 元/个。而目前销售给大客户凯兴卡车的定价是 660 元/个,比单位产品成本还低。由于这个定价,导致企业每销售一个 A5 型车灯就会亏损 25 元。

虽然这次大客户凯兴卡车对 A5 型车灯产品没有提出任何要求，市场上似乎也不存在竞争对手。如果没有经过作业成本法的计算，A5 型车灯看上去并无价格调整的必要。但是，根据作业成本法的计算，显然 A5 型车灯必须要提高价格至 685 元/个以上，企业才可能盈利。

三、简单法和作业成本法的比较

我们把简单法和作业成本法的计算结果进行对比，就得到了表 8-3 的数据。从表 8-3 的比较结果可以看出，由于对间接成本进行了进一步的分析，发现清洁完工产品是一项直接成本，因此避免了该成本项目共计 200 000 元的成本分配。同时，通过细化成本库，把一个大成本库细化成了六个成本库，使间接成本在 X3 型和 A5 型产品间更合理地进行了分配，提高了间接成本分配的精确度。

表 8-3　　　　　　　　　　简单法和作业成本法的比较

项目	简单法（使用单一的成本分配基础）	作业成本法	差别
直接成本	直接材料 直接人工	直接材料 直接人工 清洁完工产品	清洁完工产品
直接成本总额	12 600 000 元	12 800 000 元	200 000 元
间接成本库	1 个大成本库	6 个分类成本库	差 5 个成本库
间接成本总额	13 800 000 元	13 600 000 元	−200 000 元
分配给 X3 型车灯的总成本	20 500 000 元	19 550 000 元	−950 000 元
X3 型车灯的单位成本	410 元/个	391 元/个	−19 元/个
分配给 A5 型车灯的总成本	5 900 000 元	6 850 000 元	950 000 元
A5 型车灯的单位成本	590 元/个	685 元/个	95 元/个

可见，对于福光车灯这样的企业来说，间接成本占比较大，且间接成本构成和成本动因都较为多样，难以统一用单一的成本分配率分配间接成本，运用简单法进行的成本计算并不合适，容易导致成本计算存在较大误差。换言之，作业成本法适用于间接成本金额较大，同时间接成本的构成又较为复杂的企业。服务型企业就是典型的例子。服务型企业是适合使用作业成本法的典型企业。近年来，有关作业成本法在金融服务型企业（银行等）、医疗服务型企业（医院等）中导入的案例屡见不鲜。

然而不可否认，作业成本法主要有两项缺点：一是在于其计算过程较为烦琐。二是在于确定作业活动的过程还需要企业其他部门的参与，企业需要花费较大的人力、物力来执行。例如在福光车灯的案例中，企业的管理层专门组织生产部门骨干工程师和会计部门骨干开了联席会议，才找出了与间接成本相关的作业活动。

因此,另一方面,对于一些较为传统的制造型企业来说,就更适合使用单一成本分配率的简单法分配间接成本了。这类企业的间接成本占比较小,而且间接成本的成本动因也较为统一。例如,一般以机械加工制造为主的制造型企业使用单一的机械工时作为分配率,就能够简单而准确地分配间接费用了;而以技术工人生产加工为主的制造型企业则可以使用单一的人工工时作为分配率。这类企业就更加适合在第四章所学的分配方法。

第四节 作业成本管理

运用作业成本法进行成本管理和经营决策的过程称为作业成本管理(Activity Based Management,简称 ABM)。作业成本管理主要体现在定价决策和产品混合决策、成本削减和流程改善决策、设计决策以及计划和管理控制这四个方面。

一、定价决策和产品混合决策

沿用福光车灯股份有限公司的相关案例资料,因为根据作业成本法计算出 X3 型产品的单位成本是 391 元/个,而大客户凯兴卡车告知有其他供应商竞争该产品,他们提供的价格为 400 元/个。因此,福光车灯完全可以调整售价,等于或低于竞争对手的报价而不必进行任何价格削减活动。

有关产品混合决策,我们只要做一个简单的利润率计算即可帮助决策。

假设 X3 型产品的售价调整至 400 元/个,则其利润率如下:

$(400-391) \div 400 = 2.25\%$

而 A5 型产品目前的利润率为:

$(660-685) \div 660 = -3.79\%$

因此,A5 型产品必须调高售价。为获得与 X3 型产品相同的利润率,A5 型产品的定价至少为 700.41 元,即 $685 \times (1+2.25\%) \approx 700.41$ 元。

由于目前 X3 型产品的利润率较高,所以应加强生产资源投入和重点销售。

二、成本削减和流程改善决策

根据作业成本法中计算获得的不同成本库的成本数据,管理层可以准确地了解哪一项作业导致多少金额的成本发生。因此,管理层可以由此改善和优化流程。例如,通过作业成本法的图 8-1 和表 8-2 得知,运输完工产品这一作业共花去了 300 万元的成本,平均每立方米的运输成本高达 10 元。这时,管理层应该关注运输成本,采取适当措施降低运输成本。例如,可外发运输业务给报价低于 10 元/立方米的运输企业,以达到削减运输成本的目的。

另外，企业还能通过流程改善削减成本。例如，对于生产模具准备和调试模具机械这两项作业，可以通过生产流程的改进合二为一，以达到降低这两项成本的目的。

三、设计决策

通过客户反馈或研发新的设计方案，管理层可以评价现有设计中存在的优缺点，尤其是那些可能影响生产作业和成本的地方。例如，改进模具的设计，降低模具的复杂程度，会使生产工序简单化，从而可以减少人工和原材料费用，降低设备调试和准备成本等。另外企业还可以通过去除产品中不被消费者喜爱的多余功能，来降低生产成本，从而降低产品售价。

四、计划和管理控制

企业通过运用作业成本法计算能使成本计算精确化，在这之后就可以通过编制预算的方式进行成本计划、成本管理与控制。由于作业成本法给出了更为精确的成本，因此在编制预算的时候，企业就能更准确地设定下一期的预算目标，通过预算即可达到成本计划和管理控制的目的。

本章小结

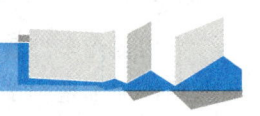

本章详细讲述了如何使用作业成本法来更精确地分配间接费用。首先，分析了成本计算中的间接成本分配问题。说明了由于不合理的成本分配方法有可能导致企业成本被高估或低估。其次，介绍了作业成本法的概念，分析了采用更精确的成本计算方法的原因。再次，通过福光车灯股份有限公司的例子，比较了运用简单法和作业成本法所计算出的不同单位产品成本，及其可能给企业带来的不同决策结果。本章比较了简单法和作业成本法的不同，两者分别适用的企业类型。最后，讲述了如何运用作业成本法进行经营管理，也就是作业成本管理的概念。上述知识点均需理解掌握。

案例应用

连锁便利店乐家超市决定增加杭州店的经营规模。因此，他们需要了解每单类产品的经营成本。目前，他们把店内经营的商品分为三类，分别是饮料类、新鲜食品类和包装食品类。2011年的销售收入、销售成本均已知。2011年的经营资料显示，除了进货成本为直接成本以外，其他均为间接成本。间接成本金额均已知，而且他们已经明确了与间接成本相关的作业有如下四项：

1. 电话订购和收银；
2. 送货上门；

3. 商品上架和下架；
4. 顾客服务和售后服务。

上述四项作业所花费的成本已知。假设你是该店的经理，需要用作业成本法分别计算出上述三类商品的成本。请简单分析一下上述四项作业的成本动因分别是什么？应使用什么数量标准作为成本分配基础来计算成本分配率？应经过哪些计算过程，最终用作业成本法计算出每类产品的成本？

第三篇　成本会计在经营管理中的应用

第九章　本量利分析

学习目标

1. 理解并掌握本量利分析的基本原理。
2. 掌握盈亏平衡分析的原理和方法。
3. 学会使用本量利分析预测利润。
4. 会在多种产品条件下应用本量利分析。

导入案例

美国某知名摇滚音乐组合U2在举办其2009年全球巡回演唱会时,曾被《滚石》音乐杂志称为"史上最巨大的摇滚演唱会"①。他们走遍了全美各大场馆和欧洲各知名场馆。场地布置也竭尽豪华。高达50米的舞台,巨大的显示屏和长长的栈道直通舞台,供歌手们与观众交流。然而,这样豪华的舞台带来的是巨大的成本——每场演唱会成本高达4千万美元。很显然,舞台的投资是一项固定成本,是不会与观众的多少相关联的。换言之,即使演唱会上没有一个观众,乐队和经纪公司仍必须支付如此高额的舞台布置成本。

为了回收巨额的固定成本并盈利,每次演唱会前该乐队必须确保售出足够的门票。为了最大限度地提高销售收入,该乐队在每个场馆上划出约占整个场馆20%的场地,搭起一个简易站台,而这里的票价设定为史上最低的30美元。这个价格比美国大多数室外音乐会的票价都低。这一策略很奏效,尽管2009年美国正值金融危机,但该乐队一共吸纳了超过300万观众,门票收入高达3亿美元,不仅成功收回了舞台投资的固定成本,还有所盈利。

企业的固定成本和盈利有何关联?企业如何根据成本进行盈利分析?这些问题将在本章详细探讨。

本章在课程思政方面,通过分析成本、销量和利润三者之间的关系,理解新时代中国特色社会主义市场机制在企业经营中的重要意义,以及我国市场化改革的辉煌成就。

本—量—利分析是现代企业对生产经营进行计划和决策的有用工具。本量利分析强调成本、业务量和利润之间的相互关系,能帮助企业管理者把握盈亏状况。使用本量利分析的工具,企业能简便地计算出盈亏平衡点的销量和销售收入,以及为达到目标利润企业

---

① 案例来源:www.usatoday.com/life/music/news/2009-10-04-u2-stadium-tour_N.html

应该销售多少数量的产品或达到多少金额的销售收入。此外,企业管理者还可分析不同价格或成本水平对利润的影响,即敏感度分析。本章内容主要包括本量利分析的概念、盈亏平衡点及敏感度分析。

第一节 本量利分析概述

一、本量利的概念

本量利是成本、业务量和利润之间的相互关系,也称 CVP(Cost Volume Profit)。它是在成本性态分析的基础上,通过对成本、业务量和利润三者关系的分析,建立数量化的会计模型,进而揭示变动成本、固定成本、销量、销售单价、销售收入和利润等变量之间的内在规律,为企业进行利润预测、经营决策和控制提供会计信息。

本量利分析是一种简便而有效的会计分析工具。在企业的经营管理活动中,管理人员在决定生产和销售的数量时,往往想知道生产和销售多少数量能够保本,即赚取的利润为零,也就是希望在成本、业务量(产量和销量)和利润之间建立起直接的函数关系,使得管理者可以在业务量变动时根据企业的目标利润计算出需要达到的业务量。本量利分析就是这种数学模型。

二、基本损益方程

本量利分析的关键在于正确认识到成本、业务量和利润之间的关系。假设在一定时期内,企业产量和销量相同,则基本损益方程式为:

$$税前利润 = 销售收入 - 总成本$$

根据销售收入与销售单价、销量的关系,以及总成本由变动成本和固定成本组成,上式可以变形为:

$$税前利润 = 销售收入 - (变动成本 + 固定成本)$$
$$= 销量 \times 销售单价 - 销量 \times 单位变动成本 - 固定成本$$
$$= 销量 \times (销售单价 - 单位变动成本) - 固定成本$$

即

$$P = px - bx - a = (p - b)x - a$$

式中,P——税前利润;p——销售单价;b——单位变动成本;a——固定成本;x——销量。

这个方程式明确表达了本量利之间的数量关系,它含有五个相互联系的变量,即:利润、销售单价、销量、单位变动成本、固定成本。给出其中四个变量即可得出另一个变量的值。

【例题 9-1】绿地机械公司每月固定成本 45 000 元,生产简易叉车。叉车每台销售单价 400 元,单位变动成本 325 元,本月计划销售 1 000 台,那么绿地机械公司预计能获得多少税前利润?

税前利润 = 销量 × (销售单价 - 单位变动成本) - 固定成本

$$=1\ 000×(400-325)-45\ 000$$
$$=30\ 000(元)$$

企业可以根据实际经营条件的变化而将基本损益方程变化形式,衍生出其他的一些方程式。

(1)销量

已知销售单价、固定成本、单位变动成本及税前利润的情况下,则有:

$$销量=\frac{固定成本+税前利润}{销售单价-单位变动成本}$$

(2)销售单价

已知销量、固定成本、单位变动成本及税前利润的情况下,则有:

$$销售单价=\frac{固定成本+税前利润}{销量}+单位变动成本$$

(3)单位变动成本

已知销售单价、销量、固定成本及税前利润的情况下,则有:

$$单位变动成本=销售单价-\frac{固定成本+税前利润}{销量}$$

(4)固定成本

已知销售单价、销量、单位变动成本及税前利润的情况下,则有:

$$固定成本=销售单价×销量-单位变动成本×销量-税前利润$$

> **关键提示**
> 基本损益方程式中的利润是税前利润,如果目标利润是税后利润,在应用上述公式时,需要将税后利润转换为税前利润。相关公式为"税后利润=税前利润×(1-所得税税率)"。

三、贡献毛益

在成本会计和管理会计领域,贡献毛益是一个十分重要的概念。贡献毛益(Contribution Margin)是指企业的销售收入减去变动成本后的余额,也称边际贡献、边际利润或贡献利润等。这个概念中为何有"贡献(Contribution)"一词呢?其实,贡献毛益中的"贡献"是指企业能"贡献"给"固定成本"的利润,换言之,表示企业能够用来覆盖和回收固定成本的利润有多少。企业的固定成本具有不可不支付的特性,就是说即使一个企业一件产品也不生产,企业仍然必须支付厂房租金、员工工资等固定成本。因此,当企业生产产品并销售时,企业应该用产生的利润首先回收固定成本。这样,用销售收入减去产品的变动成本就是能够用于回收固定成本的毛利,也就是"贡献毛益"了。

单位贡献毛益是指产品的销售单价减去单位变动成本之后的金额,也可以用贡献毛益总额除以相关销量求得。贡献毛益率是指贡献毛益总额占销售收入总额的百分比,也等于单位贡献毛益占销售单价的百分比。相关计算公式为:

成本会计

$$单位贡献毛益 = 销售单价 - 单位变动成本$$

$$贡献毛益总额 = 单位贡献毛益 \times 销量$$

$$贡献毛益率 = \frac{贡献毛益总额}{销售收入总额} \times 100\%$$

有了贡献毛益和贡献毛益率的概念,就可以将基本损益方程进一步变形,得到一些派生公式。即

$$\begin{aligned}税前利润 &= 销售收入 - 总成本 \\ &= 销售收入 - 变动成本 - 固定成本 \\ &= (销售单价 \times 销量) - (单位变动成本 \times 销量) - 固定成本 \\ &= (销售单价 - 单位变动成本) \times 销量 - 固定成本 \\ &= 单位贡献毛益 \times 销量 - 固定成本\end{aligned}$$

$$销量 = \frac{固定成本 + 税前利润}{单位贡献毛益}$$

在企业管理部门规划利润的时候,通常把销售单价、单位变动成本和固定成本视为比较固定的常量,而把销量和税前利润视为两个自由变量。管理者确定了销量,就可以利用基本损益方程直接算出税前利润;而确定了目标利润,也可以直接计算出要想获得目标利润企业应该达到多少销量。

第二节　盈亏平衡分析

一、盈亏平衡点

盈亏平衡点又称保本点,是指企业达到总收入与总成本相等,利润为零,即处于不盈不亏的时点。盈亏平衡分析就是分析企业恰好处于盈亏平衡点时的本量利关系。分析企业在现有的成本和售价水平下,当企业恰好处于盈亏平衡点时,企业应达到的销量和销售收入。盈亏平衡分析又称保本分析、损益平衡分析、盈亏临界分析等。如果企业的盈亏平衡点较高,就意味着企业必须销售更多产品才能避免亏本,反之如果盈亏平衡点较低,意味着企业销售较少产品即能避免亏本。可见,盈亏平衡点的高低是反映企业经营状态和风险的重要指标。下面用公式来说明。

根据基本损益方程式:

$$税前利润 = 销售收入 - 总成本 = 销量 \times 销售单价 - 销量 \times 单位变动成本 - 固定成本$$

盈亏平衡点即令税前利润为0,此时的销量即盈亏平衡时的销量,则有:

$$0 = 盈亏平衡销量 \times 销售单价 - 盈亏平衡销量 \times 单位变动成本 - 固定成本$$

因此,

$$盈亏平衡销量 = \frac{固定成本}{销售单价 - 单位变动成本} = \frac{固定成本}{单位贡献毛益}$$

盈亏平衡销售收入＝盈亏平衡销量×销售单价

另外，我们还可以使用贡献毛益率来更快速简便地计算盈亏平衡销售收入。贡献毛益率是单位贡献毛益和销售单价之比。

于是，上述公式可以进一步推导如下：

$$盈亏平衡销售收入 = 盈亏平衡销量 \times 销售单价 = \frac{固定成本}{单位贡献毛益} \times 销售单价$$

$$= \frac{固定成本}{单位贡献毛益 \div 销售单价} = \frac{固定成本}{贡献毛益率}$$

即

$$盈亏平衡销售收入 = \frac{固定成本}{贡献毛益率}$$

沿用【例题 9-1】的绿地机械公司资料为例，计算盈亏平衡点的销量。

【例题 9-2】 绿地机械公司销售简易叉车的利润简表见表 9-1，要求计算其盈亏平衡销量。

表 9-1　　　　　　　　利润简表　　　　　　　　单位：元

项　目	金　额
销售收入（销量 1 000 台）	400 000
减：变动成本	325 000
贡献毛益	75 000
减：固定成本	45 000
税前利润	30 000

方法一：绿地机械公司的产品单价为 400 元（400 000÷1 000），单位变动成本为 325 元（325 000÷1 000），固定成本为 45 000 元，则盈亏平衡点的计算如下：

$0 = (400 \times 销量) - (325 \times 销量) - 45\,000$

销量＝600（台）

因此，绿地机械公司必须销售 600 台简易叉车才能补偿全部固定成本和变动成本，即盈亏平衡销量为 600 台。

方法二：使用贡献毛益来计算分析盈亏平衡点。由于

$$盈亏平衡销量 = \frac{固定成本}{单位贡献毛益}$$

销售单价 400 元、单位变动成本 325 元，单位贡献毛益＝75 元（400－325），将单位贡献毛益 75 元，固定成本 45 000 元代入上式，盈亏平衡销量为 45 000÷75＝600（台）。

【例题 9-3】 根据【例题 9-1】的数据，得知绿地机械公司的产品单价为 400 元，销量为 1 000 台，单位变动成本为 325 元，固定成本为 45 000 元。请计算贡献毛益率和盈亏平衡销售收入。

$$贡献毛益率 = \frac{400 - 325}{400} \times 100\% = 18.75\%$$

18.75% 的贡献毛益率表明了每 1 元的销售收入可以有 0.187 5 元用来补偿固定成本以及获得利润。

将贡献毛益率 18.75% 代入盈亏平衡销售收入公式，得到绿地机械公司销售简易叉

车的盈亏平衡销售收入为：

$$盈亏平衡销售收入 = \frac{固定成本}{贡献毛益率} = \frac{45\,000}{18.75\%} = 240\,000(元)$$

二、安全边际

通过盈亏平衡分析可以计算出企业的盈亏平衡销量和盈亏平衡销售收入，但是企业的经营目标不只是盈亏平衡，而是要获得利润。因此对企业来说销量和销售收入超过盈亏平衡点越多越好。

安全边际是指销量或者销售收入超过盈亏平衡销量或盈亏平衡销售收入的部分。超出部分越大，则企业发生亏损的可能性就越小，产生盈利的可能性就越大，企业经营就越安全，安全边际就越大。管理层可以使用安全边际来衡量企业的运营风险。衡量企业安全边际大小的指标有两个：一个是绝对数指标：安全边际销量（或销售额）；另一个是相对数指标：安全边际率。

（一）绝对数指标

$$安全边际销量 = 实际或预计销量 - 盈亏平衡销量$$

$$安全边际销售额 = 实际或预计销售收入 - 盈亏平衡销售收入$$
$$= 安全边际销量 \times 销售单价$$

（二）相对数指标

单纯的绝对数指标不足以反映企业经营的风险程度。举例来说，A、B产品的安全边际销售额均为100 000元，但是销售收入分别为150 000元和1 500 000元，其风险程度是不一样的。因此我们还需要相对数指标——安全边际率来衡量企业的经营风险，安全边际率公式为：

$$安全边际率 = \frac{安全边际销量（销售额）}{实际或预计的销量（销售额）} \times 100\%$$

【例题9-4】 绿地机械公司简易叉车的销售单价为400元，预测简易叉车的销量是1 000台，盈亏平衡销量是600台，请分别计算该公司的安全边际销量、安全边际销售额和安全边际率。

安全边际销量 = 1 000 − 600 = 400（台）

安全边际销售额 = 400 × 400 = 160 000（元）

安全边际率 = 160 000 ÷ (400 × 1 000) = 40%

也就是说，绿地机械公司可以承受销量下降400台或者销售收入下降160 000元的风险，超过这个安全边际企业就会产生损失。

有关安全边际的经验数据，可参考表9-2。

表9-2　　　　　　　　　　企业经营安全性经验标准

安全边际率	10%以下	10%~20%	20%~30%	30%~40%	40%以上
安全程度	危险	值得注意	比较安全	安全	很安全

第三节　盈利条件下的本量利分析

盈利条件下的本量利分析也称为保利分析，保利分析可以帮助企业计算需要达到多少销量或者销售收入可实现目标利润。保利点就是在现有单价和成本水平确定的情况下，为了确保目标利润能够实现，而应达到的销量和销售收入。目标利润既可以是金额的形式，也可以是销售收入的占比，即利润率。盈利条件下的本量利分析有两种方法，本量利基本方程法和贡献毛益法。

一、本量利基本方程法

我们根据基本损益方程式，用例题加以说明。

【例题 9-5】 本月绿地机械公司的税前目标利润为 60 000 元，销售单价为 400 元，单位变动成本为 325 元，固定成本为 45 000 元，则绿地机械公司需要卖出多少台简易叉车才能达到税前目标利润？

税前利润＝销售收入－变动成本－固定成本

60 000＝400×销量－325×销量－45 000

可求得：销量＝1 400（件）

绿地机械公司需要销售 1 400 台简易叉车以达到 60 000 元的目标利润，比盈亏平衡点 600 台（$\frac{45\ 000}{400-325}$）需多销售 800 台。

二、贡献毛益法

$$税前利润＝销售收入－总成本＝销售收入－（变动成本＋固定成本）$$
$$＝销量×销售单价－销量×单位变动成本－固定成本$$
$$＝销量×（销售单价－单位变动成本）－固定成本$$

将税前利润置换为目标利润：

$$目标利润＝取得目标利润的销量×（销售单价－单位变动成本）－固定成本$$
$$＝取得目标利润的销量×单位贡献毛益－固定成本$$

因此，

$$取得目标利润的销量＝\frac{固定成本＋目标利润}{单位贡献毛益}$$

又因为，

$$取得目标利润的销售收入＝取得目标利润的销量×销售单价$$

所以有，

$$取得目标利润的销售收入＝\frac{固定成本＋目标利润}{单位贡献毛益}×销售单价$$

$$=\frac{固定成本+目标利润}{单位贡献毛益÷销售单价}$$

$$=\frac{固定成本+目标利润}{贡献毛益率}$$

【例题 9-6】 根据绿地机械公司的数据,目标利润设定为 60 000 元,已知固定成本为 45 000 元,销售单价为 400 元,单位变动成本为 325 元,请计算该公司的贡献毛益率、取得目标利润的销量及销售收入。

贡献毛益＝400－325＝75(元)

贡献毛益率＝75÷400＝18.75%

取得目标利润的销量＝(45 000＋60 000)÷75＝1 400(件)

取得目标利润的销售收入＝(45 000＋60 000)÷18.75%＝560 000(元)

第四节 本量利关系图

将成本、业务量、销售单价之间的关系反映在平面直角坐标系中就形成本量利关系图。本量利关系图能清楚而直观地反映出固定成本、变动成本、销量、销售收入、盈亏平衡点、利润区、亏损区、贡献毛益和安全边际等诸多概念。

一、基本本量利关系图

基本本量利关系图是最常见的本量利关系图形。在直角坐标系中,以横轴表示销量,以纵轴表示成本或销售收入的金额。基本本量利关系图(图 9-1)按照下列步骤绘制:

第一步,绘制销售收入线。当没有销售任何产品时,不会形成销售收入,因此以坐标原点(0,0)为起点,横轴为销量,纵轴为销售收入,即以销售单价为斜率,绘制销售收入线。

第二步,绘制固定成本线。固定成本不会随着销量的变化而变化,因此固定成本线是一条与横轴平行的线。在纵轴上找出固定成本数值,设为 a,以(0,a)点为起点,绘制一条与横轴平行的固定成本线。

第三步,绘制总成本线。总成本是固定成本与变动成本之和。因此以(0,a)点为起点,以单位变动成本为斜率,绘制总成本线。

第四步,找到盈亏平衡点。上面绘制出的总成本线和销售收入线的交点就是盈亏平衡点。盈亏平衡点的右边销售收入线高于总成本线,因此两者之间的区域表示盈利,是盈利区;盈亏平衡点的左边总成本线高于销售收入线,因此两者之间的区域表示亏损,是亏损区。

基本本量利关系图中需要注意的要点有:

1.固定成本线与横轴线之间的距离为固定成本,它不因销量增减而变动。

2.总成本线和固定成本线之间的距离为变动成本,它与销量成正比例变化。

3.总成本线与横轴之间的距离为总成本,它是固定成本与变动成本之和。

4.销售收入线与总成本线的交点是盈亏平衡点。它在横轴上对应的销量表示企业在此销量下总收入与总成本相等,盈亏平衡。在此基础上,当销量增加时,销售收入超过总

图 9-1 基本本量利关系图

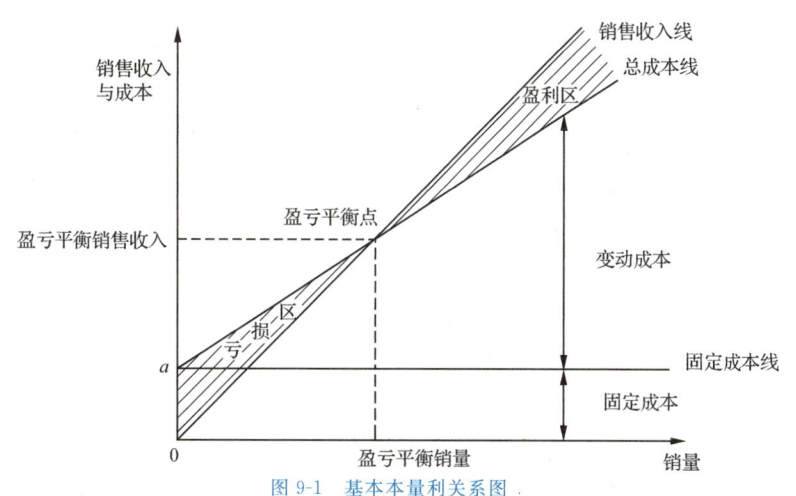

成本,销售收入线与总成本线之间的距离为利润,形成盈利区。反之在盈亏平衡基础上销量减少时,会产生亏损,形成亏损区。

5. 实际或预计的销量与盈亏平衡销量的差额为安全边际。安全边际越大,利润越多。

【例题 9-7】 请根据【例题 9-1】所示的数据,为绿地机械公司绘制本量利关系图。

第一步,绘制销量收入线。简易叉车的销售单价为 400 元,销量为 1 000 台,销售收入为 400 000 元,找到点(1 000,400 000),根据原点(0,0)和点(1 000,400 000)绘制一条直线。

第二步,绘制固定成本线。简易叉车的固定成本为 45 000 元,无论销量为多少,固定成本都不变,因此以(0,45 000)为起点,绘制一条与横轴平行的线。

第三步,绘制总成本线。简易叉车的单位变动成本为 325 元,销量 1 000 台时变动成本为 325 000 元,总成本为 370 000 元,因此取(0,45 000)点与(1 000,370 000)点绘制一条直线。

第四步,找出盈亏平衡点。销售收入线与总成本线相交的点即盈亏平衡点。

二、利润—业务量关系图

利润—业务量关系图是以横轴代表业务量(一般为销量),纵轴代表利润或贡献毛益的另一种本量利关系图。它能直观地反映相关业务量与贡献毛益、固定成本和利润之间的关系,如图 9-2 所示。

第一步,找到零销量点。将横轴所表示的业务量视为销量。在坐标系的纵轴原点以下部分找到与固定成本总额(设为 a)相等的点(0,a)。该点表示当销量等于零时,亏损额等于固定成本。

第二步,找到盈亏平衡点。当横轴所表示的业务量为销量时,找到盈亏平衡销量点;当横轴所表示的业务量为销售收入时,找到盈亏平衡销售收入点。

第三步,绘制利润线。根据零销量点和盈亏平衡点,即可得到利润线。

利润—业务量图的优点是清晰地揭示了业务量与利润的直接关系,在进行利润预测时,尤为有用。可以直接根据预测的业务量得到预测的利润额。该图的不足之处是不能显示业务量变动对成本的影响。

成本会计

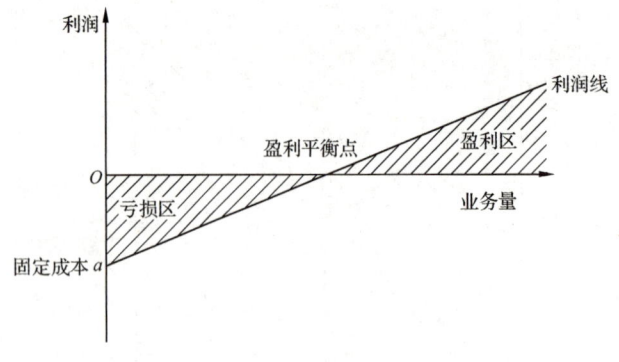

图 9-2　利润—业务量关系图

第五节　多品种生产企业的盈亏平衡分析

分析单一产品的本量利关系比较简单,但是在现实经济生活中,大部分企业生产经营的产品或者提供的服务并非只有一种,通常较为多样。企业在产销多种产品的情况下该如何计算盈亏平衡点的整体销量和销售收入呢?计算多品种产品的生产企业的盈亏平衡点的方法主要有综合贡献毛益率法和联合单位法。

一、综合贡献毛益率法

综合贡献毛益率法是指将各种产品的贡献毛益率按照其各自的销售比重这一权数进行加权平均,得出企业的综合贡献毛益率,然后再据此综合贡献毛益率计算企业的盈亏平衡销售收入和每种产品的盈亏平衡点。

多品种生产企业盈亏平衡的计算步骤如下:

第一步,计算企业生产销售的各种产品的销售比重。

　　某种产品的销售比重＝该种产品的销售收入/全部产品的销售总额×100%

> **请注意**
> 销售比重是销售收入的比重而不是销量的比重。

第二步,计算综合贡献毛益率。

$$综合贡献毛益率 = \sum(各种产品贡献毛益率 \times 该种产品的销售比重)$$

该公式也可以写作:

　　综合贡献毛益率＝各种产品贡献毛益额之和/销售收入总额×100%

第三步,计算企业盈亏平衡销售收入。这与单一产品盈亏平衡销售收入计算公式类似。

　　企业盈亏平衡销售收入＝企业固定成本总额/综合贡献毛益率

第四步,计算各种产品的盈亏平衡销售收入。

某种产品的盈亏平衡销售收入＝企业盈亏平衡销售收入×该种产品的销售比重

【例题 9-8】 绿地机械公司决定生产两种叉车：单价为 400 元的简易叉车和单价为 800 元的多功能叉车。营销部门预计明年能够销售 1 200 台简易叉车和 800 台多功能叉车。会计部门根据营销部门的销售预测所编制的预计利润表见表 9-3：

表 9-3　　　　　　　　　　　预计利润表　　　　　　　　　　单位：元

项目	简易叉车	多功能叉车	合计
销售收入	480 000	640 000	1 120 000
减：变动成本	390 000	480 000	870 000
贡献毛益	90 000	160 000	250 000
减：直接固定成本	30 000	40 000	70 000
产品毛利	60 000	120 000	180 000
减：共同固定成本			26 250
税前利润			153 750

会计部门已经把直接固定成本和共同固定成本分开。直接固定成本是指能够直接追溯到各个部门的固定成本，如果某部门不存在，该成本不会发生。共同固定成本是指不能追溯到各个部门的固定成本，即使某部门被撤销，该成本仍旧存在。

要求：使用综合贡献毛益率法，计算该公司的综合盈亏平衡销量和销售收入，以及各种产品的盈亏平衡销量和销售收入。

第一步，计算各种产品的销售比重。

简易叉车的销售比重＝480 000/1 120 000×100％＝42.857％

多功能叉车的销售比重＝640 000/1 120 000×100％＝57.143％

第二步，计算综合贡献毛益率。

简易叉车的贡献毛益率＝90 000/480 000×100％＝18.75％

多功能叉车的贡献毛益率＝160 000/640 000×100％＝25％

综合贡献毛益率＝42.857％×18.75％＋57.143％×25％＝22.32％

第三步，计算企业盈亏平衡销售收入。

企业固定成本总额是直接固定成本与共同固定成本之和。计算公式为企业盈亏平衡销售收入＝(70 000＋26 250)/22.32％＝431 228(元)

第四步，计算各种产品的盈亏平衡销售收入。

简易叉车的盈亏平衡销售收入＝42.857％×431 228＝184 811(元)

多功能叉车的盈亏平衡销售收入＝57.143％×431 228＝246 417(元)

二、联合单位法

当企业生产的各种产品之间存在相对稳定的产销量比例关系时，这一产品组合可以视为一个联合单位。联合单位法通过确定每一联合单位的销售单价和单位变动成本，可以进行多品种的盈亏平衡分析。如企业生产 A、B、C 三种产品，销量比较稳定，假设其销量比为 a∶b∶c，则这三种产品的组合就构成一个联合单位。我们可以按照其销量比来

计算该产品组合构成的联合销售单价和联合单位变动成本。即

联合销售单价＝A产品销售单价×a＋B产品销售单价×b＋C产品销售单价×c

联合单位变动成本＝A产品单位变动成本×a＋B产品单位变动成本×b＋C产品单位变动成本×c

然后计算出联合盈亏平衡销量，即：

$$联合盈亏平衡销量 = \frac{固定成本}{联合销售单价 - 联合单位变动成本}$$

某产品的盈亏平衡销量＝联合盈亏平衡销量×该产品销量比

【例题9-9】 沿用【例题9-8】的相关资料，请使用联合单位法，计算该公司的联合盈亏平衡销量和销售收入，以及各种产品的盈亏平衡销量和销售收入。

绿地机械公司预计销售简易叉车1 200台，多功能叉车800台，则其销量比为3∶2，这两种产品构成一个联合单位。

联合销售单价＝3×400＋2×800＝2 800(元/联合单位)

联合单位变动成本＝3×325＋2×600＝2 175(元/联合单位)

联合盈亏平衡销量＝(70 000＋26 250)/(2 800－2 175)＝154(联合单位)

计算各种产品的盈亏平衡销量：

简易叉车的盈亏平衡销量＝154×3＝462(台)

简易叉车的盈亏平衡销售收入＝462×400＝184 800(元)

多功能叉车的盈亏平衡销量＝154×2＝308(台)

多功能叉车的盈亏平衡销售收入＝308×800＝246 400(元)

本章小结

本章主要讨论了本量利分析的基本框架。本量利分析既是确定销售价格、成本和销量对利润影响的工具，也是管理公司的思维方式。它帮助管理者计算如何获得价格、销量、变动成本和固定成本的最佳组合。本量利分析可以考察价格、成本和销量对于经营利润的影响，它可以总结为利润等式：税前利润＝销量×(销售单价－单位变动成本)－固定成本。通过公式可以计算达到盈亏平衡点的销量或销售收入，以及达到目标利润的销量或销售收入。企业通过综合贡献毛益率法和联合单位法可以对生产多品种产品的企业进行盈亏平衡分析。

案例应用

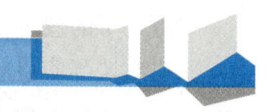

1. 犹他城市芭蕾公司每年都表演五种芭蕾舞剧。下一季度将要表演的芭蕾舞剧有梦(The Dream)，彼得鲁什卡(Petrushka)，胡桃夹子(The Nutcraker)，睡美人(Sleeping Beauty)和天鹅湖(Swan Lake)。

总经理暂定了下一季度每种芭蕾舞剧的表演场次，见表9-4：

表 9-4　　　　　　　　　　　　　表演场次

舞剧	表演次数
梦	5
彼得鲁什卡	5
胡桃夹子	20
睡美人	10
天鹅湖	5

每一种芭蕾舞剧的创作，都要发生服装、道具、排练、版税、客座艺术家酬金、舞蹈艺术家、创作职员、乐队和服装保管员的工资等各项支出。每种芭蕾舞剧不论表演多少场，这些固定成本总是不变的，见表 9-5：

表 9-5　　　　　　　　　　　主要固定成本资料　　　　　　　　　　　单位：元

梦	彼得鲁什卡	胡桃夹子	睡美人	天鹅湖
275 500	145 500	70 500	345 000	155 500

其他固定成本见表 9-6：

表 9-6　　　　　　　　　　　　其他固定成本　　　　　　　　　　　　单位：元

项目	金额
广告费	80 000
保险费	15 000
管理人员工资	222 000
办公室租金、电话费等	84 000
合计	401 000

每场演出，还要发生以下表 9-7 的成本。

表 9-7　　　　　　　　　　　每场演出的其他成本　　　　　　　　　　单位：元

项目	金额
犹他交响乐队	3 800
礼堂租金	700
舞蹈演员工资	4 000
合计	8 500

礼堂有 1 854 个座位，分为 A、B、C 三等。视听效果从 A 到 C 依次递减。有关不同等级座位的资料见表 9-8、表 9-9。

表 9-8　　　　　　　　　　　不同座位的相关资料

项目	A	B	C
数量	114	756	984
价格（元）	35	25	15

表 9-9　　　　　　　　　　　　每场出售比例（%）

项目	A	B	C
胡桃夹子	100	100	100
其他	100	80	75

要求：

(1)计算每种芭蕾舞剧补偿自身直接固定成本所需的表演场次。

(2)计算该公司实现盈亏平衡时每种芭蕾舞剧的表演场次。如果你是经理，你将如何变更暂定表演计划？

2.根据本章有关绿地机械公司制造及销售简易叉车的案例，请进一步思考。

假设该公司管理层正在考虑如何改善公司的获利情况，并要求对一些项目进行分析。公司最近一年的利润简表数据见表9-10。

表 9-10　　　　　　　　　　利润简表　　　　　　　　　金额单位:元

项目	金额	占销售收入百分比
销售收入(1 000台)	400 000	100%
减:变动成本	325 000	81.25%
贡献毛益	75 000	18.75%
减:固定成本	45 000	—
税前利润	30 000	—

请问：(1)绿地机械公司制造及销售简易叉车是否有利可图，为什么？

(2)如何优化变动成本和固定成本才能改善其获利情况？

第十章 预算

学习目标

1. 理解预算的概念以及预算与战略的关系。
2. 了解全面预算的概念。
3. 掌握运营预算的构成和编制方法。
4. 掌握预算的优势和劣势。
5. 掌握预算松弛的概念。

导入案例

上海浦东巴士公交有限公司是一家政府主管之下的独立核算的公共巴士交通运营公司。除了下属的金桥巴士和杨高巴士之外,还拥有机场巴士、旅行巴士租赁、车辆维修等独立子公司。上海浦东巴士公交有限公司所承担的巴士公交运输线路覆盖了上海浦东的大部分地区。2009年以后,随着浦东地区6号线、7号线地铁的开通,该公司的营业收入受到极大影响。原来乘坐公交巴士的乘客大多转而乘坐地铁。在总体营业收入下降的背景下,公司的成本支出项目却一项都不能少。员工工资每年需保持一定的增幅,同时汽油和柴油这一巴士公司的主要成本随着国际油价的上涨而日益增加,还有大笔的巴士维修费用、保险费用、交通事故损失等成本项目,迫使该公司面临着更大的成本挑战,必须执行更严格的成本计划和管理。该公司一直以来使用预算进行成本管理。鉴于上述大环境,该公司调低了的营业收入预算,提高了一些成本项目的成本预算。在预算的整体控制下,该公司的调运部门积极研讨,为保证一定数量的乘客而调整公交线路,以确保达成预算目标。例如,该公司减少了与地铁线路重复较多的公交线路,而增加一些住宅区与地铁车站之间的短程线路等。

虽然上海浦东巴士公交有限公司并非一家以营利为目的的公共交通企业,但他们同样以预算作为主要手段进行成本计划和管理。预算有计划成本和收益,控制成本和实施成本管理的作用。本章就详细探讨预算这一成本计划和控制的有效工具。

我国提出的供给侧结构性改革从短期看主要针对的是生产质量和效率问题。本章在课程思政方面,学习预算在减成本、增效益、补短板、调结构、减库存、降产能方面的重要作用,推动我国新时代特色社会主义市场经济的持续增长,以满足人民日益增长的美好生活需要。

第一节　预算的概念

预算（Budget）是现代企业进行成本计划和控制的重要工具，使用预算的企业通过预算的循环过程达到计划和控制的目的。所谓预算循环，是指企业在某一个会计期间开始之前，事先对下一个会计期间的各项经营活动进行预算的编制，然后在当期内执行预算，并对实际工作和预算之间的差异进行比较，反馈比较结果，找出差异产生的原因，改善下一个会计期间的预算编制，如此循环下去。可见，预算是现代企业对每一个会计期间的成本进行计划和控制的有效工具。

一、预算和企业战略

预算是企业的管理层对在特定时期内需要实施的一项计划的定量表述，是在该项计划实施过程中帮助协调企业各个部门的工具。预算一般包括财务性预算和非财务性预算。举例来说，包含财务数据的预算有预算利润表、预算资产负债表、预算现金流量表等。编制这些财务性预算的基础，是一系列的非财务性预算。例如，产量销量预算、存货数量预算、人工工时预算等。

当预算与企业战略相结合的时候，预算能发挥最大的作用。因为企业战略明确了一个企业应该如何使自身的产能迎合市场的机遇，从而实现企业的目标。企业战略的特征决定了企业预算的特征。举例来说，我国的一些本土汽车品牌，例如吉利汽车、长城汽车等，这些公司的战略主要偏重于中低价格的乘用车市场，以扩大它们在中低端市场的份额。那么这些企业的预算编制就应以成本控制为主，为低成本低定价服务。而另外一些诸如上汽荣威、一汽红旗等品牌，它们的战略则偏重于高价格的高端乘用车市场，以占领并扩大高端市场份额。那么这些企业的预算编制就应以确保产品品质为主。又如，2008年我国吉利汽车从美国福特汽车公司手中并购了知名的瑞典汽车品牌沃尔沃，吉利汽车的战略目标就在于通过沃尔沃品牌进入世界中高端乘用车市场，从而摆脱吉利汽车只生产低端产品的市场形象。因此，吉利汽车应该在关注中长期预算的编制，引导企业进入高端市场。同时在短期内，吉利汽车应该关注企业的年度运营预算的编制，将战略融入并反映在预算之中。

> **概念的延伸**
> 企业战略是一个广泛的概念，一般是指导全局运营的策略。在成本会计中，战略的应用主要在战略成本管理方面，预算就是战略成本管理的有效手段之一。

企业战略与预算的关系可以用图10-1来反映。企业的长期战略计划应由长期预算作为保障。长期预算一般是指为实现企业未来的中长期计划，进行中长期的成本控制而编制的一年以上的预算。例如三年预算、五年预算、十年预算等。而短期战略则应该由企业的运营预算进行保障。运营预算是指为了实现企业的日常运营计划，进行日常运营的成本控制而编制的一系列的一年或一年以内的预算。

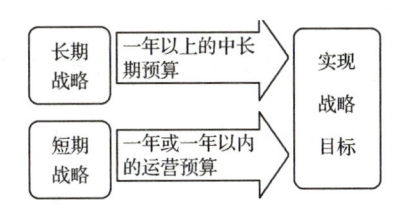

```
长期战略  →  一年以上的中长期预算  →  实现战略目标
短期战略  →  一年或一年以内的运营预算  →  实现战略目标
```

图 10-1　企业战略和预算的关系

二、全面预算和运营预算

最为常见的预算周期为一年。一年期预算也可以被分成月度预算、季度预算或半年度预算。企业为了编制出更切合实际的、更为科学合理的预算,在编制预算前一般要经过以下四个准备步骤。

1.企业管理人员和成本会计人员通过会议等形式,设定企业在下一个预算周期的业绩目标。同时也针对企业的各个部门或事业部设定下一个预算周期的业绩目标。在设定业绩目标时,应该充分考虑企业及其部门和事业部现在的业绩表现、来自顾客的反馈、市场的变化以及未来可预期的变化,使业绩目标科学合理,符合实际情况。

2.企业的高级管理层应逐级向中低层管理人员布置业绩目标。这应该包括一系列的财务和非财务性的目标,用于与实际业绩进行对比。

3.成本会计人员帮助企业管理层找出阻碍上述业绩目标实现的潜在的不确定因素。例如,由于可能的市场变化导致销售受阻等。如果有必要,成本会计人员应提出可行的解决方案,如降价销售或削减成本以维持现有的利润率等。

4.充分考虑顾客反馈、市场形势的变化并把这些信息反映在预算编制之中。在预算编制的过程中,企业的高管层和成本会计人员还必须充分考虑来自顾客的售后服务信息反馈、市场环境的变化和企业自身的经验。例如,如果在上一个预算周期内销量减少了,顾客反馈对产品不满意。那么管理层就应该在下一个预算周期内考虑如何改善产品设计、改善生产,在下一个预算周期内向市场投入更符合消费者需求的产品,从而增加销量。

以上四个步骤描述了上一个预算周期即将完成,而下一个预算周期即将开始时的预算的编制准备过程。准备过程结束之后,就能开始编制预算文件了。编制出来的书面文件叫作全面预算(Master Budget)文件。全面预算文件是企业在下一个预算周期内的运营计划和财务计划的文件,它包括两大预算系列:一是运营预算(Operating Budget),二是财务预算(Financing Budget)。运营预算侧重于如何最高效地将企业有限的经营资源投入到日常运营之中。财务预算侧重于企业如何筹资以使企业获得经营资源。全面预算的构成如图 10-2 所示。

运营预算包括下列预算文件:销售收入预算,生产预算,直接材料、直接人工和制造费用预算,存货预算,销售成本预算,期间费用预算,预算利润表。

财务预算包括下列预算文件:资本支出预算,现金预算,预算资产负债表,预算现金流量表。

由于运营预算是企业对其主营业务进行成本控制的最重要工具,因此本章将着重讲述运营预算的编制方法。而财务预算与成本会计关系并不密切,因此本章不做详述。

```
                                            ┌─ 销售收入预算
                                            │
                                            ├─ 生产预算
                                            │
                                            ├─ 直接材料、直接人
                                            │  工和制造费用预算
                                    运营预算 ┤
                                            ├─ 存货预算
                                            │
                                            ├─ 销售成本预算
                                            │
                                            ├─ 期间费用预算
                                            │
                                            └─ 预算利润表
                            全面预算
                                            ┌─ 资本支出预算
                                            │
                                            ├─ 现金预算
                                    财务预算 ┤
                                            ├─ 预算资产负债表
                                            │
                                            └─ 预算现金流量表
```

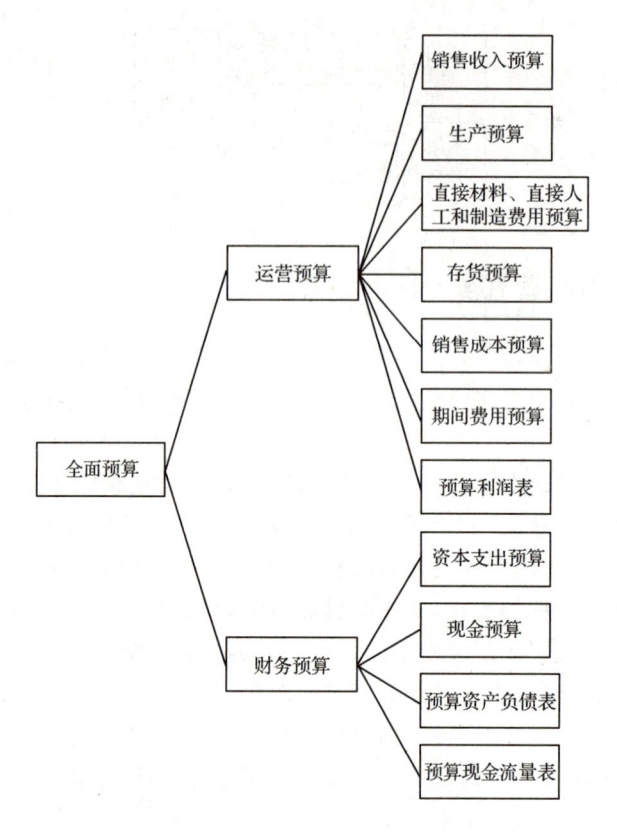

图 10-2　全面预算的构成

第二节　运营预算的编制方法

一、运营预算的预算周期

预算通常针对一个特定的会计期间。以一个月为周期的预算是月度预算；以一个季度为周期的预算是季度预算；以半年为周期的预算是半年度预算。最为常见的预算周期是一年，也就是年度预算。为了使预算跟上市场形势的变化，企业有时也把年度预算分拆成 12 个月度预算或 4 个季度预算，以便企业能够更好地控制现金的净流入和净流出。

再者，现代社会的市场形势瞬息万变，当年度预算的数据脱离了市场形势时，企业就必须修正年度预算了。因此，诸如 IT 行业、电子设备行业或流行服饰行业等市场需求变化很快的行业，企业通常需要频繁地更新其年度预算。于是，越来越多的西方企业开始采用滚动预算（Rolling Budget），使预算在较短的周期内不断滚动更新。滚动预算是通过在现有基础年度预算周期基础上，不断加上新的月度预算或季度预算，使年度预算不断得到更新。例如，美国家用电器生产巨头伊莱克斯公司使用为期一年的滚动预算。2021 年 4

月到 2022 年 3 月是该公司的一个财务年度,因此该公司编制的年度预算应该到 2022 年 3 月 31 日为止,2022 年 4 月 1 日过期。但是,实际上该公司的年度预算到 2021 年 7 月 1 日就过期了。取而代之的是 2021 年 7 月 1 日开始到 2022 年 6 月 30 日的新年度预算。这之后也依此类推,每一个季度都以该季度为起始点,编制并执行一份新的年度预算。也就是说,伊莱克斯公司编制并执行的是滚动预算。滚动预算的实施,使得伊莱克斯公司的经营管理者必须不断地考虑接下去的 12 个月该做些什么,而不是只注重眼前。

> **想一想**
>
> 滚动预算和年度预算的区别是什么?

二、编制运营预算的步骤

本章通过东方箱包有限公司的例题来详细说明如何编制运营预算。

【例题 10-1】 东方箱包有限公司(以下简称东方箱包)要编制 2022 年度运营预算,相关资料如下:东方箱包主要生产手提包、旅行箱等旅游箱包产品。目前公司主打两种产品:适合随身携带的公文包和旅行用多功能旅行箱。公司的在产品存货为零,直接材料存货和产成品存货均采用先进先出法进行核算。直接原材料主要有两种:一种是牛皮面料,同时用于两种箱包的表面。另一种是内衬面料,同时用于两种箱包的内衬。

东方箱包的直接成本包括两项:直接材料成本和直接人工成本。

东方箱包的生产间接成本,即制造费用也包括两项:第一项是发生在生产车间的生产性制造费用,它包含了低值易耗品等变动制造费用项目,以及厂房和设备的折旧、水电费、管理人员的年薪等固定制造费用项目[详见表 10-5 之(一)]。经分析,此项制造费用的成本动因是投入生产的"直接人工的工时数"。预计 2022 年度的直接人工工时总数为 300 000 小时。第二项是发生在生产车间的机械设备调试和准备的费用,它也包括与机械设备调试相关的低值易耗品等变动制造费用和机械设备的折旧等固定制造费用这两部分[详见表 10-5 之(二)]。经分析,此项制造费用的成本动因是调试人工的"调试工时数"。预计 2022 年度的调试工时总数为 15 000 小时。

东方箱包的期间费用主要包括三项。它们分别是设计和研发费用、市场营销费用和配送费用。2022 年度的设计和研发费用为固定费用,预计总金额为 1 024 000 元。市场营销费用包括变动费用和固定费用两部分:变动费用为销售佣金,定为销售收入的 6.5%;固定费用预计共发生 1 330 000 元。配送费用也包括变动费用和固定费用两部分:变动费用为搬运的立方米数,预计 2 元/立方米,本期预计共搬运 1 140 000 立方米;固定费用预计共发生 1 596 000 元。

在开始编制运营预算之前,公司的管理人员和成本会计人员实施了本章第一节中所述的编制预算前的四个准备步骤。经过反复讨论,公司管理层最终设定了 2022 年度的业绩目标。即公文包产品销售数量保持不变,旅行箱产品的销售数量增加 25%。公司在 2021 年度的产销数据见表 10-1。除去旅行箱的销售数量力争增加 25% 以外,其他数据在 2022 年度预算中保持不变。

直接材料成本:牛皮面料为 7 元/平方分米;内衬面料为 10 元/平方分米。

直接人工成本:20 元/小时。

表 10-1　　　　东方箱包公司 2021 年度的单套箱包用量标准及箱包产销数据

项　目		公文包	旅行箱
单套箱包用量标准	牛皮面料(平方分米)	12	12
	内衬面料(平方分米)	6	8
	直接人工(小时)	4	6
箱包产销数据	2021 年度销量(套)	50 000	8 000
	销售价格(元)	6 000	8 000
	期末存货数量(套)	11 000	500
	期初存货数量(套)	1 000	500
	期初存货金额(元)	384 000	262 000

直接材料存货数据见表 10-2。

表 10-2　　　　东方箱包的直接材料存货数据　　　　单位:平方分米

项　目	牛皮面料	内衬面料
期初存货数量	70 000	60 000
期末存货数量	80 000	20 000

假定东方箱包 2022 年度运营预算的期间为 2022 年 1 月 1 日至 2022 年 12 月 31 日,下面开始编制运营预算。

步骤 1:编制销售收入预算。

因为公司管理层制定了 2022 年度的业绩目标:公文包产品销量保持不变,旅行箱销量增加 25%,这样公司的成本会计人员就可以很容易地制定出 2022 年度的销售预算,见表 10-3。其中"销售数量(套)"列中,公文包保持 2021 年的 50 000 套不变,而旅行箱增加 25%,从 8 000 套增加到 10 000 套。于是,2022 年度的总销售收入预算为 380 000 000 元。

表 10-3　　　　2022 年度销售预算

项　目	销售数量(套)	销售价格(元)	销售收入(元)
公文包	50 000	6 000	300 000 000
旅行箱	10 000	8 000	80 000 000
总计			380 000 000

步骤 2:编制生产预算。

东方箱包 2022 年度的生产预算(表 10-4)是根据表 10-3 的销售预算来编制的。生产预算的编制遵循下列公式:

本期销售数量+期末存货数量-期初存货数量=本期生产数量

表 10-4　　　　　　　　　　　　2022 年度生产预算　　　　　　　　　　单位:套

项目	公文包	旅行箱
本期销售预算	50 000	10 000
加:期末产成品存货数量	11 000	500
减:期初产成品存货数量	1 000	500
本期生产数量	60 000	10 000

步骤 3:编制直接材料预算。

直接材料预算主要包括直接材料用量预算和直接材料采购预算两部分。东方箱包 2022 年度的直接材料用量预算是根据表 10-4 的年度生产预算来编制的。用预算的年度生产数量乘以每套箱包的直接材料用量,就可以分别算出公文包和旅行箱的直接材料预算数量。而本期需购买的直接材料成本预算则是用直接材料的总用量减去期初直接材料存货数量后,乘以该直接材料的单价计算而来。具体计算见表 10-5。

表 10-5　　　　　　　　　　2022 年度直接材料用量预算　　　　　　　金额单位:元

项目	牛皮面料	内衬面料
直接材料使用数量预算:		
公文包的直接材料数量(平方分米)	720 000	360 000
旅行箱的直接材料数量(平方分米)	120 000	80 000
直接材料的总用量	840 000	440 000
直接材料成本预算:		
期初直接材料存货数量	70 000	60 000
本期需购买的直接材料:		
(总用量－期初存货)×价格	5 390 000	3 800 000
本期使用的直接材料金额	5 880 000	4 400 000

那么,2022 年度中东方箱包预计将采购多少直接材料呢？如表 10-6 所示,根据表 10-5 已经编制完成的本期的直接材料用量预算,根据下列公式计算直接材料采购数量:本期的直接材料用量＋直接材料的期末存货数量－直接材料的期初存货数量＝需采购的直接材料数量。而直接材料的采购成本预算,只要用需采购的直接材料数量乘以各种直接材料的价格即可算出。具体编制过程见表 10-6。

表 10-6　　　　　　　　　　2022 年度直接材料采购预算

项目	牛皮面料	内衬面料
直接材料采购数量预算:		
本期直接材料用量(表 10-5)(平方分米)	840 000	440 000
加:期末存货(平方分米)	80 000	20 000
直接材料小计(平方分米)	920 000	460 000
减:期初存货(平方分米)	70 000	60 000
直接材料采购数量(平方分米)	850 000	400 000
直接材料采购成本(元)	5 950 000	4 000 000

步骤4：编制直接人工预算。

东方箱包2022年度的直接人工预算是根据表10-4的年度生产预算来编制的。根据表10-4所示的本期生产数量,乘以每套箱包的工时数量,再乘以直接人工的每小时薪酬金额,即可计算出直接人工成本的总金额。具体计算过程见表10-7。

表10-7　　　　　　　　　　2022年度直接人工预算

项目	生产数量（套）	单位产品工时（小时/套）	人工总工时（小时）	每小时薪酬（元/小时）	直接人工成本总额（元）
公文包	60 000	4	240 000	20	4 800 000
旅行箱	10 000	6	60 000	20	1 200 000
合计	—	—	300 000	—	6 000 000

步骤5：编制制造费用预算。

东方箱包的制造费用预算是根据表10-8所示的相关生产数据来编制的。这些生产数据均可从企业的日常生产经营中得到。

表10-8　　　　　　　　　　东方箱包的制造费用相关数据

项　目	公文包	旅行箱
1.箱包的生产数量（表10-4）（套）	60 000	10 000
2.每批次生产数量（套）	50	40
3.批次数	1 200	250
4.每批次的准备时间（小时/批次）	10	12
5.总准备时间（小时）	12 000	3 000
6.每套箱包的准备时间（小时/套）	0.2	0.3

东方箱包的成本会计人员整理好表10-8所示的生产数据之后,就可以编制2022年度制造费用预算（表10-9）了。已知制造费用包括两项:一是发生在生产车间的生产性制造费用。二是发生在生产车间的机械设备调试和准备的制造费用。东方箱包根据这两项制造费用的成本动因,就能够分别测算出每项制造费用的详细数据。也就是说,第一项发生在生产车间的生产性制造费用,是由于直接人工工时数而引发的间接费用。直接人工工时数越多,车间耗费的低值易耗品成本越高,车间的间接人工工资越高,以此类推。第二项机械设备调试和准备的费用,是由于调试人员的工时数而引发的间接费用。调试人工工时数越多,耗费在调试上的低值易耗品成本越多,调试的人工工资越高,以此类推。

表10-9　　　　　　　　　　2022年度制造费用预算　　　　　　　　　　单位:元

（一）生产性制造费用	
成本动因:直接人工工时数（表10-7）（小时）	300 000
变动制造费用:	
低值易耗品	1 500 000
间接人工成本	1 680 000

(续表)

水电费(辅助部门成本)	2 100 000
设备维护费(辅助部门成本)	1 200 000
固定制造费用:	
折旧费	1 020 000
管理费	390 000
水电费(辅助部门成本)	630 000
设备维护费(辅助部门成本)	480 000
生产性制造费用小计	9 000 000
(二)机械设备调试和准备的制造费用	
成本动因:调试和准备工时数(管理者预测)(小时)	15 000
变动制造费用:	
低值易耗品	390 000
间接人工成本	840 000
水电费(辅助部门成本)	90 000
固定制造费用:	
折旧费	603 000
管理费	1 050 000
水电费(辅助部门成本)	27 000
机械设备调试和准备的制造费用小计	3 000 000
制造费用总额	12 000 000

步骤6:编制期末产成品存货预算。

接下来,成本会计人员就可以编制期末产成品存货的单位成本预算和期末存货的总金额预算了。这两份预算所用到的数据有:第一,每套公文包和旅行箱分别使用的直接材料、直接人工成本。这些数据可以从已知条件表10-1中得到。第二,每套公文包和旅行箱分别使用的制造费用,需要使用表10-9的数据计算如下,生产性制造费用的单位成本30元/小时=生产性制造费用小计9 000 000元÷直接人工工时数300 000小时;机械设备调试和准备的制造费用的单位成本200元/小时=机械设备调试和准备的制造费用小计3 000 000元÷调试和准备工时数15 000小时;生产性制造费用的单位用量=直接人工的单位用量,因为其成本动因是直接人工工时数;机械设备调试和准备的制造费用的单位用量=表10-8第6项"每套箱包的准备时间"。第三,期末产成品存货预计有多少套箱包,此数据可从已知条件表10-1中得到。这样,就可以编制出详细的期末产成品存货预算了,详见表10-10和表10-11。

表 10-10　　　　　　　2022 年度期末产成品存货的单位成本预算

项目	单位成本	公文包 单位用量（平方分米;小时）	小计(元)	旅行箱 单位用量（平方分米;小时）	小计(元)
牛皮面料	7 元/平方分米	12	84	12	84
内衬面料	10 元/平方分米	6	60	8	80
直接人工	20 元/小时	4	80	6	120
生产性制造费用(生产性制造费用/直接人工小时)	30 元/小时	4	120	6	180
设备调试制造费用(设备调试制造费用/调试人工小时)	200 元/小时	0.2	40	0.3	60
总计			384		524

表 10-11　　　　　　　2022 年度期末存货总金额预算

项目	数量	单位成本	小计(元)	总计(元)
1.直接材料				760 000
牛皮面料	80 000 平方分米	7 元/平方分米	560 000	
内衬面料	20 000 平方分米	10 元/平方分米	200 000	
2.产成品				4 486 000
公文包	11 000 套	384 元/套	4 224 000	
旅行箱	500 套	524 元/套	262 000	
3.期末存货总额				5 246 000

步骤 7：编制销售成本预算。

东方箱包的成本会计人员和企业的采购人员一同,使用表 10-5、表 10-7、表 10-9 和表 10-11 的数据,即可编制出企业的销售成本预算,详见表 10-12。

表 10-12　　　　　　　2022 年度销售成本预算

项目	来源表号	金额(元)	总额(元)
期初产成品存货(2022 年 1 月 1 日)	已知		646 000
本期使用的直接材料	10-5	10 280 000	
直接人工	10-7	6 000 000	
制造费用	10-9	12 000 000	
产成品的生产成本		28 280 000	
可供销售产品的成本			28 926 000
减:期末产成品存货(2022 年 12 月 31 日)	10-11		4 486 000
销售成本			24 440 000

步骤 8：编制期间费用预算。

期间费用预算根据已知的期间费用的发生情况编制。根据已知条件,东方箱包的期间费用包括三项,分别是设计和研发费用、市场营销费用和配送费用。2022年度的设计和研发费用全部为固定费用,预计总金额为1 024 000元。市场营销费用包括变动费用和固定费用两部分:变动费用为销售佣金,定为销售收入的6.5%,因此根据表10-3,销售收入为380 000 000元,故变动费用为24 700 000元(380 000 000×6.5%);固定费用预计共发生 1 330 000元;市场营销费用共计26 030 000元。配送费用也包括变动费用和固定费用两部分:变动费用为搬运的立方米数,已知预计2元/立方米×1 140 000立方米=2 280 000元;固定费用预计共发生1 596 000元;配送费用共计3 876 000元,见表10-13。

表10-13　　　　　　　　　　2022年度期间费用预算　　　　　　　　金额单位:元

期间费用项目	变动成本	固定成本	总成本
设计和研发费用	无	1 024 000	1 024 000
市场营销费用	24 700 000	1 330 000	26 030 000
配送费用	2 280 000	1 596 000	3 876 000
合计	26 980 000	3 950 000	30 930 000

步骤9:编制预算利润表。

至此,运营预算中的详细预算均编制完成,一切准备工作就绪,东方箱包的成本会计人员可以编制运营预算的最终目标——预算利润表了。预算利润表所使用的数据全部来自已经编制好的详细预算,包括表10-3、表10-12、表10-13。最终可以计算出预算的营业利润了。详见表10-14。

表10-14　　　　　　　　　　2022年度预算利润表　　　　　　　　金额单位:元

利润表项目	来源表号	总计
销售收入	10-3	380 000 000
销售成本	10-12	24 440 000
销售毛利		355 560 000
期间费用:		30 930 000
研发设计费用	10-13	1 024 000
市场营销费用	10-13	26 030 000
配送费用	10-13	3 876 000
营业利润		324 630 000

第三节　预算的优势和挑战

一、预算的优势

预算被认为是企业成本控制和成本管理的最有效工具,这是因为预算具有三大优势,是其他成本会计工具所难以具备的。

(一)预算能促进企业内部不同部门之间的协作和沟通

协作是指企业的各个部门为达到共同的战略目标而协调生产与经营的各个方面。沟通就是通过不断交流使各个部门和全体员工都能正确理解企业的战略目标。为了编制预算,企业的高管层在每个会计期间(一般是会计年度)之前就要根据企业的战略目标,针对企业价值链的各个环节,如研发、生产、存货、销售、配送、管理等分别制定各部门的预算目标。并且一级一级地向下传达直至一线班组和员工。这样,想要执行好预算,想要完成预算设定的目标,各个部门和员工之间就必须沟通协作、共同努力。以汽车企业为例,销售部门要达到年度销售预算的目标,就必须与企业的研发部门和生产部门沟通协作,把市场上顾客的要求反馈到设计部门和生产部门,这样才可能不断改善设计,生产出顾客需要的产品。这时销售部门也就更容易达到销售预算的要求了。再如,企业的生产部门想要完成生产预算,就必须同设计部门以及零配件供应商沟通协作,不断改善设计和工艺流程,优化零配件的采购,使生产部门更顺利地完成预算要求。

(二)预算是判断和考核业绩的标准

由于预算为企业高管层提供了一个比较的准绳,使企业高管层能够在评价考核企业整体业绩表现的基础上,进一步评价考核各个部门业绩,以及个别员工的工作业绩。把预算作为业绩评价的标准既简单可行,又能被各个部门和全体员工接受。通过将实际业绩与预算进行比较,就可以判断出部门或员工的表现。由于预算是会计年度开始前事先制定的,而且部门和员工本身也或多或少地参加预算的编制,因而那些达不到预算目标的部门或员工被判定为业绩不佳,也是合情合理。这样通过预算的压力,能激发员工的工作积极性,把达到预算目标作为工作目标。预算具有覆盖面广的特点,能够覆盖企业的各个部门。因此预算常常作为企业内部业绩评价的有效工具。

然而,许多企业仍然习惯用过去的业绩(例如,上一年度的销售收入、利润率等)作为评价当前业绩的标准。这种使用过去业绩作为评价标准的做法存在两大缺陷:第一,过去的业绩早已过时,不适合作为现在的标准。企业在发展,过去的业绩对于现在的企业来说极有可能标准过低。第二,经济环境和市场形势千变万化,所以在大多数情况下,过去的业绩和当前业绩之间其实并不存在可比性。因此,企业用过去的业绩作为评价现在的标准缺乏合理性,极有可能会对企业造成误导。

(三)预算能激励企业员工

众多研究表明,预算能提高员工的工作积极性。其原因在于,企业员工中普遍存在着如果不能达成预算目标就等于工作失败这样一种心理。绝大多数员工愿意尽可能地完成预算。而且研究表明,如果预算目标越容易完成,就越能激发员工的工作动力。因此,避免编制高不可及的预算是预算编制过程中的重要经验。企业高管层在设定预算目标时,应该关注预算目标的可行性,只有这样才可能编制出务实合理的预算。

二、预算面临的挑战

要使预算达到上述三大优势,企业管理者需要解决三个有关预算编制和执行的问题。换言之,要想让预算发挥其最大优势,首先管理者面临着三大挑战。克服这三大挑战,那么预算就能成为企业成本控制和管理的有效工具。

挑战一,预算的编制应尽可能让从高管层到一线员工在内的企业所有层级的管理人员和员工参与。编制预算不仅仅是高管层的工作。只有尽可能让低层级的员工也参加到预算的编制之中,才可能发挥预算的最大优势。因为低层级的管理人员和一线员工每天都在实施第一线的生产作业,他们在企业的日常运营中拥有更多的第一手经验。有低层级管理人员和员工加入并共同编制的预算被称为参加型预算。参加型预算是更为科学合理的预算。

挑战二,管理者必须耐心地对待费时费力的预算编制过程。预算的编制是一项颇为费时的工作。有研究显示,大多数企业的高管层每年约花费10%至20%的时间在预算编制上。大多数的企业一般在每年的第四季度,不得不把工作的重点转移到编制下一年度的预算中去。这个过程一直要持续到下一年度的开始。

挑战三,预算的编制和执行需要灵活应对经济环境和市场形势的变化。预算编制完成了并不代表着任务完成了。企业必须根据实际的经济环境的变化和需求的变化不断调整预算。

三、预算松弛

前面提到了参加型预算的概念,即当低层级的管理人员和员工参与到预算编制中来时,预算能达到最大效果。然而,其前提条件是这些低层级的管理人员和员工必须诚实。预算松弛是指预算编制的参加者故意将部门或企业的预算收益设定得较低、预算成本设定得较高,以便能更容易地达成下一期预算。当企业使用预算差异(实际业绩和预算之间的差异)作为部门或员工业绩评价和考核的标准时,预算松弛就会经常发生。预算松弛给员工提供了一个"避风港",避免预算不达标情况的出现。正因为如此,一些企业为避免预算松弛现象的出现,仅把预算用作计划的工具,而不用于业绩评价和考核。

本章小结

本章详细探讨了预算的相关概念和方法。首先通过介绍预算与战略的关系讲述了什么是预算,什么是全面预算,以及全面预算的构成。本章重点关注运营预算,通过例题讲述了运营预算的构成和编制方法。最后归纳了预算的优势和挑战,以及预算松弛的概念。

案例应用

在过去的20年里,NBA[①]从原来的24支球队扩大到了30支,通过获得丰富的电视转播合同,打造了一批像科比之类的篮球巨星和百万富翁。在全世界篮球"粉丝"们的追捧下,NBA门票价格持续走高。但是当2008年全球金融危机爆发之后,NBA面临的市场形势急转直下。2008年至2009年间,超过半数的NBA加盟商亏损。因为陷入经济困难的"粉丝"们不再继续追捧NBA的高门票,企业也停止购买高价的包厢座席。NBA开

[①]案例来源:Biderman,David. 2009. The NBA: Where frugal happens. Wall Street Journal, Oct. 27.

始关注成本控制,并调低了其运营预算中的销售收入预算。所属的各支球队也同时调低了运营预算中的销售收入。为了维持利润率不变,在销售收入预计减少的时候,各支球队只能编制更低的成本预算。为把成本压在成本预算范围内,各支球队纷纷采取措施降低成本。超过10支球队开始削减球员,在减少正式球员数量的同时,减少预备球员的数量,以节省人员的薪酬成本。

  NBA其实跟其他一般企业一样,是自负盈亏的营利性组织。只不过它所提供的产品是精彩的NBA球赛。假设你是NBA的30支球队中一支球队的成本会计负责人,你认为应该编制哪些运营预算?

第十一章 标准成本法

> **学习目标**

1. 了解标准成本的内容。
2. 掌握标准成本法的程序,以及直接材料的价格差异与数量差异和直接人工的工资率差异与效率差异区别与计算。
3. 理解并计算变动制造费用和固定制造费用的差异。
4. 能熟练地应用标准成本法的基本原理解决企业的成本控制,并能依据企业的不同环境选择适合企业的成本控制方法。

> **导入案例**

虹利(Honley)医药公司的静脉注射产品分部经理米利·安得森对该分部去年的业绩十分满意。在2012年年初,分部引进了新的聚氨酯导管生产线,取代了旧的铁氟龙导管,销售额也因此翻了三倍多。市场对新导管的反应实质上重演了历史上的一幕:在静脉注射产品市场上,虹利医药公司再一次确立了主导地位。

大约30年前虹利医药公司创始人林戴·虹利就预见到,要有其他材料代替金属针管进行长期静脉注射。金属针管容易导致身体不适,并会损伤静脉。因为这些,虹利发明了铁氟龙导管,铁氟龙是一种润滑塑料,并且很容易插入静脉。这项创新在医学界反映良好,并由此促进了虹利医药公司的诞生,后来公司的业务也扩展到了多种医药用品。

多年来,新技术使得虹利医药公司居于市场主导地位。然而,专利期满后,其他公司生产的铁氟龙导管进入市场,加剧了市场竞争,价格被迫下降,利润也越来越少。

不断下降的利润使米利和其他高层管理人员研究铁氟龙导管继续生存的可能性。多年以前,医学家就曾指出,在连续使用铁氟龙导管24小时以后,注射点附近区域很容易感染。虹利医药公司的研究人员已经发现,问题在于人体的血液和组织与铁氟龙的不相容性。进一步研究表明,人体对不同的塑料产生不同的反应。寻找比铁氟龙更具有生物相容性的材料的研究工作立即开展起来,进而发明了聚氨酯导管,此导管可以保留在体内长达72小时,而铁氟龙导管只能连续使用24小时。

米利清醒地知道,未来历史会重演,即其他公司还会生产具有相似生物相容性的导管。实际上,虹利医药公司的研究人员预计,竞争对手在三年内就会生产出与之竞争的导管。然而,这次米利决心要保住分部的市场份额。由于绝大多数病人都不需要注射72小时以上,因此进一步提高生物相容性,不太可能产生与过去相同的市场收益。价格竞争更为重要。过去,由于居于市场主导地位,分部并不注意控制产品的生产成本。现在,米利相信通过实施成本控制措施,几年后竞争重演,分部将在价格上更具有竞争力。下面是她与分部会计长瑞德进行商讨时的谈话。

米利:"瑞德,预算体制是我们所采取的控制生产成本的唯一尝试的手段吗?"

瑞德:"是的。但实际上它所起的作用并不大。预算是将前一年的成本加上考虑通货膨胀因素增加的一些预算而得到的。我们从未认真确定过去成本应该是多少,也没有要求经理对成本负责。我们的盈利一直很好,资源也很充足。我想就因为我们一直很成功,所以忽视了成本控制。"

米利:"是的,如果我们没有开发聚氨酯导管,那么资源也不会这么充足了。我担心,如果现在不采取行动控制生产成本,那么未来我们的资源就会短缺。如果可以通过改进成本控制获得更高的利润,我们就应该去做。我希望我的工厂和生产经理们能够意识到他们对成本控制的责任。你有什么建议吗?"

瑞德:"我们应该使预算体制更加规范。第一,预算要反映成本应当是多少,而不是一直是多少。第二,我们要让经理们参与确定有效的成本水平,在此基础上编制预算,并把奖金和晋级与预算体制相结合,使经理人员树立成本意识。然而,我认为我们还可以再进一步,通过建立标准成本制度来达到控制成本的目的。"

米利:"这不是要明确材料和人工的单位价格和用量标准吗?"

瑞德:"从本质上说,正是这样。使用单位价格和用量标准,就可以确定每生产一个单位产品所使用的人工、材料和制造费用的预计成本。这些标准是用来定预算的,一旦有实际成本的介入,就可以使用单位价格和用量标准把预算差异分解为价格差异和效率差异。标准成本制度比使用正常成本计算的预算制度提供了更为详细信息。我们可以让经理们对达到确定的标准负责。"

米利:"我认为我们分部需要这种成本制度,是让经理们树立成本意识的时候了。"

思考题:
(1)是什么原因促使米利实施更加规范的成本控制体系?
(2)为什么标准成本制度提供了更为详细的控制信息?
(3)什么类型的控制与标准应一起使用?
(4)怎样使用标准成本法进行成本控制?

第一节 标准成本法的基本知识

一、标准成本法的内容

标准成本是运用技术测定等科学方法制定的在有效经营条件下应该实现的成本,是根据产品的耗费标准和耗费的标准价格预先计算的产品成本。

标准成本法,也称标准成本会计,是成本会计的重要组成部分。它是指以预先制定的标准成本为基础,用标准成本与实际成本进行比较,来核算和分析成本差异的一种产品成本计算方法,也是加强成本控制、评价经济业绩的一种成本控制制度。标准成本法的核心是按标准成本记录和反映产品成本的形成过程和结果,并借以实现对成本的控制。其基本程序如下:

1. 制定单位产品各成本项目的标准成本。

2. 根据实际产量和成本标准计算产品的标准成本。

3. 按标准成本进行产品成本核算。"生产成本""库存商品"等科目的借贷方都按标准成本记账。

4. 汇总计算实际成本。

5. 计算各成本项目实际成本与标准成本的各种成本差异,并设立各种成本差异科目进行归集,以便用来控制和考核产品成本。在各个成本差异科目中,借方登记超支差异,贷方登记节约差异。

6. 计算、分析各种成本差异,每期末根据各成本差异科目的借贷方余额编制成本差异汇总表,将各种成本差异余额计入当期损益。

7. 向成本负责人提供成本控制报告。

由此可见,标准成本法的主要内容包括:标准成本的制定、成本差异的计算和分析、成本差异的账务处理,其中标准成本的制定是采用标准成本法的前提和关键,据此可以达到成本事前控制的目的;成本差异的计算和分析是标准成本法的重点,借此可以促成成本控制目标的实现,并据以进行经济业绩考评。

"标准成本"一词在实际工作中有两种含义,具体如下:

一种是指单位产品标准成本,它是根据单位产品的标准消耗量和标准单价计算出来的,一般称为"成本标准"。

$$成本标准=单位产品标准成本=单位产品标准消耗量\times标准单价$$

另一种是指实际产量的标准成本,是根据产品实际产量和单位产品标准成本计算出来的。

$$标准成本=产品实际产量\times单位产品标准成本$$

二、标准成本制度的作用及其实施

(一)标准成本制度的作用

1. 有利于加强职工的成本意识。由于在标准成本会计制度下,要对各项标准成本指标进行分解,下达到各个部门及每个员工,形成人人关心成本核算和成本控制的良好氛围,可激励员工通过自己的工作,努力达到标准成本的目标。

2. 有利于成本控制。成本控制分为事前、事中、事后控制三个环节。事前的成本控制,可以制定出相应的标准成本,对各种资源消耗和各项费用开支规定数量界限,可以事前限制各种消耗和费用的发生;事中的成本控制,及时揭示实际成本与标准成本的差异,采取措施对成本核算工作加以改进,纠正不利差异,从而达到既定的成本控制目标;事后的成本控制,即通过成本分析总结经验,找出差异,提出进一步改进的措施。

3.有利于价格决策。标准成本能提供及时、一致的成本信息,消除经营管理工作中由于低效率或浪费以及偶然因素对成本的影响,避免由于实际成本波动而造成价格波动的后果。以标准成本作为定价的基础更加接近实际情况,并能满足竞争时市场对定价的要求。

4.有利于简化会计核算工作。在标准成本制度下,在产品、产成品和销售成本均按标准成本计价,这样可以减少成本核算的工作量,简化日常会计核算工作。

5.有利于正确评价成本控制的业绩。在实际成本会计制度下,通过本期的实际成本与上一期的同一产品的实际成本相比较,以评估成本超降情况。在标准成本制度下,以标准成本作为评估业绩的标准,由于标准成本通常是指在正常生产条件下制造产品应达到的成本水平,因此,以本期实际成本与标准成本相比较,就能正确评价企业的工作质量。此外,在实行责任会计的制度下,各成本中心之间的半成品内部转移价的确定,也以标准成本或在标准成本基础上加一定比例的内部利润为依据。这样可以避免各成本中心的责任成本受外界因素的影响,从而有利于正确评价其工作业绩。

(二)实施标准成本制度的步骤

实施标准成本制度应包括以下几个步骤:

1.制定标准成本;

2.计算标准成本差异;

3.计算实际成本;

4.计算实际产量的标准成本(实际产量×单位标准成本);

5.标准成本及差异的账务处理。

(三)实施标准成本的前提条件

1.要完善各项成本管理的基础工作。在制定标准成本时,需较多的资料,这些资料的取得应在管理工作搞得较好的企业才能实现。

2.要健全管理组织。实施标准成本制度,需要做的工作很多。只有得到组织保证,各项工作才能有效地开展起来。

3.要树立成本意识。实施标准成本制度,涉及企业的全体人员。不论是普通职工还是管理者,都应对成本控制问题重视起来。只有这样,才能使标准成本制度得以顺利开展。

三、成本标准的类型

产品标准成本的制定是实施标准成本制度的起点和成本控制的基础。要制定产品标准成本,以标准成本为依据进行成本控制,首先必须有明确的成本标准。

关于成本标准,通常有以下几种类型:

(一)按制定标准成本使用时间长短分类

1.基本标准成本

基本标准成本也称固定标准成本,它是指一经企业制定后,只要生产基本条件变化不大,一般不予变动的一种标准成本,这样可以使以后各期成本在同一基础上进行比较,以观察成本变动的趋势。但企业生产的基本条件经常会发生变化,因而,一成不变地采用基本标准成本,就不能有效发挥成本控制的作用。

2. 现行标准成本

现行标准成本是根据企业当前生产基本条件确定的标准成本,并且随着企业生产条件的变化,现行成本标准将随之变动,通常每年制定一次。现行标准成本反映了生产条件的变动对标准成本的影响,便于企业及时对标准成本差异进行分析和考核。

(二) 按标准成本水平分类

1. 理想标准成本

理想标准成本是指企业在最有效的生产经营条件下所达到的成本。这时企业的全部劳动要素都应达到最佳使用状态,不允许有一点浪费。但这种情况往往很难达到,所以,将理想标准成本作为短期努力目标很不现实,只能作为考核时的参考指标。

2. 正常标准成本

正常标准成本是指在合理工作效率、正常生产能力和有效经营条件下所能达到的成本。这种成本的实现既非轻易可以达到,又是经过生产者的努力可以完成的。因此,它有助于提高工作效率、有效控制成本。

理想标准成本是资源无浪费、设备无故障、产出无废品、工时全有效的情况下的成本,不太现实;正常标准成本考虑了现实中尚不能完全避免的设备故障、人工闲置等无效率状况,是较为合理的标准成本。

在一般情况下,标准成本必须既先进,又切实可行。如果确定的标准成本可以轻易地达到,那么在成本控制就失去了意义;反之,如果标准制定得过高,从而难以完成,生产人员就会把标准看作高不可攀,以致失去信心。至于标准成本多长时间制定一次,应根据企业实际情况来分析。如果修订频繁,既花费人力,又不利于评价企业内部各成本核算单位的工作成绩。不过,假若多年修订一次,由于产品生产技术、工作效率和经营条件的不断变化,这种标准成本便会过时,以致不能有效地发挥成本控制的作用。所以,标准成本应当以每年修订一次为原则。从标准成本制定依据的资料看,预期的成本比历史的成本更有现实意义。

四、标准成本制定方法及制定

(一) 标准成本制定方法

1. 工程技术测算法

工程技术测算法是根据一个企业的机器设备、生产技术的先进程度,对产品生产过程中的投入产出比例进行估计而计算出的标准成本。这是因为产品成本的高低同机器设备的先进程度,以及先进生产工艺的应用密切相关,先进的机器设备能提高产品的成品率、降低人工费用。

2. 预测法

实际上,企业在生产过程中许多因素都会随着时间的变化而不断变化,如机器设备的更新、生产工艺的改进、工人技能和工资水平的提高;此外,市场物价水平和汇率的变化都会影响企业的成本水平。因此,在制定产品标准成本时,仅依据历史成本,考虑当前的生产条件是不够的,还应适当考虑未来企业内外因素的变化对标准成本的影响,这就是所谓的预测法。

3. 期望法

作为标准成本,应能够从某种程度上反映企业管理层对成本耗费的期望,这种期望是可以通过引进先进设备、提高技术水平或加强企业管理来实现的较高要求。例如,企业为了学习国内外先进企业的成功经验,常常以这些企业的成本水平作为自己的标准成本进行考核,但要注意的是,这种方法包含着一种主观理想的因素,在具体使用时,必须与以上几种方法配合使用,才能制定出先进而又可行的标准成本。

制定标准成本的方法很多,在实际工作中,一个产品的单位标准成本往往是利用以上两种或两种以上方法结合起来计算的。

> **标准之源**
>
> 企业通常通过多条途径来决定经营活动的适当标准。这些途径有历史数据分析、作业分析、其他同类企业标准(标杆)。管理者在制定成本标准时,常综合应用历史数据分析、作业分析以及标杆等。
>
> 尽管历史数据在制定成本标准时具有相关性,但管理者必须警惕不能依赖历史数据,因为历史数据往往已经过时。作业分析会提供确定标准的精确资料,但作业分析比较耗时,且花费各项费用较高。标杆的优点在于企业可以同类企业的最好业绩作为标准,使用这样的标准,有助于企业在当今全球竞争中保持较强竞争力。当然,企业应注意其他企业的标准可能不完全适用于本企业的特定经营环境。

(二)标准成本各成本项目的制定

标准成本制度由于是在标准成本的基础上计算产品成本的,因此,制定产品的标准成本,是进行标准成本计算和进行成本控制、分析的基础。在一般情况下,标准成本可以按零件、部件和各生产阶段成本项目制定,即分别按直接材料、直接人工和制造费用制定。对于其中的制造费用,还可分为变动费用和固定费用两类。在零部件较少的情况下,可以先制定零件的标准成本,在此基础上制定部件和产品的标准成本;在零部件较多的情况下,可以不制定零件的标准成本,而先制定部件的标准成本,再制定产品的标准成本,或直接制定产品的标准成本。

1. 直接材料标准成本的制定

直接材料的标准成本是根据产品或零部件对某种材料的标准耗用量和材料的标准单价计算的,其计算公式如下:

直接材料标准成本=产品或零部件对某种材料的标准耗用量×该种材料标准单价

上式中产品或零部件对某种材料的标准耗用量可从工程技术部门提供的制造单位产

品所需要的各种原材料消耗量取得,材料的标准单价可由供应部门提供。

将产品的零部件耗用各种材料的标准成本相加,即可计算出产品的直接材料标准成本。

2.直接人工标准成本的制定

直接人工的标准成本是根据产品或零部件单位产品的标准工时和小时标准工资率计算的,其计算公式如下:

直接人工标准成本＝产品或零部件单位产品的标准工时×小时标准工资率

上式中的标准工时应按加工工序来制定,制定标准工时应考虑直接加工工时和工人必要的间歇和停工时间等,单位产品消耗的各工序标准工时由技术部门和生产部门提供;小时标准工资率一般采用预算工资率,一般由人力资源部门提供。

将产品各种零部件的直接人工标准成本相加,即可计算出产品的直接人工标准成本。

3.制造费用标准成本的制定

制造费用一般是按责任部门编制制造费用预算的形式进行的,并且分固定制造费用和变动制造费用分别编制,其中变动制造费用一般应按不同的生产量来计算,以适应数量的变动。

固定(或变动)制造费用的标准成本是根据产品或零部件单位产品的标准工时和固定(或变动)制造费用标准分配率计算的,其计算公式如下:

固定(或变动)制造费用标准成本 ＝ 产品或零部件单位产品的标准工时 × 固定(或变动)制造费用标准分配率

上式中固定制造费用标准分配率和变动制造费用标准分配率的计算公式如下:

$$固定制造费用标准分配率 = \frac{固定制造费用预算总额}{标准总工时}$$

$$变动制造费用标准分配率 = \frac{变动制造费用预算总额}{标准总工时}$$

其中,工时标准的含义与直接人工工时标准相同。

将产品各种零部件的固定(或变动)制造费用标准成本相加,即可计算出产品的制造费用标准成本。

【例题 11-1】 某企业生产甲产品,直接耗用两种材料:A 材料的标准消耗量为 100 千克,标准单价为 3.50 元;B 材料的标准消耗量为 210 千克,标准单价为 2.40 元。甲产品的单位标准工时为 500 小时,其中第一工序 300 小时,第二工序 200 小时;小时标准工资率第一工序为 8 元,第二工序为 9 元;小时固定制造费用率第一工序为 6 元,第二工序为 4 元;变动制造费用率第一工序为 7 元,第二工序为 8.2 元。

根据上述资料,计算甲产品的单位标准成本如下:

直接材料标准成本＝100×3.50＋210×2.40＝854(元)

直接人工标准成本＝300×8＋200×9＝4 200(元)

变动制造费用标准成本＝300×7＋200×8.2＝3 740(元)

固定制造费用标准成本＝300×6＋200×4＝2 600(元)

根据上述计算结果编制的甲产品单位产品标准成本见表11-1。

表 11-1　　　　　　　　　单位产品标准成本表　　　　　　　　金额单位:元

直接材料	原料名称	单位	数量	标准单价	工序 1	工序 2	合计	直接人工	标准工时（小时）	标准工资率	工序 1	工序 2	合计
	A 材料	千克	100	3.50	—	—	350		300	8	2 400		2 400
	B 材料		210	2.40			504		200	9		1 800	1 800
	直接材料成本合计				—	—	854		直接人工成本合计		2 400	1 800	4 200

变动制造费用	标准工时（小时）	标准分配率	工序 1	工序 2	合计	固定制造费用	标准工时（小时）	标准分配率	工序 1	工序 2	合计
	300	7	2 100		2 100		300	6	1 800		1 800
	200	8.2		1 640	1 640		200	4		800	800
	变动制造费用合计		2 100	1 640	3 740		固定制造费用合计		1 800	800	2 600

制造费用合计	6 340
每一单位产品标准成本合计	11 394

第二节　标准成本差异的计算和分析

标准成本差异分析

一、成本差异的种类

成本差异包括预算成本差异和标准成本差异。预算成本差异和标准成本差异具有相同的原理,因此本节以标准成本差异为例来介绍成本差异的计算和分析方法。如果将下述公式中的"标准成本"换作"预算成本"那么就是"预算成本差异"的概念了。预算成本差异,是指实际成本脱离预算成本的差异,即实际成本与预算成本之间的差额。有关预算的内容已在第十章详述;"预算成本差异"将在第十二章详述。

标准成本差异,是指实际成本脱离标准成本的差异,即实际成本与标准成本之间的差额。计算和分析成本差异的目的在于明确差异的程度,找出差异发生的原因,并决定采取纠正差异的措施和确定责任的归属。

成本差异按照成本项目分类,可以分为直接材料成本差异、直接人工成本差异和制造费用成本差异等。成本差异可以归结为价格脱离标准造成的价格差异与用量脱离标准造成的用量差异两类。

标准成本差异＝实际成本－标准成本
　　　　　　＝实际用量×实际价格－标准用量×标准价格
　　　　　　＝实际用量×实际价格－实际用量×标准价格＋实际用量×标准价格－标准用量×标准价格

$$=实际用量×(实际价格-标准价格)+(实际用量-标准用量)×标准价格$$
$$=价格差异+用量差异$$

现列示成本差异分类如图11-1所示。

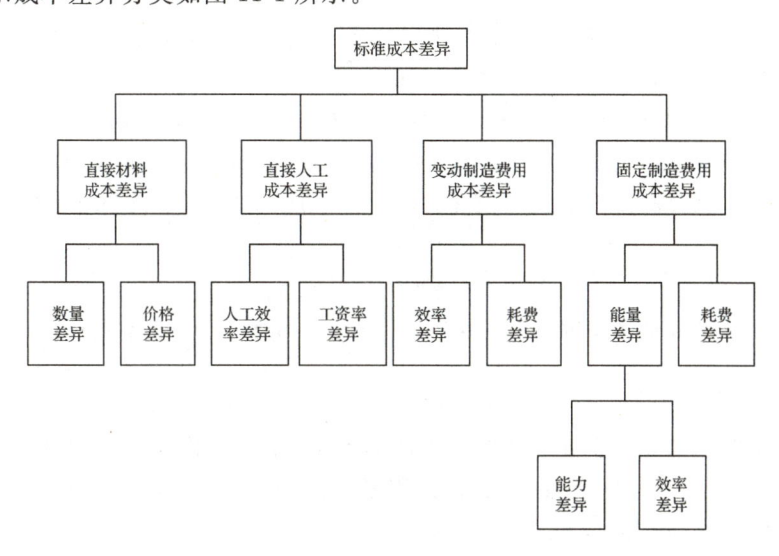

图11-1 成本差异分类图

下面分别说明这些成本差异及其计算和分析的方法。

二、直接材料成本差异的计算和分析

直接材料成本差异是指直接材料实际成本与其标准成本的差异,它由直接材料用量差异和直接材料价格差异两部分组成。

(一)直接材料用量差异

直接材料用量差异是指由于直接材料实际用量与其标准用量的差异而导致的直接材料成本差异。其计算公式为:

$$直接材料用量差异=(材料实际用量-材料标准用量)×材料标准价格$$

直接材料用量差异的形成原因是多方面的,有生产部门的原因,也有非生产部门的原因。用料的责任心强弱、技术技艺状况、废品废料率的高低、设备工艺状况等,是直接材料用量差异的主要原因;材料质量状况、材料规格的适应程度等,也会导致直接材料用量差异。正因为如此,直接材料用量差异的责任需要通过具体分析方能明确,但其主要责任部门往往是生产部门。

> **请注意**
>
> 影响直接材料用量差异的因素:生产技术上的产品设计变更;制造方法改变;机器设备性能;材料本身问题;工人操作和技术水平;加工搬运中损坏等。

(二)直接材料价格差异

直接材料价格差异是指由于直接材料实际价格与其标准价格的差异而导致的直接材料成本差异。其计算公式为：

直接材料价格差异＝(材料实际价格－材料标准价格)×材料实际用量

直接材料价格差异是直接材料成本差异中不应由生产部门负责的成本差异。计算和分析直接材料价格差异，可以区分不同部门的责任。

直接材料价格差异的形成原因较为复杂，有主观原因，也有客观原因。如市场价格的变动、供货厂商的变动、运输方式及其路线的变动、采购批量的变动等，都可能导致直接材料的价格差异。但由于它与采购部门的工作情况关系更密切，所以其主要责任部门是采购部门。

> **请注意**
> 影响直接材料价格差异的因素：市场价格；采购地点；运输方式；运输途中损耗率等。

【例题11-2】 假定某企业本月投产甲产品8 000件，使用A材料32 000千克，其实际价格为每千克40元。该产品A材料的用量标准为3千克，标准价格为44元/千克。其直接材料成本差异计算如下：

直接材料实际成本＝32 000×40＝1 280 000(元)

直接材料标准成本＝8 000×3×44＝1 056 000(元)

直接材料成本差异＝直接材料实际成本－直接材料标准成本＝＋224 000(元)

其中：直接材料用量差异＝(32 000－8 000×3)×44＝＋352 000(元)

直接材料价格差异＝(40－44)×32 000＝－128 000(元)

通过以上计算，可以看出，甲产品本月耗用A材料发生224 000元超支差异。其中，由于生产部门耗用材料超过标准，导致超支352 000元，应该查明材料用量超标的具体原因，材料用量差异形成的具体原因有许多，如操作疏忽造成废品和废料增加、新工人上岗造成用料多等，发现原因有助于以后改进工作，节约材料耗费。对材料价格差异而言，由于材料价格降低节约了128 000元，从而抵消了一部分由于材料超标耗用而形成的成本超支，这是材料采购部门的工作成绩，也应查明原因，以便巩固和发扬成绩，但必须严控材料质量关。

三、直接人工成本差异的计算和分析

直接人工成本差异包括直接人工效率差异和直接人工工资率差异。

(一)直接人工效率差异

直接人工效率差异即直接人工的用量差异("量差")，反映了工人效率的高低。其计算公式为：

直接人工效率差异＝(实际人工工时－标准人工工时)×标准工资率

直接人工效率差异的形成原因也是多方面的，工人技术状况、工作环境和设备条件的好坏等，都会影响效率的高低，但其主要责任部门还是生产部门。

> **请注意**
> 影响直接人工效率差异的因素:机器设备、材料质量和制造方法改变以及设计不当等客观原因;工人技术的熟练程度、劳动纪律和劳动态度等主观原因。

(二)直接人工工资率差异

直接人工工资率差异即直接人工的价格差异("价差")。人工的价格表现为小时工资率。其计算公式为:

直接人工工资率差异=(实际工资率-标准工资率)×实际人工工时

直接人工工资率差异的形成原因亦较复杂,工资制度的变动、工人的升降级、加班或新工人的增加等,都将导致直接人工工资率差异。一般而言,这种差异的责任不在生产部门,劳动人事部门更应对其承担责任。

> **请注意**
> 直接人工工资率差异的因素:工资调整、工资计算方法的改变和工人级别结构的变化,以及奖金和工资性质津贴的变动。

【例题 11-3】 假定某企业本月投产甲产品 8 000 件,本月实际用工 10 000 小时,实际应付直接人工工资 110 000 元。该产品工时标准为 1.5 小时/件,标准工资率为 10 元/小时,则工资标准为 15 元/件。其直接人工成本差异计算如下:

直接人工成本差异=110 000-8 000×15=-10 000(元)

其中:直接人工效率差异=(10 000-8 000×1.5)×10=-20 000(元)

直接人工工资率差异=(110 000÷10 000-10)×10 000=+10 000(元)

通过以上计算可以看出,该产品的直接人工成本总体上节约了 10 000 元。其中,直接人工效率差异节约 20 000 元,但直接人工工资率差异超支 10 000 元。工资率超过标准,可能是为了提高产品质量,调用了一部分技术等级和工资级别较高的工人,使小时工资率增加了 1(即 110 000÷10 000-10)元。但也因此在提高产品质量的同时,提高了工作效率,使工时的耗用由标准的 12 000(即 8 000×1.5)小时降为 10 000 小时,节约工时 2 000 小时,从而使最终的成本节约了。可见生产部门在生产组织上的成绩是应该肯定的。

四、变动制造费用成本差异的计算和分析

变动制造费用成本差异由变动制造费用效率差异和变动制造费用耗费差异两部分组成。

(一)变动制造费用效率差异

变动制造费用效率差异即变动制造费用的用量差异("量差"),它是因实际耗用工时脱离标准而导致的成本差异。其计算公式为:

变动制造费用效率差异=(实际工时-标准工时)×变动制造费用标准分配率

公式中的工时既可以是人工工时，也可以是机器工时，这取决于变动制造费用的分配方法；式中的标准工时是指实际产量下的标准总工时。

变动制造费用效率差异的形成原因与直接人工效率差异的形成原因基本相同。

(二)变动制造费用耗费差异

变动制造费用耗费差异即变动制造费用的价格差异（"价差"），它是因变动制造费用或工时的实际耗费脱离标准而导致的成本差异，也称变动制造费用分配率差异。其计算公式为：

变动制造费用耗费差异＝(变动制造费用实际分配率－变动制造费用标准分配率)×实际工时

变动制造费用耗费差异是变动制造费用开支额或工时耗费发生变动的情况下出现的成本差异，其责任往往在于发生费用的部门。

> **请注意**
> 影响变动制造费用耗费差异的因素：应按构成费用的明细项目，利用弹性预算进行对比分析，从而找出差异的原因及责任归属。

【例题 11-4】 假定企业本月投产甲产品 8 000 件，本月实际发生变动制造费用 40 000 元，实际用工 10 000 小时。其工时标准为 1.5 小时/件，标准费用分配率为 3.5 元/小时。其变动制造费用成本差异计算如下：

变动制造费用成本差异＝40 000－8 000×1.5×3.5＝－2 000(元)

其中：变动制造费用效率差异＝(10 000－8 000×1.5)×3.5＝－7 000(元)

变动制造费用耗费差异＝(40 000÷10 000－3.5)×10 000＝＋5 000(元)

通过以上计算可以看出，甲产品制造费用节约 2 000 元，是由于提高了效率，工时由 12 000(即 8 000×1.5)小时降为 10 000 小时。由于变动制造费用分配率由每小时 3.5 元提高为 4(即 40 000÷10 000)元，使变动制造费用发生了超支，从而抵消了一部分变动制造费用的节约额，应该查明变动制造费用分配率提高的具体原因。

五、固定制造费用成本差异的计算和分析

固定制造费用成本差异是实际固定制造费用与实际产量标准固定制造费用的差异。其计算公式为：

固定制造费用成本差异＝实际固定制造费用－实际产量标准固定制造费用
　　　　　　　　　　＝实际固定制造费用－实际产量×工时标准×标准费用分配率
　　　　　　　　　　＝实际固定制造费用－实际产量标准工时×标准费用分配率

式中的成本差异是在实际产量的基础上算出的。由于固定制造费用相对固定，一般不受产量影响，因此，产量变动会对单位产品成本中的固定制造费用发生影响：产量增加时，单位产品应负担的固定制造费用会减少；产量减少时，单位产品应负担的固定制造费用会增加。这就是说，实际产量与设计生产能力规定的产量或预算产量的差异会对产品应负担的固定制造费用发生影响。也正因此，固定制造费用成本差异的分析方法与其他费用成本差异的分析方法有所不同，通常有两差异分析法和三差异分析法两种分析方法。

(一)两差异分析法

两差异分析法将固定制造费用成本差异分为固定制造费用耗费差异和固定制造费用能量差异两种成本差异。

固定制造费用成本差异＝实际固定制造费用－实际产量标准固定制造费用
　　　　　　　　　　＝实际固定制造费用－预算固定制造费用＋预算固定制造费用
　　　　　　　　　　　－实际产量标准固定制造费用
　　　　　　　　　　＝固定制造费用耗费差异＋固定制造费用能量差异

固定制造费用耗费差异是指实际固定制造费用与预算固定制造费用之间的差异。预算固定制造费用是按预算产量、工时标准、标准费用分配率事前确定的固定制造费用。这种成本差异的计算公式为：

固定制造费用耗费差异＝实际固定制造费用－预算固定制造费用
　　　　　　　　　　＝实际固定制造费用－预算产量×工时标准×标准费用分配率
　　　　　　　　　　＝实际固定制造费用－预算产量标准工时×标准费用分配率

固定制造费用能量差异是指由于设计或预算的生产能力利用程度的差异而导致的成本差异，也就是实际产量标准工时脱离设计或预算产量标准工时而产生的成本差异。其计算公式为：

固定制造费用能量差异＝(预算产量标准工时－实际产量标准工时)×标准费用分配率

【例题11-5】 假定企业本月甲产品预算产量为10 400件，实际产量为8 000件，实际工时为10 000小时，实际固定制造费用为190 000元。工时标准为1.5小时/件，标准费用分配率为12元/小时。用两差异分析法计算其固定制造费用成本差异。

固定制造费用成本差异＝190 000－8 000×1.5×12＝＋46 000(元)

其中：固定制造费用耗费差异＝190 000－10 400×1.5×12＝＋2 800(元)

固定制造费用能量差异＝(10 400×1.5－8 000×1.5)×12＝＋43 200(元)

通过以上计算可以看出，该企业甲产品固定制造费用超支46 000元，主要是由于生产能力利用不足，实际产量小于预算产量所致。固定制造费用超支，不论是耗费差异，还是能量差异，一般均应由有关的管理部门负责。

两差异分析法比较简单，但从上述计算公式可见：两差异分析法没有反映和分析生产效率对固定制造费用成本差异的影响。计算能量差异时，使用的都是标准工时，它说明的是按标准工时反映的生产能力利用情况。如果实际产量标准工时和预算产量标准工时一致，则能量差异为零。但是，实际产量的实际工时可能与其标准工时存在差异，而生产能力的实际利用情况更取决于实际工时而非标准工时。实际工时与标准工时之间的差异，属于效率高低的问题。因此，固定制造费用成本差异分析更多地采用将能量差异划分为能力差异和效率差异的三差异分析法。

(二)三差异分析法

三差异分析法将固定制造费用的成本差异区分为固定制造费用耗费差异、固定制造费用能力差异和固定制造费用效率差异三种成本差异。其中固定制造费用耗费差异与两差异分析法相同，其计算公式仍为：

固定制造费用耗费差异＝实际固定制造费用－预算固定制造费用

成本会计

固定制造费用能力差异是指实际产量实际工时脱离预算产量标准工时而引起的生产能力利用程度的差异而导致的成本差异。其计算公式为：

固定制造费用能力差异＝(预算产量标准工时－实际产量实际工时)×标准费用分配率

固定制造费用效率差异是指因生产效率差异导致的实际工时脱离标准工时而产生的成本差异。其计算公式如下：

固定制造费用效率差异＝(实际产量实际工时－实际产量标准工时)×标准费用分配率

> **请注意**
>
> 固定制造费用效率差异分析：生产工人劳动效率差异所导致。
>
> 固定制造费用能力差异分析：机器故障；劳动力不足；临时停工待料；生产组织不善；工人技术水平；季节变动；停电和生产任务不饱和等。
>
> 固定制造费用耗费差异分析：按费用明细项目逐项加以比较分析。

三差异分析法的上列各项计算公式，可以归纳如图11-2所示。

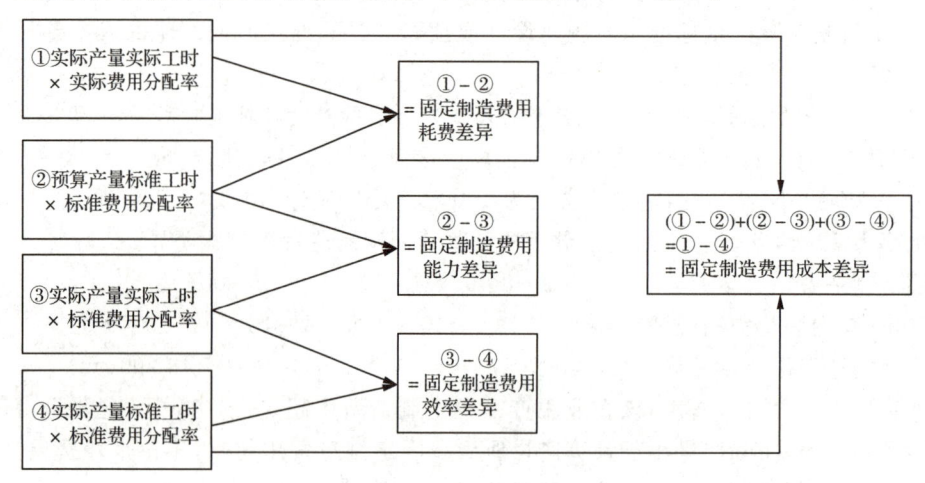

```
①实际产量实际工时
  ×实际费用分配率     ──→  ①－②
                          ＝固定制造费用
                            耗费差异
②预算产量标准工时
  ×标准费用分配率                            (①－②)+(②－③)+(③－④)
                          ②－③              ＝①－④
                          ＝固定制造费用      ＝固定制造费用成本差异
③实际产量实际工时          能力差异
  ×标准费用分配率
                          ③－④
④实际产量标准工时          ＝固定制造费用
  ×标准费用分配率          效率差异
```

图 11-2 三差异分析图

【例题 11-6】 仍以【例题 11-5】企业本月甲产品有关数据为例，用三差异分析法计算其固定制造费用成本差异。

固定制造费用成本差异＝190 000－8 000×1.5×12＝＋46 000(元)

其中：固定制造费用耗费差异＝190 000－10 400×1.5×12＝＋2 800(元)

固定制造费用能力差异＝(10 400×1.5－10 000)×12＝＋67 200(元)

固定制造费用效率差异＝(10 000－8 000×1.5)×12＝－24 000(元)

三差异分析法的耗费差异等于两差异分析法的耗费差异。

三差异分析法的能力差异与效率差异之和，等于两差异分析法的能量差异。采用三差异分析法，能够更好地说明生产能力利用程度和生产效率高低所导致的成本差异情况，并且便于分清责任，能力差异的责任一般在于管理部门，而效率差异的责任则往往在于生产部门。

第三节 标准成本法的账务处理

一、标准成本法的会计科目

把标准成本纳入账簿体系不仅能够提高成本计算的质量和效率,使标准成本发挥更大功效,而且可以简化记账手续。为了同时提供标准成本、成本差异和实际成本三项成本资料,标准成本系统的账务处理具有以下特点:

(一)"生产成本"和"库存商品"账户登记标准成本

通常的实际成本系统,从原材料到库存商品的流转过程,使用实际成本记账。在标准成本系统中,这些账户改用标准成本,无论是借方还是贷方均登记实际数量的标准成本,其余额亦反映这些资产的标准成本。

(二)设置成本差异账户分别记录各种成本差异

在标准成本系统中,要按成本差异的类别设置一系列成本差异账户,如"直接材料价格差异""直接材料用量差异""直接人工效率差异""直接人工工资率差异""变动制造费用耗费差异""变动制造费用效率差异""固定制造费用耗费差异""固定制造费用效率差异""固定制造费用能力差异"等。差异账户的设置,要同采用的成本差异分析方法相适应,为每一种成本差异设置一个账户。

在需要登记"生产成本"和"库存商品"账户时,应将实际成本分离为标准成本和有关的成本差异,标准成本数据记入"生产成本"和"库存商品"账户,而有关的差异分别记入各成本差异账户。这些成本差异科目的借方登记超支差异,贷方登记节约差异和差异转出额(超支差异用蓝字转出,节约差异用红字冲减转出)。

为了便于考核,各成本差异账户还可以按责任部门设置明细账,分别记录各部门的各项成本差异。

二、标准成本差异的处理原则

标准成本差异的处理,应根据具体情况采用不同的方法进行。一般主要有如下几种方式。

1.将差异全部计入当期损益。采用这种方法处理时,在期末,应将归集在各种差异账户中的标准成本差异,全部记入当期的损益账户中,结平这些差异账户。如果为有利差异,则应增加当期的收益;如果是不利差异,则应冲减当期的收益。

2.将标准成本差异根据当月销售产品成本、在产品成本和库存产品成本的比例进行分摊。在分摊时,是根据各种销售产品、在产品和库存产品的标准成本的比例进行分配的。

三、标准成本账务处理举例

对材料价格差异有两种处理方法。一是购入时将材料标准成本记入"原材料"账户,而将其价格差异记入"直接材料价格差异"账户,此时该账户核算的是购入材料的价格差异;二是购入时"原材料"账户登记实际成本,领用时,将领用材料的价格差异从"原材料"账户转入"直接材料价格差异"账户,而将材料标准成本转入生产成本,此时,"直接材料价格差异"账户核算的是领用材料价格差异。以下例题采用第二种做法。

【例题 11-7】 企业购入甲材料 2 000 千克,买价 17.8 元/千克,运费 1.2 元/千克;购入乙材料 1 000 千克,买价 23.1 元/千克,运费 0.9 元/千克。增值税税率为 13%,以银行存款支付,收到材料并验收入库。A 产品耗用甲、乙两种直接材料,标准单价分别为 18 元和 25 元,实际单价分别为 19 元和 24 元,实际耗用量分别为 1 000 千克和 450 千克,标准用量为 950 千克和 560 千克。则有关账务处理如下:

(1)购入时

借:材料采购——甲材料　　　　　　　　　　　　　　　38 000
　　　　　　——乙材料　　　　　　　　　　　　　　　24 000
　　应交税费——应交增值税(进项税额)　　　　　　　 8 060
　贷:银行存款　　　　　　　　　　　　　　　　　　　70 060

(2)结转材料采购成本

借:原材料——甲材料　　　　　　　　　　　　　　　　38 000
　　　　　——乙材料　　　　　　　　　　　　　　　　24 000
　贷:材料采购——甲材料　　　　　　　　　　　　　　38 000
　　　　　　　——乙材料　　　　　　　　　　　　　　24 000

(3)领用时

借:基本生产成本——A 产品　　　　　　　　　　　　　31 100
　　直接材料价格差异　　　　　　　　　　　　　　　　　 550
　贷:原材料　　　　　　　　　　　　　　　　　　　　29 800
　　　直接材料用量差异　　　　　　　　　　　　　　　 1 850

标准成本＝950×18＋560×25＝31 100(元)
实际成本＝1 000×19＋450×24＝29 800(元)
直接材料价格差异＝(19－18)×1 000＋(24－25)×450＝550(元)
直接材料用量差异＝(1 000－950)×18＋(450－560)×25＝－1 850(元)

【例题 11-8】 企业生产中耗用人工成本的基本资料如下:A 产品本月实际工时为 8 400 工时,标准工时为 8 200 工时,实际工资率为 2.25 元,标准工资率为 2 元。

根据有关资料计算,账务处理如下:

借:基本生产成本——A 产品　　　　　　　　　　　　　16 400

直接人工工资率差异　　　　　　　　　　　　　　　　2 100
　　直接人工效率差异　　　　　　　　　　　　　　　　　400
　　贷：应付职工薪酬　　　　　　　　　　　　　　　　　　18 900
A 产品的直接人工标准成本＝8 200×2＝16 400(元)
A 产品的直接人工实际成本＝8 400×2.25＝18 900(元)
A 产品直接人工工资率差异＝(2.25－2)×8 400＝＋2 100(元)
A 产品直接人工效率差异＝(8 400－8 200)×2＝＋400(元)

【例题 11-9】　承【例题 11-8】的相关资料归集和结转变动制造费用。本月实际发生的变动制造费用为 10 248 元，标准变动制造费用分配率为 1.3 元。

实际工作中发生各项变动制造费用时，做以下账务处理：
借：制造费用(变动)　　　　　　　　　　　　　　　　10 248
　　贷：银行存款(或相关科目)　　　　　　　　　　　　　10 248
结转变动制造费用根据【例题 11-8】有关资料计算，做以下账务处理：
借：基本生产成本——A 产品　　　　　　　　　　　　10 660
　　变动制造费用效率差异　　　　　　　　　　　　　260
　　贷：制造费用(变动)　　　　　　　　　　　　　　　　10 248
　　　　变动制造费用耗费差异　　　　　　　　　　　　　672
A 产品变动制造费用耗费差异＝10 248－8 400×1.3＝－672(元)
A 产品变动制造费用效率差异＝(8 400－8 200)×1.3＝＋260(元)

【例题 11-10】　承【例题 11-8】的相关资料，用三差异分析法归集结转固定制造费用。本期生产中，固定制造费用总额为 28 140 元，预算金额为 27 720 元，预计产量 880 件，实际产量 820 件，预算总工时为 8 800 工时。

实际工作中发生各项固定制造费用时：
借：制造费用(固定)　　　　　　　　　　　　　　　　28 140
　　贷：银行存款(或相关科目)　　　　　　　　　　　　　28 140
结转固定制造费用时，根据【例题 11-8】资料计算，做以下账务处理：
借：基本生产成本——A 产品　　　　　　　　　　　　25 830
　　固定制造费用耗费差异　　　　　　　　　　　　　420
　　固定制造费用能力差异　　　　　　　　　　　　　1 260
　　固定制造费用效率差异　　　　　　　　　　　　　630
　　贷：制造费用(固定)　　　　　　　　　　　　　　　　28 140
固定制造费用标准分配率：27 720/8 800＝3.15(元/小时)
A 产品标准固定制造费用＝8 200×3.15＝25 830(元)
固定制造费用实际分配率＝28 140/8 400＝3.35(元/小时)
固定制造费用耗费差异＝28 140－27 720＝＋420(元)
固定制造费用能力差异＝27 720－8 400×3.15＝＋1 260(元)

固定制造费用效率差异＝(8 400－8 200)×3.15＝＋630(元)

【例题 11-11】 承【例题 11-7】至【例题 11-10】相关资料,结转本期完工入库产品标准成本。

完工入库全部产品的标准成本如下：

直接材料	31 100
直接人工	16 400
变动制造费用	10 660
固定制造费用	25 830
合计	83 990

相关账务处理如下：

借：库存商品——A 产品　　　　　　　　　　　　　　83 990
　　贷：基本生产成本——A 产品　　　　　　　　　　　　83 990

【例题 11-12】 承【例题 11-7】至【例题 11-11】相关资料,本期实际产量为 820 件,销售单价为 150 元/件,假设企业已全部销售本月所产产品,请做出相关账务处理。

借：应收账款　　　　　　　　　　　　　　　　　　　138 990
　　贷：主营业务收入　　　　　　　　　　　　　　　　123 000
　　　　应交税费——应交增值税(销项税额)　　　　　　15 990

产品销售收入＝820×150＝123 000(元)

结转已销产品标准成本,账务处理如下：

借：主营业务成本　　　　　　　　　　　　　　　　　83 990
　　贷：库存商品——A 产品　　　　　　　　　　　　　83 990

【例题 11-13】 承【例题 11-7】至【例题 11-12】相关资料,月末汇总该企业各项成本差异并进行结转。

根据上述资料汇总各项成本差异,见表 11-2。

表 11-2　　　　　　　　　各项成本差异汇总表　　　　　　　　　单位：元

账户名称	借方余额	贷方余额
直接材料价格差异	550	
直接材料用量差异		1 850
直接人工工资率差异	2 100	
直接人工效率差异	400	
变动制造费用耗费差异		672
变动制造费用效率差异	260	
固定制造费用耗费差异	420	
固定制造费用能力差异	1 260	
固定制造费用效率差异	630	
合计	5 620	2 522

月末将各项成本差异转入当期销售成本。

借:主营业务成本		5 620
贷:直接材料价格差异		550
直接人工工资率差异		2 100
直接人工效率差异		400
变动制造费用效率差异		260
固定制造费用耗费差异		420
固定制造费用能力差异		1 260
固定制造费用效率差异		630
借:直接材料用量差异		1 850
变动制造费用耗费差异		672
贷:主营业务成本		2 522

知识拓展一:标准成本法的形成

1903年,泰罗发表《工厂管理》,给标准成本制度的产生提供了启示。

1904年,美国效率工程师哈尔顿·爱默森首先在美国铁道公司应用标准成本法。

1911年,美国会计师卡特·哈里逊第一次设计出一套完整的标准成本制度。

1920年,美国会计人员与工程技术人员设计了一套将实际成本与标准成本结合的方法。

1923年,标准成本差异分析基本形成,标准成本制度进入实施阶段。

1930年,哈里逊出版《标准成本》一书,是世界上第一部论述标准成本的专著。

知识拓展二:关于在标准成本制度下怎样计算产品的实际成本

在西方国家,实行标准成本制度的企业,也要计算产品的实际成本。我国企业实行标准成本制度是否计算各种产品的实际成本,企业实务中的做法并不一样。

有些学者认为,我国企业实施西方的标准成本制度,不应计算产品的实际成本。其理由是标准成本制度的重点不是为了计算各产品的实际成本,而主要是为了实行成本预防性管理,更好地实现成本控制;标准成本差异的核算应侧重于与责任单位结合起来,以便于查明差异的原因。另外,在市场经济条件下,产品的定价并非以产品实际成本为依据,计算各种产品实际成本意义不大。

也有些学者认为,尽管企业成本核算的主要目的是改善企业的经营管理,但是还必须为宏观经济管理服务。同时为满足同行业间产品成本水平的比较,必须计算每种产品的实际成本。这与我国企业既是相对独立的商品生产者,又要接受国家的统一管理的要求是一致的。

目前,在实行标准成本制度的实践中,有些企业由于产品品种较多,生产工艺复杂,于是就不计算各种产品的实际成本;但产品品种不多,生产工艺较简单的企业,通常计算各种产品的实际成本。而如何处理各种成本差异,这是标准成本制度在我国应用中需要探讨的一个重要问题。这里介绍三种处理方式：

第一种方式，各成本责任单位的各种成本差异不必在各产品之间摊配，可将差异平行结转到厂部财会部门，经财会部门汇总后，按各种完工产品的标准成本比例进行分配。

第二种方式，各成本责任单位的成本差异，凡是可以直接按产品划分的，就直接计入各种产品成本；不能直接按产品品种划分的，如原材料、半成品用量差异，可按各产品实际产量的原材料、半成品的标准成本比例进行分配；其余成本项目的成本差异，不必在各产品之间进行分配。月末，各成本责任单位应将各产品的成本差异以及其他不按品种划分的成本差异结转到厂部财会部门。财会部门对产品划分的差异按产品的品种汇总，其他的成本差异，可分不同项目按各种产品完工产量对应的该成本项目的标准成本比例进行分配，计算已完工产品的实际成本。

第三种方式，对于各成本责任单位的成本差异，凡是能直接按产品品种划分的，就直接计入各种产品成本；不能直接按产品品种划分的，则应按各种实际产量的该成本项目的标准成本比例进行分配。月末，应将各种产品成本差异结转到厂部财会部门，财会部门可按以上第二种方式来处理成本差异，以计算各完工产品的实际成本。

在理解标准成本法的理论、程序和账务处理系统后，对标准成本的事中控制进行深入地思考，领会事中控制相较于事后控制的优势。提高分析问题的职业能力，融会贯通，与时俱进。

本章小结

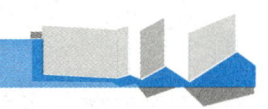

本章介绍了标准成本的内容和制定，标准成本的计算，标准成本差异的计算和分析，详细地阐述了固定制造费用的两差异分析法和三差异分析法，描述了完整的标准成本法的计算以及相应账务处理。

案例应用

安泰公司的电器分厂为顾客生产一种小型电器产品。分厂生产主管王逍几天前收到了202×年10月的分厂的生产报告，内容见表11-3。

表11-3　　　　　　　　202×年10月的电器分厂的生产报告　　　　　　金额单位：元

成本项目	标准	实际	差异
直接材料	160 000	161 000	1 000
直接人工	240 000	242 000	2 000
变动制造费用	100 000	107 100	7 100
固定制造费用	100 000	103 000	3 000

由于王逍和他的同事非常努力地提高生产率，因此这些不利差异让他感到非常不安。他立即与公司总经理汉森进行了面谈，总经理建议王逍与公司主计主管会谈，以便对生产中存在的问题做进一步了解。主计主管为王逍提供了一些其他信息，见表11-4、表11-5。

表 11-4　　　　　　202×年 10 月的电器分厂的变动制造费用开支　　　　金额单位:元

项 目	年度预算	10 月实际数
间接材料	450 000	36 000
间接人工	300 000	33 700
设备维修	200 000	16 400
设备动力	50 000	21 000
合 计	1 000 000	107 100

表 11-5　　　　　　202×年 10 月的电器分厂的固定制造费用开支　　　　金额单位:元

项 目	年度预算	10 月实际数
管理人员工资	260 000	22 000
折旧费	350 000	29 500
办公费	210 000	21 600
财产税	280 000	29 900
合 计	1 100 000	103 000

另外,分厂全年预算直接人工总工时为 250 00 小时,10 月实际发生生产工时为 255 00 小时。

请讨论:

1. 分析制造费用的各项差异。
2. 说明制造费用各项差异产生的可能原因。
3. 说明上述分析结果可能对生产主管王逍的行为造成何种影响。

第十二章 成本报表与成本分析

学习目标

1. 理解并掌握工业成本报表作为内部报表的性质、作用和种类。
2. 掌握成本报表的结构和编制方法。
3. 掌握成本分析的一般方法和程序。
4. 掌握成本分析的主要内容。

导入案例

万里公司是一家服装生产企业,为增加销量和市场占有率,公司对生产和销售进行了调整:将其生产的服装由五个系列增加到九个系列,全部采用新型面料和最新款式设计;通过各种媒体增加产品的宣传力度;同时以让利促销方式吸引了大批的采购商。经过半年多的努力,该公司的销量和市场占有率得到显著提高。然而,当会计部门核算当年盈利时,却意外地发现公司实际上处于亏损之中。

好在该公司每年都编制年度成本报表,在向董事会报告的同时,也用于归纳整理本年度的成本和费用情况、分析研究实际成本与预算之间的差异,进行成本管理。在该公司执行董事得知意外亏损的结果之后,决定对成本报表进行详细分析。通过详细分析年度成本报表,他发现亏损的主要原因有以下两点:一是服装面料用量的增加导致了直接材料用量出现不利差异,造成直接材料成本的增加;二是广告费用、促销费用等销售成本大幅度高于预算,导致期间费用出现不利差异,期间费用的支出已超出了企业的承受范围。

在进行成本分析之后,针对万里公司的亏损情况就能够对症下药了。首先,该公司执行董事发现,导致直接材料用量出现不利差异的原因在于裁剪方法不科学,造成了大量面料的浪费。于是,执行董事责令设计部门改善裁剪方法,消除面料浪费的现象。其次,执行董事还发现,实际销售成本与预算之间的不利差异是由于对销售部门的业绩考核集中在促销成果上所致。因此,执行董事组织召开公司高级管理层会议,讨论如何把销售部门的业绩考核指标与销量和成本同时挂钩。

那么,什么是成本报表?什么是成本分析?如何使用成本报表?又如何进行成本分析以便发现不利差异,从而对症下药?本章就针对这些问题进行详细探讨。

《中华人民共和国会计法》(以下简称《会计法》)第十三条明确规定,任何单位和个人不得伪造、变造会计凭证、会计账簿及其他会计资料,不得提供虚假的财务会计报告。成本会计是财务报表数据的重要来源,真实不虚假的成本会计信息是保障《会计法》第十三条贯彻落实的重要环节。

本章在课程思政方面,倡导坚守爱岗敬业、诚实守信、廉洁自律、客观公正、坚持原则、提高技能、参与管理、强化服务的会计职业道德,学习成本报表的编制方法,以及利用成本报表进行成本质量分析的方法。

第一节 成本报表

正如我们在第一章所述,成本会计是企业会计信息系统的重要一环,它为企业会计提供了不可或缺的成本信息。那么,企业应该如何系统地归纳和整理成本会计数据和信息,如何对这些数据和信息进行分析呢?成本报表就是归纳和整理成本会计数据和信息的一项工具,而成本分析就是对成本报表所反映的成本数据和信息进行分析。成本报表应该明确列报企业在特定的会计期间的实际成本,以及实际成本和预算之间的差异。而成本分析则主要通过使用比率分析和预算差异分析的方法,分析企业的成本投入水平,计算成本差异金额并分析差异产生的原因,从而改善成本。成本报表和成本分析为企业的成本管理和经营业绩评价奠定了基础。

成本报表是反映企业在某一会计期间内实际投入的成本金额的报表。成本报表虽然是企业会计报表体系中的一个组成部分,但是必须注意的是,成本报表不是企业财务会计报表的一部分,不具有任何对外披露的责任和义务。因此我国最新版的《企业会计准则》中也没有任何有关成本报表编制的要求。成本报表仅仅是企业管理者出于自身管理需要而使用的内部文件。尽管我国《企业会计准则》对企业是否编制成本报表没有任何要求,但在企业的实际经营中,是否能够及时而准确地编制成本报表,成本报表是否能反映企业的实际成本情况以及与预算的差距,这些都决定了企业能否成功地实施日常成本管理。

一、成本报表的特点

成本报表反映的是一定会计期间内成本和费用的实际构成以及与预算的比较。成本报表无须对外披露,只是企业内部成本管理的报表。作为企业的内部报表,成本报表具有以下特点:

(一)内容更具有针对性

成本报表编制的主要目的是满足企业内部经营管理的需要,更具针对性。企业对外披露的财务报表,主要是为投资者、债权人、政府部门等企业外部的财务信息使用者服务的,因而它们需要全面地反映企业的财务状况和经营成果。而成本报表主要为企业内部管理者服务,它能随时满足企业管理者对特定的成本信息的需求。只要企业管理者需要,成本会计人员就可以有针对性地编制不同种类的成本报表,而不会受到《企业会计准则》或兼管部门的任何限制。

(二)成本报表的种类、内容、格式和编制方法具有灵活性

对外报送的财务报表,其种类、内容、格式以及报送对象等均由《企业会计准则》统一规定,企业不能随意更改。而属于企业内部报表的成本报表则不同。成本报表主要是为

内部管理服务,因此,报表的种类、内容、格式和编制方法均由企业自行决定。根据企业管理和经营决策的需要,成本会计人员既可以编制反映企业全面情况的成本报表,又可以仅仅针对某一部门、就某一问题或从某一侧面编制有针对性的成本报表。报表的格式均可根据成本会计人员的喜好自行决定,只要能清楚地表述出需要的内容即可。企业主要成本报表的种类、内容、格式和编制方法等,应本着实质重于形式的宗旨,由企业管理层或成本会计人员量身定制。

(三)成本报表更具时效性

对外财务报表是需要定期编制和报送的,而作为对内报表的成本报表,除了为满足定期考核、定期分析的目的而定期编制一些成本报表之外,还可以采用日报、周报、旬报的形式,甚至随时地、不定期地进行编制。只要企业管理者需要,就应随时编制,及时报告成本信息,及时揭示成本中存在的问题。由于企业经营状况和市场形势实时变动,过去的成本报表不宜用于当前的成本管理和经营决策,因而成本报表更具时效性。

二、成本报表的种类

(一)按成本报表所反映的内容分

1. 反映产品成本情况的报表。这类报表主要反映企业为生产一定种类和一定数量产品所支出的生产成本及其构成情况,并与预算或同行业同类产品先进水平相比较,反映产品成本的变动情况和变动趋势。属于此类成本报表的有全部产品成本报表、单位成本报表等。

2. 反映特定成本项目的报表。这类报表反映了企业在一定会计期间内的某些特定的生产成本或期间费用的总额及构成情况。它与预算进行对比,反映这些成本项目的金额的变动情况和变动趋势。属于此类成本报表的有制造费用明细表、销货成本明细表、费用明细表、管理费用明细表和财务费用明细表等。

3. 反映成本管理专题的报表。这类报表反映企业成本管理中某个专题的成本报表,例如质量成本报表、环境成本报表等。

(二)按报表编制的时间分

1. 定期报表。定期报表是按规定期限报送的成本报表。按照报送期限的长短,定期报表有年报、季报、月报、旬报、周报和日报。

2. 不定期报表。不定期报表是为满足临时或者特殊任务等的需要而编制报送的成本报表。目的在于及时反馈某些重要的成本信息,方便管理者采取相应的对策。

(三)按照报表的报送对象分

1. 一定范围内的对外报表。对外成本报表是指企业向外部单位,如上级主管部门或联营单位等报送的成本报表。在市场经济中,成本报表一般被认为是企业内部管理用的报表,属于企业的商业秘密,按惯例不对外公开。但在我国国有企业中,为了国家管控的需要,目前设置有分管或托管这些企业的主管部门。主管部门为了监督企业经营,需要了解企业的成本会计信息,这就要求国有企业报送成本会计报表。在这种情况下,表面上看企业是对外报送,但报送对象仅限于上级主管部门,实际上还是一种扩大范围的对内报送。这些成本报表的实质也就是内部报表。

2.对内报表。对内报表是指为了企业内部经营管理需要而编制的成本报表。这种报表,其内容、种类、格式、编制方法和程序、编制时间和报送对象,均由企业根据自己生产经营和管理的需要来确定。成本报表就是其中的一种,它的编制目的,主要在于让企业管理者和职工了解日常成本费用预算执行的情况,以便调动大家的积极性来控制费用的发生,为提高经济效益服务;同时为企业管理者和投资者提供经营的成本费用信息,以便进行决策和采取有效措施不断降低成本费用。

(四)按编制报表的范围分

按报表编制的范围不同,成本报表可分为全厂成本报表、车间成本报表、班组成本报表和个人成本报表。一般来说,全部产品成本报表、单位成本报表是全厂成本报表;而制造费用明细表、责任成本表、质量成本表等,既可以是全厂成本报表,也可以是车间或班组或个人成本报表。

三、成本报表的编制

(一)编制成本报表的依据

编制成本报表的主要依据有:报告期的成本账簿资料,本期成本及费用预算等资料,企业有关的统计资料等。

(二)编制成本报表的基本要求

为了提高成本信息的质量,充分发挥成本报表的作用,成本报表的编制应符合下列基本要求:

1.可靠性。可靠性即成本报表的指标数字必须真实可靠,能如实地集中反映企业实际发生的成本。成本报表的指标数字要计算正确;各种成本报表之间、主表与附表之间、各项目之间,凡是有钩稽关系的数字,应相互一致;本期报表与上期报表之间有关的数字应相互衔接。

2.重要性。重要性即对于重要的成本项目,在成本报表中应单独列示,以显示其重要性;对于次要的项目,可以合并反映。

3.完整性。完整性即编制的各种成本报表必须齐全;应填列的指标和文字说明必须全面;表内项目和表外补充资料无论是根据账簿资料直接填列还是分析计算填列,都应当准确无缺,不得随意取舍。

4.及时性。及时性即尽快、及时地报送成本报表。成本数据具有时效性,过时的成本数据会误导企业管理者的决策和判断。因此,成本会计人员应该保证成本报表的及时性,以便各级管理人员的使用和分析,充分发挥成本报表应有的作用。

(三)成本报表的编制方法

成本报表的编制理应从成本对象(产品、部门等)出发列示项目,主要包括当期的实际成本和预算成本。列示产品当期的直接材料和直接人工的实际数、当期制造费用或期间费用的实际数以及这些成本项目的预算数。除此之外,企业还可根据自身的实际需要列示上年实际数和其他补充资料。

成本报表中的实际成本、费用应当根据相关的产品成本或费用明细账的实际发生额填列。成本报表中的预算数应根据相关预算填列,表中的其他补充资料则按照企业的需要进行填列。

但是,有关上期实际数的填制需要注意。企业在使用过去的财务数据时需要特别谨慎。因为,企业过去的财务数据,如上年实际数,只能说明在上一年度的市场和经济环境中企业的表现,而不应该与当期的数据做比较。因为现代企业面临激烈的市场竞争,市场环境千变万化,每年都可能发生重大改变,所以在市场环境变化的情况下,上年数据就会失去可比性。因此,上年数据只能用作参考,而不应该用作与本年度数据的比较。

四、成本报表的编制实例

(一)全部产品成本报表

全部产品成本报表是反映企业在报告期内生产的全部产品的总成本以及单位成本的报表。该报表一般分为两种,一种按成本项目反映,另一种按产品品种反映。具体的结构和编制方法通过以下例子说明。

1. 按照成本项目反映的全部产品成本报表

(1)结构

按成本项目反映的全部产品成本报表,是按成本项目汇总反映企业在报告期内发生的全部生产成本的报表。具体结构见表12-1。

表 12-1　　　　　　　　　全部产品成本报表
编制单位:××公司　　　　　202×年12月　　　　　　　　　单位:万元

项目	上年实际	本年预算	本月实际	本年累计实际
直接材料	5 000	4 500	506	4 250
直接人工	3 000	2 800	286	2 675
制造费用	50	48	4	50
小 计	8 050	7 348	796	6 975
加:在产品、自制半成品期初余额	36	35	34.8	33.8
减:在产品、自制半成品期末余额	42	41	40.9	40.9
生产成本合计	8 044	7 342	789.9	6 967.9

(2)编制方法

表12-1反映报告期内发生的直接材料、直接人工和制造费用各项的小计金额。在此基础上,加上在产品、自制半成品的期初余额,减去在产品和自制半成品的期末余额,就计算出产品生产成本的合计金额。各项成本数据,还可以按上年实际、本年预算、本月实际、本年累计实际分栏计算并反映。

2. 按照产品品种反映的全部产品成本报表

（1）结构

按产品品种反映的全部产品成本报表，是企业在报告期内生产的各种不同种类产品的单位成本和总成本的报表。该表将全部产品分为不同系列的产品，分别列示各种产品的单位成本、本月总成本、本年累计总成本。具体结构见表12-2。

表 12-2 全部产品成本报表

编制单位：××公司　　　　　　　　202×年12月　　　　　　　　　　单位：元

产品名称	实际产量 本月	实际产量 本年累计	单位成本 本月预算	单位成本 本月实际	单位成本 本年累计	单位成本 预算差异	本月总成本 本月预算	本月总成本 本月实际	本月总成本 预算差异	本年累计总成本 本年预算	本年累计总成本 本年实际	本年累计总成本 预算差异
	1	2	3	4	5	6=5-3	7=1×3	8=1×4	9=8-7	10=2×3	11=2×5	12=11-10
A 系列产品	—	—	—	—	—	—	30 000	28 000	-2 000	280 000	270 000	-10 000
其中：A-1 产品(件)	100	800	200	190	195	-5	20 000	19 000	-1 000	160 000	156 000	-4 000
A-2 产品(件)	100	1 200	100	90	95	-5	10 000	9 000	-1 000	120 000	114 000	-6 000
……												
B 系列产品：							8 000	8 400	400	104 000	106 600	2 600
B-1 产品(台)	20	260	400	420	410	10	8 000	8 400	400	104 000	106 600	2 600
……												
全部产品生产成本	—	—	—	—	—	—	76 000	72 800	-3 200	768 000	753 200	-14 800

注：预算差异（第6、9、12项）数额为正表示不利差异，数额为负表示有利差异。

企业设计生产的同一系列的产品，往往生产工艺高度相似，仅颜色和配置等略做调整。企业设计生产的不同系列的产品，往往生产工艺有所不同，款式等也都存在较大不同。例如，福特汽车公司生产的蒙迪欧系列轿车，属于同一系列产品；而蒙迪欧系列轿车和福克斯系列轿车是不同系列的产品。

（2）编制方法

按照产品品种反映的全部产品成本报表主要依据有关产品的"产品成本明细账""年度预算"等资料填列有关项目，如表12-2所示。

①产品名称。本项目应填列企业的产品的名称。表12-2中按照产品系列列示。

②实际产量。此项目分为两栏，分别反映本月和从年初到本月末各种主要产品的实际产量，应根据直接材料、直接人工、制造费用和期间费用的原始凭证或产品成本明细账的记录计算填列。

③单位成本。此项目分为四栏，分别反映各种主要商品产品的本年预算、本月实际、本年累计的单位成本以及预算差异。其中：

a. 本年预算的单位成本。本项目根据本年度预算中所列的单位成本相关资料填列。

b. 本月实际的单位成本。本项目根据本月实际总成本除以本月实际产量计算填列。

c. 本年累计的平均单位成本。本项目根据表中本年累计实际总成本除以本年累计实际产量计算填列。

d. 预算差异。本项目反映本年预算与本年累计的平均单位成本的差额。

④本月总成本。本项目分为三栏,反映各种主要产品的本年预算和本月实际总成本,以便按月考核产品成本预算的完成情况。其中:

a.本月预算项目,根据本年预算单位成本乘以本月实际产量计算填列。

b.本月实际项目,应根据本月实际产量乘以本月实际的单位成本计算填列。

c.预算差异项目,根据本月实际数额减去本月预算数额计算填列。结果为正表示不利差异,数额为负表示有利差异。

⑤本年累计总成本。本项目也分为三栏,反映各种主要产品本年累计实际产量的本年预算和本年累计实际的总成本以及预算与实际的差额,用以考核年度内预算的完成情况与结果。其中:

a.本年预算项目,根据本年预算单位成本乘以本年累计实际产量计算填列。

b.本年实际项目,应根据本年累计的实际产量乘以本年累计的单位成本计算填列。

c.预算差异项目,根据本年实际数额减去本年预算数额计算填列。

(二)单位成本报表

单位成本报表是反映企业在报告期内生产的主要产品的单位成本的构成情况的报表。该报表是按产品分别编制的,是对全部产品成本报表的有关单位成本所做的进一步的补充说明。这张报表还可以反映企业的主要产品的预算的执行结果,计算差异金额,以及区分该差异属于有利差异还是不利差异。

1.结构

主要产品的单位成本报表上半部分列示主要产品的基本情况(如产品名称、规格等);下半部分则分别按成本项目列示本年预算、本月实际、本年累计实际和年度预算差异。年度预算差异中应该注明有利差异或不利差异。主要产品的单位成本报表的结构见表12-3。

表 12-3 　　　　　　　　　　单位成本报表

编制单位:××公司　　　　　　20××年×月　　　　　　　　　　单位:元

产品名称	甲产品		规格	
本月实际产量			本年累计实际产量	
销售单价				
成本项目	单位成本			
	本年预算	本月实际	本年实际	年度预算差异
直接材料				
直接人工				
制造费用				
单位生产成本				
主要技术经济指标	单位消耗量			
1.主要材料(千克)				
A 材料				
B 材料				
2.生产工人工时(小时)				

2. 编制方法

(1)上半部分列示主要产品的基本情况的产品名称、规格等,根据有关产品实际情况填列;本月实际及本年累计实际产量应根据生产成本明细账或产成品成本汇总表填列;销售单价应根据产品的实际定价填列,但注意需与"销售收入"明细账中的单价保持一致。

(2)各项成本项目的本年预算的单位成本,应根据本年度的预算资料填列。

(3)各项成本项目的本月实际的单位成本,应根据生产成本明细账或产成品成本汇总表填列。

(4)各项成本项目的本年实际的单位成本,即本年累计的实际平均单位成本,应根据该种产品的生产成本明细账所记录的自期初到期末的产成品实际总成本除以累计实际产量计算填列。

(5)年度预算差异,等于本年实际的数额减去本年预算的数额,结果为正数表示不利差异,结果为负数则表示有利差异。

(6)主要技术经济指标反映了单位产品的主要材料和生产工人工时的消耗数量,应根据企业技术部门的资料填列。

(三)制造费用明细表

制造费用明细表是反映企业在报告期内发生的各项制造费用及其构成情况的报表。该表一般按制造费用项目分别反映企业制造费用的本年预算数、本月实际数、本年累计实际数以及预算差异。根据制造费用明细表,可以了解报告期内制造费用的实际支出水平、可以考核制造费用预算的完成情况、分析预算差异是不利差异还是有利差异,以便寻找差异发生的原因,及时采取措施纠正差异,加强对制造费用的控制和管理。

1. 结构

制造费用明细表是反映企业在报告期内所发生的制造费用的报表。其格式见表12-4。

表 12-4   **制造费用明细表**

编制单位:××公司   20××年×月   单位:元

项目	本年预算数	本月实际数	本年累计实际数	预算差异
工资及福利费				
折旧费				
修理费				
办公费				
水电费				
机物料消耗				
劳动保护费				
在产品盘亏、毁损				
停工损失				
其他				
合 计				

2. 编制方法

(1)本年预算数,应根据制造费用年度预算数填列。

(2)本月实际数,应根据"制造费用"总账所属各基本生产车间制造费用明细账的本月合计数填列。

(3)本年累计实际数,应根据上月本表该栏的累计数和本月实际数汇总合计填列。

(4)预算差异,等于本年实际的数额减去本年预算的数额,结果为正数表示不利差异,结果为负数则表示有利差异。应注明有利差异或不利差异。

(四)期间费用明细表

期间费用报表是反映企业在报告期内发生的各种期间费用情况的报表,包括销售费用明细表、管理费用明细表和财务费用明细表。编制期间费用明细表是为了反映、分析期间费用内部各项费用的构成情况、考核期间费用的预算完成情况、分析预算差异并寻找差异发生的原因以便及时采取措施纠正差异,加强对期间费用的控制和管理。具体结构如表 12-5、表 12-6 和表 12-7 所示。

1. 销售费用明细表的编制

销售费用明细表是反映企业在报告期内发生的涉及产品销售方面的费用及其构成情况的报表。该表一般按照费用项目分别反映各费用的本年预算数、本月实际数、本年累计实际数和预算差异,见表 12-5。

表 12-5　　　　　　　　　　销售费用明细表

编制单位:××公司　　　　　　　20××年×月　　　　　　　　　　单位:元

项目	本年预算数	本月实际数	本年累计实际数	预算差异
职工薪酬				
运输费				
装卸费				
包装费				
保险费				
展览费				
广告费				
其他				
合计				

表 12-5 中"本年预算数"应根据销售费用预算填列,"本月实际数"应根据销售费用明细账的本月合计数填列,"本年累计实际数"可以根据上月本表该栏数字和本月实际数汇总相加填列,"预算差异"等于本年累计实际数减去本年预算数的差额,结果为正数表示不利差异,结果为负数则表示有利差异。企业根据需要还可以在本表中增加"本月预算数"栏,此栏可根据销售费用的月度预算来填列,这时预算差异就等于本月实际数减去本月预算数的差额,应注明有利差异或不利差异。

2. 管理费用明细表

管理费用明细表是反映企业在报告期内发生的管理费用及其构成情况的报表。该表一般按照费用项目分别反映该费用的本年预算数、本月实际数、本年累计实际数和预算差异，见表12-6。

表12-6 管理费用明细表

编制单位：××公司　　　　　　20××年×月　　　　　　　　　　单位：元

项目	本年预算数	本月实际数	本年累计实际数	预算差异
职工薪酬				
折旧费				
工会经费				
业务招待费				
印花税				
房产税				
车船使用税				
土地使用税				
无形资产摊销				
职工教育经费				
劳动保险费				
坏账损失				
材料产品盘亏、损失				
其他				
合计				

表12-6中"本年预算数"应根据管理费用预算填列；"本月实际数"应根据管理费用明细账的本月合计数填列；"本年累计实际数"可以根据上月本表该栏数字和本月实际数汇总相加填列；"预算差异"等于本年累计实际数减去本年预算数的差额，结果为正数表示不利差异，结果为负数则表示有利差异。如果需要，还可以在本表中增加"本月预算数"栏，此栏可根据管理费用的月度预算来填列，这时预算差异就等于本月实际数减去本月预算数，应注明有利差异或不利差异。

3. 财务费用明细表的编制

财务费用明细表是反映企业在报告期内发生的财务费用及其构成情况的报表。该表一般按费用项目分别反映该费用项目的本年预算数、本月实际数、本年累计实际数和预算差异，见表12-7。

表12-7 财务费用明细表

编制单位：××公司　　　　　　20××年×月　　　　　　　　　　单位：元

项目	本年预算数	本月实际数	本年累计实际数	预算差异
利息支出				
汇兑损失				
手续费				
其他				
合计				

表12-7中"本年预算数"应根据财务费用预算填列；"本月实际数"应根据财务费用明

成本会计

细账的本月合计数填列;"本年累计实际数"可以根据上月本表该栏数字和本月实际数汇总相加填列;"预算差异"等于本年累计实际数减去本年预算数的差额,结果为正数表示不利差异,结果为负数则表示有利差异。企业根据需要,还可以在本表中增加"本月预算数"栏,此栏可根据财务费用的月度预算来填列,这时预算差异就等于本月实际数减去本月预算数的差额,应注明有利差异或不利差异。

第二节　成本分析

成本分析是对成本报表中列示的各项成本进行分析。成本分析的方法主要包括比率分析法和差异分析法。比率分析法主要通过使用各种与成本有关的财务比率,较宏观地反映企业的成本水平。而差异分析法是将各项费用和成本与预算进行比较,确定差异是属于有利差异还是不利差异,计算出差异的金额,然后查找差异产生的原因,以便企业采取措施改善成本,提高成本管理水平。成本分析一般在期末(如月末、季末、年末)进行。通过成本分析,企业能对某一会计期间的成本情况获得比较全面的认识。成本分析是成本核算之后必不可少的一步,是企业成本管理的重要环节。

一、成本分析的一般程序

(一)准备阶段

1. 明确成本分析的目的。成本分析的主要目的是全面分析成本金额大小和构成状况,寻找成本变动的原因,从而进行成本管理。明确了成本分析的目的,就可以开始成本分析了。

2. 明确成本分析的标准。成本分析一般以预算作为依据,采用标准成本法的企业也可使用标准成本作为依据。但是,企业一般不使用历史成本作为成本分析的标准,主要原因是过去的历史成本很大程度上已经过时。尤其在市场环境不断变化、市场竞争日益激烈的今天,把历史成本用作成本分析的标准将使企业面临极大的风险。明确了成本分析的标准,企业就可以将企业的实际成本与标准进行对比,找出差异并分析原因了。

3. 完善成本资料。在进行成本分析之前,必须收集完善成本资料,这是进行成本分析的基础。成本分析所需要的资料主要包括实际成本资料、预算资料和标准成本资料。

(二)实施阶段

1. 整体分析。整体分析主要是对本期的每一份成本报表进行研读和对比,主要方法包括:水平地关联和比较本期的每一份成本报表;垂直地研读本期和上期的成本报表以发现成本趋势。整体分析主要是对本期每一份成本报表进行全面的研读,以便全面了解企业整体的成本状况。

2. 比率分析。比率分析主要使用成本报表中的数据,通过计算比率来进行对比分析。

3. 差异分析。本教材主要详述"连环替代找差异法",就是要在整体分析和比率分析的基础上,从寻找影响预算完成因素的角度,对预算的完成情况进行分析,从而确定有利差异和不利差异产生的原因。

(三)报告阶段

1. 做出成本分析结论。成本分析结论是在应用各种成本分析方法进行分析的基础上,将定量分析结果、定性分析判断及实际调查情况结合起来而得出的。

2. 提出可行性措施建议。成本分析不能仅仅满足于分析原因、得出结论,更重要的是必须针对问题提出切实可行的措施,为解决问题提供决策依据。

3. 编写成本分析报告。成本分析报告将成本分析的基本问题、基本结论,以及针对问题提出的措施建议以书面的形式表达出来,为企业管理者提供决策依据。

二、成本分析的方法

(一)比率分析法

比率分析法是指将反映成本状况或与成本水平相关的两个因素联系起来,通过计算比率,反映它们之间的关系,以此评价企业成本状况和经营状况的一种成本分析方法。在实际工作中,分析的目的不同,需计算的指标形式也不同,常见的有相关指标比率分析、构成比率分析和动态比率分析三种。

1. 相关指标比率分析

相关指标比率分析是将两个性质不同但又相关的指标对比求出比率的一种数量分析方法。在实际工作中,由于各个企业的规模不同,单纯采用比较分析法进行对比,很难说明企业经济效益和成本管理的优劣,为了深入了解生产经营中某方面的情况,可以计算相关比率进行分析。

产值成本率是产品生产成本与产品产值的比率,反映企业一定时期内生产耗费与生产成果的关系,其计算公式如下:

$$产值成本率 = \frac{产品生产成本}{产品产值} \times 100\%$$

营业收入成本率是营业成本与营业收入的比率,反映企业一定时期内生产耗费与营业成果的关系,其计算公式如下:

$$营业收入成本率 = \frac{营业成本}{营业收入} \times 100\%$$

成本费用利润率是利润总额与成本费用总额的比率,反映企业一定时期内财务成果与生产耗费的关系,其计算公式如下:

$$成本费用利润率 = \frac{利润总额}{成本费用总额} \times 100\%$$

值得注意的是,不同企业或者同一企业的不同时期,由于生产规模不同,指标很可能不具有可比性,如利润指标。采用相关指标比率分析方法,如采用营业收入成本率或成本费用利润率,就可以剔除企业生产规模不同的影响。

2. 构成比率分析

构成比率分析又称结构比率分析,主要是计算某项指标的各个组成部分在总体中所占的比重,即部分与总体的比率,进行数量分析构成内容的变化,以便进一步掌握企业经营活动的特点和变化趋势。通过计算与分析,了解这些构成变化与技术改造、经营管理之间的相互关系，从而确定管理的重点。成本分析中有关构成比率的计算公式如下：

$$直接材料费用比率=\frac{直接材料费用数额}{产品成本总额}\times100\%$$

$$直接人工比率=\frac{职工薪酬数额}{产品成本总额}\times100\%$$

$$制造费用比率=\frac{制造费用数额}{产品成本总额}\times100\%$$

3. 动态比率分析

动态比率分析又称趋势比率分析，是指对某项经济指标不同时期数值进行对比，求出比率，以揭示该项成本指标发展方向和增减速度，观察变化趋势的一种分析方法。动态比率分析的计算方法主要有两种：一是环比比率，当期数据与前期数据之比，即今年第 n 月的数据与今年第 $(n-1)$ 月的数据相比。环比比率表明了成本数据在连续的会计期间内的变化情况。二是同比比率，即今年第 n 月的数据与去年第 n 月的数据相比。同比比率主要是为了消除季节变动的影响，用以说明本期成本水平与去年同期的成本水平对比而产生的变化。公式为：

$$环比比率=\frac{当期实际数}{上期实际数}$$

$$同比比率=\frac{当期实际数}{去年本期实际数}$$

通过比率计算，企业外部或内部决策者在选择决策方案时可以较方便地进行比较分析，但也存在不足，指标比率只反映比值，不能说明其绝对数额的变动，也无法说明指标变动的具体原因，具有局限性。

(二) 差异分析法

差异分析法是成本分析最主要的方法。它能克服上述比率分析法的不足，能计算出实际成本距离目标（预算）的差距，并能找出差异发生的原因。差异分析就是把当期生产经营中所发生的实际成本与预算进行比较，通过计算实际成本和预算之间的差异额，找出产生差异的原因，用以改善成本管理。差异分析法得出的结果与预算本身的质量密切相关，如果预算保守或冒进，就需要根据市场环境的变化实时修正预算。

有关差异分析的方法，在此详述连环替代找差异法。连环替代找差异法是根据成本计算公式中各个因素之间的内在依存关系，依次测定各因素变动对差异数额影响的一种分析方法。运用此方法可以测算各因素对差异的影响程度，有利于查明差异发生的原因，分清责任，并能针对差异发生的原因采取相应的措施。具体步骤如下：

1. 将成本计算对象的计算公式分解，并将因素排序。例如，材料费用可根据其计算公式中各个因素之间的关系分解为：

材料费用 = 产品产量 × 单位产品材料费用
= 产品产量 × 单位产品材料消耗量 × 材料单价

2. 确定实际数和预算数的差异总额。仍以材料费用为例：

预算材料费用 = 预算产品产量 × 预算材料单耗 × 预算材料单价
实际材料费用 = 实际产品产量 × 实际材料单耗 × 实际材料单价

材料费用差异金额＝实际材料费用－预算材料费用

3. 逐次用实际数替换其预算数。每次替换后实际数就被保留下来，有几个因素就替换几次，直到所有因素都变成实际数为止，每次替换后都求出新的计算结果。

4. 将每次替换后的所得结果，与前一次计算结果相比较，二者之差就是该因素的变动对成本计算对象（例如材料费用）的影响程度。

5. 检验分析结果。将每次替换后得出的差额相加，其代数和应该等于成本分析对象的实际数与预算数的差异总额。如果二者相等，说明分析结果可能是正确的；如果二者不相等，则说明分析过程中出现了错误。

连环替代找差异法的典型模式可以用简单的数学公式表示：

假设某项指标 N 是由相互联系的 A、B、C 三个因素组成，各因素指标之间的关系是：

$$N = A \times B \times C$$

预算：　　　　　　　　　　$N_0 = A_0 \times B_0 \times C_0$

实际：　　　　　　　　　　$N_1 = A_1 \times B_1 \times C_1$

成本总差异：　　　　　　　$X = N_1 - N_0$

要测定 A、B、C 三因素变动对 N 的影响，即可采用连环替代来进行分析：

预算：　　　　　　　　　　$N_0 = A_0 \times B_0 \times C_0$　　　　　　　　　　(1)

置换 A 因素：　　　　　　$N_A = A_1 \times B_0 \times C_0$　　　　　　　　　　(2)

置换 B 因素：　　　　　　$N_B = A_1 \times B_1 \times C_0$　　　　　　　　　　(3)

置换 C 因素：　　　　　　$N_C = A_1 \times B_1 \times C_1$　　　　　　　　　　(4)

(2)－(1)即为 A 因素变动对 N 指标的影响；

(3)－(2)即为 B 因素变动对 N 指标的影响；

(4)－(3)即为 C 因素变动对 N 指标的影响。

下面举例说明。

【例 12-1】假设某企业有关产量、材料单耗、单价及材料总成本资料见表 12-8。

表 12-8　　　　　　有关产量、材料单耗、单价及材料总成本资料

项目	单位	本年预算数	本年实际数	差异
产品产量	件	10 000	12 000	2 000
材料单耗	千克	10	8	－2
材料单价	元	10	12	2
总成本	元	1 000 000	1 152 000	152 000

使用连环替代找差异法进行差异分析：

第一步：将成本计算对象的计算公式分解，并将因素排序。

材料费用＝产品产量×材料单耗×材料单价

第二步：确定实际数和预算数的差异总额。

材料总成本差异＝1 152 000－1 000 000＝152 000（元）

第三步：逐次用实际数替换预算数。

本年预算总成本＝10 000×10×10＝1 000 000（元）　　　　　　　　①

第一次替换：12 000×10×10＝1 200 000（元）　　　　　　　　　　②

第二次替换：12 000×8×10＝960 000（元）　　　　　　　　　　　　③
第三次替换：12 000×8×12＝1 152 000（元）　　　　　　　　　　　④

第四步：将每次替换后的所得结果与前一次计算结果相比较，两者之差就是该因素的变动对成本计算对象的影响程度。

产品产量增加使材料总成本增加：

②－①＝1 200 000－1 000 000＝200 000（元）

或（12 000－10 000）×10×10＝200 000（元）

材料单耗节约使材料总成本节约：

③－②＝960 000－1 200 000＝－240 000（元）

或 12 000×(8－10)×10＝－240 000（元）

材料单价上升使材料总成本增加：

④－③＝1 152 000－960 000＝192 000（元）

或 12 000×8×(12－10)＝192 000（元）

第五步：检验分析结果。将每次替换后得出的差额相加，其代数和应该等于成本分析对象的实际数与预算数的差异总额。

因产品产量、材料单耗和材料单价三个因素变化对材料总成本影响为：

200 000－240 000＋192 000＝152 000（元）

此结果正好与材料费用差异的总额相等，表明分析无误。

连环替代找差异法，在应用的过程中必须注意一点。即成本计算对象公式中各个因素的替换必须按照顺序进行，具有连环性。必须按照各个因素排列的顺序逐次替换。除第一次替换外，每个因素的替换都是在前一个因素替换的基础上进行的。只有保持这一连环性，才能使差异的计算准确无误。

其实，连环替代找差异法与标准成本差异分析在本质上是一样的。它们之间的共同点如下：

第一，标准成本是预算的分支。这是国际上众多成本会计研究所公认的结论。当企业根据每年编制预算中所积累的经验，将预算标准化，用作企业生产经营活动中所发生的成本的参照标准时，预算成本就变成了标准成本。

第二，两者都是差异分析。两者都计算了实际数和预算数之间的差异。

第三，两者都是通过将成本计算对象的计算过程分解，来寻找差异发生的原因。

三、成本分析实例

（一）全部产品的成本分析

分析企业全部产品的成本，可以按产品品种或按成本项目来进行分析。

1. 按产品品种分析产品成本的预算完成情况

按产品品种分析产品成本的预算完成情况时，应通过按产品品种反映的成本报表来进行分析，对本期实际成本与预算进行对比分析。分析时，应根据表中所列产品的本月实际总成本和本年累计实际总成本，分别与其本月预算总成本和本年累计预算总成本进行比较，确定全部产品和各种主要产品的实际成本与预算成本的差异，了解企业成本预算的执行情况。

$$本期预算完成率＝本期实际数/本期预算数×100\%$$

2. 按成本项目分析产品成本的预算完成情况

按成本项目分析产品成本的预算完成情况时可以根据按成本项目编制的产品成本报表(表 12-1)中的数字来进行。该表是 12 月编制的,因而其本年累计实际数、本年预算数都是整个年度的生产成本,可以就实际成本与预算进行对比,揭示差异,以便查明原因。

(二)单位成本的分析

单位成本是影响全部产品成本变动的重要因素,为实施全部产品的成本管理,必须首先重视单位成本分析。单位成本分析能找出影响单位成本变动的原因,主要通过实际和预算的对比进行分析。

1. 单位成本的预算完成情况分析

单位成本的预算完成情况分析,不仅要按成本项目逐项对比实际数与预算数,而且还应该列示直接材料和人工的实际数与预算数的对比。举例如下。

【例 12-2】 甲公司生产的主要产品×牌×型号羽绒服单位成本分析资料见表 12-9。

表 12-9　　　　　　　　　主要产品单位成本分析表

编制单位:甲公司　　　　　　　202×年度　　　　　　　　　单位:万元

成本项目	预算数		实际数		预算差异		差异占预算的比率(%)
直接材料	200		199		−1		−0.5
直接人工	50		55		5		10
制造费用	75		76		1		1
小计	325		330		5		10.5
直接材料和人工的耗费	数量	金额	数量	金额	数量	金额	
灰鸭绒(克)	130	260	125	250	−5	−10	
白鹅绒(克)	略		略				
面料(米)							
外购件							
其他材料							
工时							

在预算差异分析时应当注意以下三个方面:第一,每个成本项目均需进行预算差异分析,不可缺少。预算差异等于本年(月)实际数减去本年(月)预算数。计算结果为正表示不利差异,结果为负表示有利差异。第二,预算差异可以分解为价格差异和耗费差异(即消耗量的差异)。因为价格差异是由于市场价格的变动造成的,属于外来因素,企业无法控制价格的变动,所以企业在计算出价格变动差异和耗费差异的结果之后,一般把成本管理的重点放在耗费差异上,因为耗费差异是企业消耗量的大小造成的,企业是可以控制的。第三,在分析时,企业应尽可能把预算差异分解成两个二级差异,即价格差异和耗费差异,这样能分析得更具体,企业能更好地把握成本管理重点。

2. 单位成本变动的原因分析

（1）直接材料成本

如果企业生产的产品只耗用一种材料，或虽耗用几种材料，但它们之间不存在配比关系时，对单位材料成本的变动情况，应结合单位产品材料消耗量（简称单耗）和材料单价两个因素的变动情况进行深入分析，此种分析也称两因素分析法；如果一种产品耗用几种材料，并且在各种材料之间存在配比关系时，除了分析单耗和材料单价两个因素变动外，还应分析材料配比因素变动的影响，也称三因素分析法。现举例简单说明如下。

【例12-3】 甲公司生产的某产品202×年12月直接材料预算与实际费用资料见表12-10。

表12-10　　　　　　　　直接材料预算与实际费用对比表

编制单位：甲公司　　　　　　　　202×年12月

项目	材料消耗量（千克）	材料价格（元/千克）	直接材料费用（元）
预算	50	30	1 500
实际	45	32	1 440
直接材料成本的预算差异	−5（有利差异）	2（不利差异）	−60（有利差异）

直接材料成本的预算差异等于实际数额减去预算数额，结果为正表示不利差异，结果为负表示有利差异。单位产品成本中的直接材料费用是材料消耗数量与材料价格的乘积，其影响因素不外乎材料耗费数量差异和材料价格差异两个方面。从表12-10中可以看出，该种产品单位成本中的直接材料费用本月实际比预算节约60元，属于有利差异。至于是由于材料消耗量引起的还是材料价格引起的，或是两因素同时引起的，可以进一步分解预算差异得之。

①材料消耗量变动引起的材料耗费差异＝(45−50)×30＝−150（元），是有利差异

②材料价格变动引起的价格差异＝(32−30)×45＝90（元），是不利差异

③两个差异的总和构成预算差异＝−150＋90＝−60（元），是有利差异

通过以上计算可以看出，该种产品单位成本中的直接材料实际比预算节约60元的原因是，由于单位产品的消耗量降低了，使得直接材料成本节约了150元；但由于材料价格的上涨，使得直接材料成本超支了90元。两者相抵后，单位产品成本中直接材料费用节约了60元。这样，把直接材料成本的差异分解成了两个二级差异，即材料耗费差异和价格差异。通过这样的差异分解，我们就可以很明白地看出，直接材料成本总体显示出有利差异，这主要归功于企业在材料耗费上做得很好，材料的浪费少、利用率高，导致耗费差异是有利差异。然而，价格差异显示不利差异告诉我们，市场上材料价格上涨较快，而价格的上涨是企业所不能控制的。价格差异出现不利差异显示出，目前的价格预算太低，已经脱离了市场实际，企业应该调高价格预算。

（2）直接人工成本

企业单位产品的直接人工成本按照下列公式计算得出：

单位产品的直接人工成本＝单位产品耗费的工时数×单位工时的工资

因此，直接人工成本由单位产品的人工成本和产量决定。下面举例说明。

【例12-4】 甲公司一车间生产A产品,202×年12月的工资资料见表12-11。

表12-11　　　　　　　　　　A产品的工资资料
编制单位:甲公司　　　　　　　　202×年12月

项目	预算	实际	差异
单位产品耗费的工时(小时)	500	600	+100 不利差异
单位工时的人工成本(元)	28.7	26	-2.7 有利差异
单位产品需支付的工资(元)	14 350	15 600	+1 250 不利差异

从表12-11中可以看出,12月企业为单位A产品需要支付工资的实际数比预算增加了1 250元,属于不利差异。企业当然需要分析不利差异产生的原因。我们将单位产品A需支付的人工成本的差异进行分解,可以得到两个二级差异,即由于单位产品耗费的工时变动而造成的效率差异和由于单位工时的人工成本变动而造成的价格差异。可以做如下分析:

①单位产品耗费的工时变动而造成的效率差异=600×26-500×26=2 600(元),是不利差异

②单位工时的人工成本变动而造成的价格差异=(26-28.7)×500=-1 350(元),是有利差异

③两个差异总和构成了单位产品的人工成本差异=2 600-1 350=1 250(元),是不利差异

通过以上计算可以看出,在该种产品单位人工成本中,生产单位产品需要耗费的实际工时数比预算多花了100小时,导致企业产生了2 600元的不利差异。而另一方面,每工时企业支付给工人的工资比预算少了2.7元/小时,导致有利差异1 350元的产生。两者相抵后,每单位产品的人工成本需要多支付1 250元,最终得到了不利差异。这样,我们就把直接人工成本的差异分解成了两个二级差异,即效率差异和价格差异。于是,企业的管理者就很清楚地明白了直接人工成本过高的原因,即由于工作效率差导致,那么对症下药,如果提高生产效率就是控制直接人工成本的关键。这时,企业管理者可以转而采用计件制工资制度等一系列的方法提高生产效率。

(3)制造费用

产品的制造费用由下列公式计算得出:

$$单位产品的制造费用=单位产品的生产工时×制造费用分配率$$

因此,单位产品的制造费用取决于单位产品工时和制造费用分配率(即每工时应该分配的制造费用)这两个因素。企业生产单位产品需要花费多少工时,我们称之为效率。而制造费用分配率的大小,受制造费用总金额变动的影响。一般来说,随着生产效率的提高、产量的增长,制造费用中的变动部分会相应地有所增长,而固定部分基本不变,分配率就会增大。

【例12-5】 甲企业生产B产品,202×年有关资料见表12-12。

表 12-12　　　　　　　　　　B 产品的制造费用计算表
编制单位：甲企业　　　　　　　　202×年 12 月

项目	预算	实际	差异
产量（个）	400	500	＋100
总工时（小时）	15 320	15 500	＋180
单位产品工时（小时）	38.30	31	－7.30
制造费用总额（元）	20 000	22 000	＋2 000
制造费用分配率（元/小时）	1.31	1.42	＋0.11
单位产品的制造费用（元）	50.17	44.02	－6.15

从表 12-12 中可以看出，B 产品的单位产品制造费用实际比预算节约 6.15（44.02－50.17）元，属于有利差异。那么为什么会产生这个有利差异呢？我们将单位产品 B 的制造费用差异进行分解，可以得到两个二级差异，即由于单位产品耗费的生产工时变动而造成的效率差异和由于制造费用分配率变动而造成的价格差异。可以做如下分析：

①由于单位产品耗费的生产工时变动而造成的效率差异＝（31－38.30）×1.31＝－9.56（元），是有利差异

②由于制造费用分配率变动而造成的价格差异＝31×（1.42－1.31）＝3.41（元），是不利差异

③两个差异总和构成了单位产品的制造费用差异＝－9.56＋3.41＝－6.15（元），是有利差异

通过以上计算可以看出，产品 B 的单位制造费用中，生产单位产品需要耗费的实际工时数比预算少了 7.30 小时，使企业产生了 9.56 元的有利差异。而另一方面，每工时的制造费用分配率比预算多了 0.11 元/小时，导致不利差异 3.41 元的产生。两者相抵后，每单位产品的制造费用节约了 6.15 元，最终得到有利差异。这样，我们就把制造费用的差异分解成了两个二级差异，即效率差异和价格差异。通过这样的差异分解，我们就可以很明白地看出，制造费用总体显示出有利差异，这主要是因为生产工人在生产每个 B 产品时都少花了 7.3 小时所致。虽然制造费用的分配率增大了，但最终还是节约了单位产品制造费用。

（三）期间费用的分析

销售费用、管理费用和财务费用作为期间费用，直接计入当期损益。这些费用支出的节约或浪费，往往与企业的行政管理部门有关责任制度的贯彻执行密切相关。

对于上述各种费用进行分析，也应根据表 12-5、表 12-6、表 12-7，以本年实际数与本年预算数相比较，确定实际脱离预算的差异大小，并确定该差异是有利差异还是不利差异，然后分析差异的原因。由于期间费用的分析较为简单，这里就不一一举例了。

总而言之，企业在分析差异时，不能用其中一些费用项目的有利差异来抵补其他费用项目的不利差异。这种做法会使得好不容易分析清楚的差异原因重新被掩盖，致使企业管理者无法追究差异产生的原因，就更谈不上采取措施改善经营了。

第三节　成本报表与成本分析的作用

综上所述,成本报表和成本分析是企业内部管理的重要手段,对加强成本管理,提高经济效益有着重要的作用。具体可以归纳为以下三点。

第一,有助于提高企业的成本管理水平。通过对成本报表进行比率分析,可以揭示实际成本和费用支出的水平是否合理。通过对成本报表进行差异分析,可以帮助管理者发现不利差异,寻找不利差异发生的原因,以便从设计研发、生产组织、市场营销和售后服务等企业价值链的各个环节寻找原因,促使企业的各个环节降低成本。

第二,有助于改进预算和经营决策。正如我们在第十章所述,企业在制定运营预算时,必须明确预算目标。这个目标是建立在该年度的实际成本的基础之上,结合预算的实际执行情况,考虑年度中可能存在的市场和经济环境的变动,来制定新年度的预算。所以说本期成本报表所提供的资料,是制定下期预算的重要参考。同时,管理部门也可根据成本报表提供的会计信息辅助进行诸如产品定价、零部件内制还是外发、产品混合、关停并转部门或子公司、企业并购等各个方面的经营决策。

第三,有助于对部门或员工的业绩考核和评价。可以通过对成本报表中的数据进行比率分析,将结果用于业绩考核和评价。还可通过将成本报表的实际成本金额与预算进行比较,进行差异分析,将结果用于考核和评价各级部门的预算执行情况。差异分析能用于业绩考核和评价的原理,其实与预算用于业绩考核的原理一致。上述两种方法既可用作企业高管对各层级部门的考核,也可用作上级主管机构对企业的考核。

企业应该综合使用成本报表和成本分析的方法,使成本管理落到实处。

本章小结

本章主要讲述了全部产品成本报表、主要产品成本报表、制造费用明细表、期间费用报表等成本报表的编制及分析。成本分析是基于成本核算的基础上,对成本报表中列示的各项费用、成本进行分析。具体来讲就是将各项费用、成本与预算进行比较,确定差异,并分析差异产生的原因,以便采取措施,进一步降低成本。成本分析的方法主要有比率分析法和差异分析法两种。成本分析的主要内容有:全部产品的分析和主要产品的成本分析。

2020年5月,教育部印发了《高等学校课程思政建设指导纲要》,明确提出了"把思想政治教育贯穿人才培养体系,全面推进高校课程思政建设,发挥好每门课程的育人作用,提高高校人才培养质量。"在本教材中,我们将思想政治教育融入成本会计之中,在教育部的指导下以期完成和落实立德树人的根本任务。

成本会计

案例应用

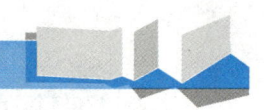

2008年全球金融危机之前,星巴克咖啡的业绩持续增长[①]。不知从何时开始,无论是在西雅图,还是在新加坡,还是在上海的街头,年轻人们拿着一杯星巴克咖啡边走边喝已悄然成为一种时尚,一种奢侈。然而,2008年全球金融危机爆发,在西方国家经济陷入不景气之时,星巴克也面临着前所未有的销售不振的挑战。于是星巴克咖啡对其现有产品的成本报表进行了详细的成本分析。主要运用了预算差异分析的方法。通过成本分析,星巴克发现牛奶成本约占产品价格的10%,而人工成本约占24%。于是星巴克用仅含2%脂肪的低脂牛奶替代正在使用的全脂牛奶,这样既降低了成本,又通过宣传其低脂更健康的咖啡产品而提高了销量。另一方面,星巴克通过重新设计咖啡制作流程,减少了在店面的咖啡制作时间,从而减少了员工的雇佣数量,降低了人工成本。可见,成本报表和成本分析是星巴克熬过经济萧条期,成功保持其利润率的有效工具。

假设你是星巴克上海的一家门店的经理。鉴于上海市场的快速发展,总部向你下达了前所未有的高利润目标,请简述你打算如何实现这一目标?你将如何运用成本会计信息来达成目标?

---

①案例来源:Jargon, Julie. 2010. Starbucks growth revives, perked by Via. Wall Street Journal, Jan. 21. Jargon, Julie. 2009. Latest Starbucks buzzword:"Lean" Japanese techniques. Wall Street Journal, Aug. 4.

附 录

企业产品成本核算制度(试行)
中华人民共和国财政部 2013 年 8 月

第一章 总 则

第一条 为了加强企业产品成本核算工作,保证产品成本信息真实、完整,促进企业和经济社会的可持续发展,根据《中华人民共和国会计法》、企业会计准则等国家有关规定制定本制度。

第二条 本制度适用于大中型企业,包括制造业、农业、批发零售业、建筑业、房地产业、采矿业、交通运输业、信息传输业、软件及信息技术服务业、文化业以及其他行业的企业。其他未明确规定的行业比照以上类似行业的规定执行。

本制度不适用于金融保险业的企业。

第三条 本制度所称的产品,是指企业日常生产经营活动中持有以备出售的产成品、商品、提供的劳务或服务。

本制度所称的产品成本,是指企业在生产产品过程中所发生的材料费用、职工薪酬等,以及不能直接计入而按一定标准分配计入的各种间接费用。

第四条 企业应当充分利用现代信息技术,编制、执行企业产品成本预算,对执行情况进行分析、考核,落实成本管理责任制,加强对产品生产事前、事中、事后的全过程控制,加强产品成本核算与管理各项基础工作。

第五条 企业应当根据所发生的有关费用能否归属于使产品达到目前场所和状态的原则,正确区分产品成本和期间费用。

第六条 企业应当根据产品生产过程的特点、生产经营组织的类型、产品种类的繁简和成本管理的要求,确定产品成本核算的对象、项目、范围,及时对有关费用进行归集、分配和结转。

企业产品成本核算采用的会计政策和估计一经确定,不得随意变更。

第七条 企业一般应当按月编制产品成本报表,全面反映企业生产成本、成本计划执行情况、产品成本及其变动情况等。

第二章 产品成本核算对象

第八条 企业应当根据生产经营特点和管理要求,确定成本核算对象,归集成本费用,计算产品的生产成本。

第九条 制造企业一般按照产品品种、批次订单或生产步骤等确定产品成本核算对象。

（一）大量大批单步骤生产产品或管理上不要求提供有关生产步骤成本信息的，一般按照产品品种确定成本核算对象。

（二）小批单件生产产品的，一般按照每批或每件产品确定成本核算对象。

（三）多步骤连续加工产品且管理上要求提供有关生产步骤成本信息的，一般按照每种（批）产品及各生产步骤确定成本核算对象。

产品规格繁多的，可以将产品结构、耗用原材料和工艺过程基本相同的产品，适当合并作为成本核算对象。

第十条 农业企业一般按照生物资产的品种、成长期、批别（群别、批次）、与农业生产相关的劳务作业等确定成本核算对象。

第十一条 批发零售企业一般按照商品的品种、批次、订单、类别等确定成本核算对象。

第十二条 建筑企业一般按照订立的单项合同确定成本核算对象。单项合同包括建造多项资产的，企业应当按照企业会计准则规定的合同分立原则，确定建造合同的成本核算对象。为建造一项或数项资产而签订一组合同的，按合同合并的原则，确定建造合同的成本核算对象。

第十三条 房地产企业一般按照开发项目、综合开发期数并兼顾产品类型等确定成本核算对象。

第十四条 采矿企业一般按照所采掘的产品确定成本核算对象。

第十五条 交通运输企业以运输工具从事货物、旅客运输的，一般按照航线、航次、单船（机）、基层站段等确定成本核算对象；从事货物等装卸业务的，可以按照货物、成本责任部门、作业场所等确定成本核算对象；从事仓储、堆存、港务管理业务的，一般按照码头、仓库、堆场、油罐、筒仓、货棚或主要货物的种类、成本责任部门等确定成本核算对象。

第十六条 信息传输企业一般按照基础电信业务、电信增值业务和其他信息传输业务等确定成本核算对象。

第十七条 软件及信息技术服务企业的科研设计与软件开发等人工成本比重较高的，一般按照科研课题、承接的单项合同项目、开发项目、技术服务客户等确定成本核算对象。合同项目规模较大、开发期较长的，可以分段确定成本核算对象。

第十八条 文化企业一般按照制作产品的种类、批次、印次、刊次等确定成本核算对象。

第十九条 除本制度已明确规定的以外，其他行业企业应当比照以上类似行业的企业确定产品成本核算对象。

第二十条 企业应当按照第八条至第十九条规定确定产品成本核算对象，进行产品成本核算。企业内部管理有相关要求的，还可以按照现代企业多维度、多层次的管理需要,确定多元化的产品成本核算对象。

多维度,是指以产品的最小生产步骤或作业为基础,按照企业有关部门的生产流程及其相应的成本管理要求,利用现代信息技术,组合出产品维度、工序维度、车间班组维度、生产设备维度、客户订单维度、变动成本维度和固定成本维度等不同的成本核算对象。

多层次,是指根据企业成本管理需要,划分为企业管理部门、工厂、车间和班组等成本管控层次。

第三章 产品成本核算项目和范围

第二十一条 企业应当根据生产经营特点和管理要求,按照成本的经济用途和生产要素内容相结合的原则或者成本性态等设置成本项目。

第二十二条 制造企业一般设置直接材料、燃料和动力、直接人工和制造费用等成本项目。

直接材料,是指构成产品实体的原材料以及有助于产品形成的主要材料和辅助材料。

燃料和动力,是指直接用于产品生产的燃料和动力。

直接人工,是指直接从事产品生产的工人的职工薪酬。

制造费用,是指企业为生产产品和提供劳务而发生的各项间接费用,包括企业生产部门(如生产车间)发生的水电费、固定资产折旧、无形资产摊销、管理人员的职工薪酬、劳动保护费、国家规定的有关环保费用、季节性和修理期间的停工损失等。

第二十三条 农业企业一般设置直接材料、直接人工、机械作业费、其他直接费用、间接费用等成本项目。

直接材料,是指种植业生产中耗用的自产或外购的种子、种苗、饲料、肥料、农药、燃料和动力、修理用材料和零件、原材料以及其他材料等;养殖业生产中直接用于养殖生产的苗种、饲料、肥料、燃料、动力、畜禽医药费等。

直接人工,是指直接从事农业生产人员的职工薪酬。

机械作业费,是指种植业生产过程中农用机械进行耕耙、播种、施肥、除草、喷药、收割、脱粒等机械作业所发生的费用。

其他直接费用,是指除直接材料、直接人工和机械作业费以外的畜力作业费等直接费用。

间接费用,是指应摊销、分配计入成本核算对象的运输费、灌溉费、固定资产折旧、租赁费、保养费等费用。

第二十四条 批发零售企业一般设置进货成本、相关税费、采购费等成本项目。

进货成本,是指商品的采购价款。

相关税费,是指购买商品发生的进口关税、资源税和不能抵扣的增值税等。

采购费,是指运杂费、装卸费、保险费、仓储费、整理费、合理损耗以及其他可归属于商品采购成本的费用。采购费金额较小的,可以在发生时直接计入当期销售费用。

第二十五条 建筑企业一般设置直接人工、直接材料、机械使用费、其他直接费用和间接费用等成本项目。建筑企业将部分工程分包的,还可以设置分包成本项目。

直接人工,是指按照国家规定支付给施工过程中直接从事建筑安装工程施工的工人以及在施工现场直接为工程制作构件和运料、配料等工人的职工薪酬。

直接材料,是指在施工过程中所耗用的、构成工程实体的材料、结构件、机械配件和有助于工程形成的其他材料以及周转材料的租赁费和摊销等。

机械使用费,是指施工过程中使用自有施工机械所发生的机械使用费,使用外单位施工机械的租赁费,以及按照规定支付的施工机械进出场费等。

其他直接费用,是指施工过程中发生的材料搬运费、材料装卸保管费、燃料动力费、临时设施摊销、生产工具用具使用费、检验试验费、工程定位复测费、工程点交费、场地清理费,以及能够单独区分和可靠计量的为订立建造承包合同而发生的差旅费、投标费等费用。

间接费用,是指企业各施工单位为组织和管理工程施工所发生的费用。

分包成本,是指按照国家规定开展分包,支付给分包单位的工程价款。

第二十六条 房地产企业一般设置土地征用及拆迁补偿费、前期工程费、建筑安装工程费、基础设施建设费、公共配套设施费、开发间接费、借款费用等成本项目。

土地征用及拆迁补偿费,是指为取得土地开发使用权(或开发权)而发生的各项费用,包括土地买价或出让金、大市政配套费、契税、耕地占用税、土地使用费、土地闲置费、农作物补偿费、危房补偿费、土地变更用途和超面积补交的地价及相关税费、拆迁补偿费用、安置及动迁费用、回迁房建造费用等。

前期工程费,是指项目开发前期发生的政府许可规费、招标代理费、临时设施费以及水文地质勘查、测绘、规划、设计、可行性研究、咨询论证费、筹建、场地通平等前期费用。

建筑安装工程费,是指开发项目开发过程中发生的各项主体建筑的建筑工程费、安装工程费及精装修费等。

基础设施建设费,是指开发项目在开发过程中发生的道路、供水、供电、供气、供暖、排污、排洪、消防、通讯、照明、有线电视、宽带网络、智能化等社区管网工程费和环境卫生、园林绿化等园林、景观环境工程费用等。

公共配套设施费,是指开发项目内发生的、独立的、非营利性的且产权属于全体业主的,或无偿赠与地方政府、政府公共事业单位的公共配套设施费用等。

开发间接费,指企业为直接组织和管理开发项目所发生的,且不能将其直接归属于成本核算对象的工程监理费、造价审核费、结算审核费、工程保险费等。为业主代扣代缴的公共维修基金等不得计入产品成本。

借款费用,是指符合资本化条件的借款费用。

房地产企业自行进行基础设施、建筑安装等工程建设的,可以比照建筑企业设置有关成本项目。

第二十七条 采矿企业一般设置直接材料、燃料和动力、直接人工、间接费用等成本项目。

直接材料,是指采掘生产过程中直接耗用的添加剂、催化剂、引发剂、助剂、触媒以及净化材料、包装物等。

燃料和动力,是指采掘生产过程中直接耗用的各种固体、液体、气体燃料,以及水、电、汽、风、氮气、氧气等动力。

直接人工,是指直接从事采矿生产人员的职工薪酬。

间接费用,是指为组织和管理厂(矿)采掘生产所发生的职工薪酬、劳动保护费、固定资产折旧、无形资产摊销、保险费、办公费、环保费用、化(检)验计量费、设计制图费、停工损失、洗车费、转输费、科研试验费、信息系统维护费等。

第二十八条 交通运输企业一般设置营运费用、运输工具固定费用与非营运期间的费用等成本项目。

营运费用,是指企业在货物或旅客运输、装卸、堆存过程中发生的营运费用,包括货物费、港口费、起降及停机费、中转费、过桥过路费、燃料和动力、航次租船费、安全救生费、护航费、装卸整理费、堆存费等。铁路运输企业的营运费用还包括线路等相关设施的维护费等。

运输工具固定费用,是指运输工具的固定费用和共同费用等,包括检验检疫费、车船使用税、劳动保护费、固定资产折旧、租赁费、备件配件、保险费、驾驶及相关操作人员薪酬及其伙食费等。

非营运期间费用,是指受不可抗力制约或行业惯例等原因暂停营运期间发生的有关费用等。

第二十九条 信息传输企业一般设置直接人工、固定资产折旧、无形资产摊销、低值易耗品摊销、业务费、电路及网元租赁费等成本项目。

直接人工,是指直接从事信息传输服务的人员的职工薪酬。

业务费,是指支付通信生产的各种业务费用,包括频率占用费,卫星测控费,安全保卫费,码号资源费,设备耗用的外购电力费,自有电源设备耗用的燃料和润料费等。

电路及网元租赁费,是指支付给其他信息传输企业的电路及网元等传输系统及设备的租赁费等。

第三十条 软件及信息技术服务企业一般设置直接人工、外购软件与服务费、场地租赁费、固定资产折旧、无形资产摊销、差旅费、培训费、转包成本、水电费、办公费等成本项目。

直接人工,是指直接从事软件及信息技术服务的人员的职工薪酬。

外购软件与服务费,是指企业为开发特定项目而必须从外部购进的辅助软件或服务所发生的费用。

场地租赁费,是指企业为开发软件或提供信息技术服务租赁场地支付的费用等。

转包成本,是指企业将有关项目部分分包给其他单位支付的费用。

第三十一条 文化企业一般设置开发成本和制作成本等成本项目。

开发成本,是指从选题策划开始到正式生产制作所经历的一系列过程,包括信息收集、策划、市场调研、选题论证、立项等阶段所发生的信息搜集费、调研交通费、通信费、组稿费、专题会议费、参与开发的职工薪酬等。

制作成本,是指产品内容制作成本和物质形态的制作成本,包括稿费、审稿费、校对费、录入费、编辑加工费、直接材料费、印刷费、固定资产折旧、参与制作的职工薪酬等。电影企业的制作成本,是指企业在影片制片、译制、洗印等生产过程所发生的各项费用,包括剧本费、演职员的薪酬、胶片及磁片磁带费、化妆费、道具费、布景费、场租费、剪接费、洗印费等。

第三十二条 除本制度已明确规定的以外,其他行业企业应当比照以上类似行业的企业确定成本项目。

第三十三条 企业应当按照第二十一条至第三十二条规定确定产品成本核算项目,进行产品成本核算。企业内部管理有相关要求的,还可以按照现代企业多维度、多层次的成本管理要求,利用现代信息技术对有关成本项目进行组合,输出有关成本信息。

第四章 产品成本归集、分配和结转

第三十四条 企业所发生的费用,能确定由某一成本核算对象负担的,应当按照所对应的产品成本项目类别,直接计入产品成本核算对象的生产成本;由几个成本核算对象共同负担的,应当选择合理的分配标准分配计入。

企业应当根据生产经营特点,以正常生产能力水平为基础,按照资源耗费方式确定合理的分配标准。

企业应当按照权责发生制的原则,根据产品的生产特点和管理要求结转成本。

第三十五条 制造企业发生的直接材料和直接人工,能够直接计入成本核算对象的,应当直接计入成本核算对象的生产成本,否则应当按照合理的分配标准分配计入。

制造企业外购燃料和动力的,应当根据实际耗用数量或者合理的分配标准对燃料和动力费用进行归集分配。生产部门直接用于生产的燃料和动力,直接计入生产成本;生产部门间接用于生产(如照明、取暖)的燃料和动力,计入制造费用。制造企业内部自行提供燃料和动力的,参照本条第三款进行处理。

制造企业辅助生产部门为生产部门提供劳务和产品而发生的费用,应当参照生产成本项目归集,并按照合理的分配标准分配计入各成本核算对象的生产成本。辅助生产部门之间互相提供的劳务、作业成本,应当采用合理的方法,进行交互分配。互相提供劳务、作业不多的,可以不进行交互分配,直接分配给辅助生产部门以外的受益单位。

第三十六条 制造企业发生的制造费用,应当按照合理的分配标准按月分配计入各成本核算对象的生产成本。企业可以采取的分配标准包括机器工时、人工工时、计划分配率等。

季节性生产企业在停工期间发生的制造费用,应当在开工期间进行合理分摊,连同开

工期间发生的制造费用,一并计入产品的生产成本。

制造企业可以根据自身经营管理特点和条件,利用现代信息技术,采用作业成本法对不能直接归属于成本核算对象的成本进行归集和分配。

第三十七条 制造企业应当根据生产经营特点和联产品、副产品的工艺要求,选择系数分配法、实物量分配法、相对销售价格分配法等合理的方法分配联合生产成本。

第三十八条 制造企业发出的材料成本,可以根据实物流转方式、管理要求、实物性质等实际情况,采用先进先出法、加权平均法、个别计价法等方法计算。

第三十九条 制造企业应当根据产品的生产特点和管理要求,按成本计算期结转成本。制造企业可以选择原材料消耗量、约当产量法、定额比例法、原材料扣除法、完工百分比法等方法,恰当地确定完工产品和在产品的实际成本,并将完工入库产品的产品成本结转至库存产品科目;在产品数量、金额不重要或在产品期初期末数量变动不大的,可以不计算在产品成本。

制造企业产成品和在产品的成本核算,除季节性生产企业等以外,应当以月为成本计算期。

第四十条 农业企业应当比照制造企业对产品成本进行归集、分配和结转。

第四十一条 批发零售企业发生的进货成本、相关税金直接计入成本核算对象成本;发生的采购费,可以结合经营管理特点,按照合理的方法分配计入成本核算对象成本。采购费金额较小的,可以在发生时直接计入当期销售费用。

批发零售企业可以根据实物流转方式、管理要求、实物性质等实际情况,采用先进先出法、加权平均法、个别计价法、毛利率法等方法结转产品成本。

第四十二条 建筑企业发生的有关费用,由某一成本核算对象负担的,应当直接计入成本核算对象成本;由几个成本核算对象共同负担的,应当选择直接费用比例、定额比例和职工薪酬比例等合理的分配标准,分配计入成本核算对象成本。

建筑企业应当按照《企业会计准则第 15 号——建造合同》的规定结转产品成本。合同结果能够可靠估计的,应当采用完工百分比法确定和结转当期提供服务的成本;合同结果不能可靠估计的,应当直接结转已经发生的成本。

第四十三条 房地产企业发生的有关费用,由某一成本核算对象负担的,应当直接计入成本核算对象成本;由几个成本核算对象共同负担的,应当选择占地面积比例、预算造价比例、建筑面积比例等合理的分配标准,分配计入成本核算对象成本。

第四十四条 采矿企业应当比照制造企业对产品成本进行归集、分配和结转。

第四十五条 交通运输企业发生的营运费用,应当按照成本核算对象归集。

交通运输企业发生的运输工具固定费用,能确定由某一成本核算对象负担的,应当直接计入成本核算对象的成本;由多个成本核算对象共同负担的,应当选择营运时间等符合经营特点的、科学合理的分配标准分配计入各成本核算对象的成本。

交通运输企业发生的非营运期间费用,比照制造业季节性生产企业处理。

第四十六条 信息传输、软件及信息技术服务等企业,可以根据经营特点和条件,利用现代信息技术,采用作业成本法等对产品成本进行归集和分配。

第四十七条 文化企业发生的有关成本项目费用,由某一成本核算对象负担的,应当直接计入成本核算对象成本;由几个成本核算对象共同负担的,应当选择人员比例、工时比例、材料耗用比例等合理的分配标准分配计入成本核算对象成本。

第四十八条 企业不得以计划成本、标准成本、定额成本等代替实际成本。企业采用计划成本、标准成本、定额成本等类似成本进行直接材料日常核算的,期末应当将耗用直接材料的计划成本或定额成本等类似成本调整为实际成本。

第四十九条 除本制度已明确规定的以外,其他行业企业应当比照以上类似行业的企业对产品成本进行归集、分配和结转。

第五十条 企业应当按照第三十四条至第四十九条规定对产品成本进行归集、分配和结转。企业内部管理有相关要求的,还可以利用现代信息技术,在确定多维度、多层次成本核算对象的基础上,对有关费用进行归集、分配和结转。

第五章 附 则

第五十一条 小企业参照执行本制度。

第五十二条 本制度自2014年1月1日起施行。

第五十三条 执行本制度的企业不再执行《国营工业企业成本核算办法》。